新星数学竞赛丛书

数学竞赛问题与感悟

第五卷：国内外试题评析系列（2019）

主　编　冷岗松　王广廷

华东师范大学出版社

·上海·

图书在版编目(CIP)数据

数学竞赛问题与感悟. 第五卷, 国内外试题评析系列: 2019/冷岗松, 王广廷主编. —上海: 华东师范大学出版社, 2020

(新星数学竞赛丛书)

ISBN 978 - 7 - 5760 - 0700 - 8

Ⅰ.①数… Ⅱ.①冷…②王… Ⅲ.①中学数学课-高中-竞赛题-研究 Ⅳ.①G634.603

中国版本图书馆 CIP 数据核字(2020)第 176015 号

数学竞赛问题与感悟(第五卷:国内外试题评析系列(2019))

主　　编	冷岗松　王广廷
总 策 划	倪　明
责任编辑	孔令志　芮　磊
特约审读	王小双
责任校对	时东明
装帧设计	高　山

出版发行　华东师范大学出版社
社　　址　上海市中山北路 3663 号　邮编 200062
网　　址　www.ecnupress.com.cn
电　　话　021 - 60821666　行政传真 021 - 62572105
客服电话　021 - 62865537　门市(邮购)电话 021 - 62869887
地　　址　上海市中山北路 3663 号华东师范大学校内先锋路口
网　　店　http://hdsdcbs.tmall.com

印 刷 者　南通印刷总厂有限公司
开　　本　787×1092　16 开
印　　张　17
字　　数　327 千字
版　　次　2020 年 12 月第 1 版
印　　次　2020 年 12 月第 1 次
书　　号　ISBN 978 - 7 - 5760 - 0700 - 8
定　　价　64.00 元

出 版 人　王　焰

序　言

数学新星网创刊于 2014 年元月. 创刊的宗旨是为参加国内外高层次的数学竞赛学生和他们的老师提供一个网上交流平台. 五年多来, 它坚持严格的择文标准, 宁缺毋滥, 因此成长为一个高质量的中学数学竞赛期刊. 现在, 它既是反映中学生数学创新能力的一个窗口, 又引导师生在数学竞赛活动中进行"研究型学习".

五年多来, 数学新星网共发表各类文章 180 余篇, 新星征解问题 30 期(共计 120 个问题).

数学新星网中最有特色的专栏是数学新星问题征解, 供题者有在读的中学生、教练员及年轻的数学家(他们不少是当年的数学竞赛选手, 有些甚至是当年的国家队队员). 从第十三期开始, 新星问题征解栏由牟晓生(2008 年 IMO 满分金牌获得者, 哈佛大学博士)主持, 题目的新颖度和难度更是有了大的提升, 获得了广泛赞誉.

数学新星网中另一个亮丽的专栏是学生作品专栏. 学生投稿踊跃, 其中不少文章具有新的观点、新的视野及新的方法, 反映出中学生极强的创新能力. 不少学生作品被一些专家和学者关注、讨论、精心修改. 在这里, 我们要特别感谢那些幕后的专家和学者的无私奉献. 也正是因为这样, 学生们的研究兴趣被大大激发, 研究能力也得到相应的提升. 现在, 学生们以能在新星网学生作品专栏中发表文章为荣. 我们也会为收到一篇优秀的学生作品而兴奋不已.

数学新星网的所有文章将分别在两个出版社正式出版. 其中有 27 篇学生作品将发表在由熊斌教授主编的《数学竞赛与初等数学研究》一书中, 由高等教育出版社出版. 其他的大多数文章和新星征解题都将收录入新星系列丛书《数学竞赛问题与感悟》中, 分三卷在华东师范大学出版社出版. 第一卷书名为《征解题集》, 主编: 牟晓生; 第二卷书名为《研究文集》, 主编: 冷岗松; 第三卷书名为《真题集锦》, 主编: 羊明亮.

在新星系列丛书出版之时, 我们特别感谢中国数学奥林匹克的创始人之一裘宗沪先生, 他一直关注数学新星网的创建和发展, 多次献计献策, 使我们备受鼓舞. 我们还要特别感谢华东师范大学的熊斌教授, 他一直特别关心新星网的建设, 给予很多鼓励, 在新星网文的出版过程中更是鼎力支持.

我们还要感谢余红兵、李伟固、吴建平、冯志刚、瞿振华、艾颖华、何忆捷、张思汇、付云皓、王彬、冯跃峰、萧振纲、边红平、张瑞祥、聂子佩、邹瑾、张端阳、李先颖等老师多年来对新星网的支持和厚爱. 我们还要感谢华东师范大学出版社的倪明和孔令志两位老师的辛勤劳动和支持, 使得这套系列丛书能够顺利出版. 我们也要感谢仁慧书院的张慧伦先生为新星网的宣传和传播所做的贡献.

最后我们还要感谢新星网的编辑: 施柯杰、杜昌敏、王广廷、席东盟、李晋、罗振华、吴尉迟、孙孟越、叶思及其他工作人员.

永无踌躇和休止, 不断追求和创新. 祝愿新星网越办越好!

冷岗松

2020 年 4 月

前　言

　　本书是新星丛书《数学竞赛问题与感悟》第五卷：国内外试题评析系列(2019). 内容包括 2019 年国内外一些重要比赛的试题解答与评析. 文章的作者都是在数学竞赛一线的师生，大多是在读高中学生，他们要么是一些成绩优异的参赛选手，要么是一些酷爱数学竞赛的同学自发组织的写作团队. 前者有 2019 年 IMO 金牌获得者谢柏庭、袁祉祯、黄嘉俊，2020 年 CMO 满分"女状元"严彬玮及国家集训队队员杨铮、李逸凡、韩新淼、潘至璇等，后者有甘润知团队和孙孟越团队.

　　不同于各类比赛的官方解答，上面各篇文章的解答与评析尽量体现中学生在面对试题时的观察视角和思维过程，因此解答往往更自然、更简洁.

　　每篇文章都经历了严格的审稿程序，大多经历反复修改，有时甚至是重写. 打造精品是数学新星网永恒的追求目标.

冷岗松

2020 年 4 月

目 录

一、国外数学竞赛试题评析

2019 俄罗斯数学奥林匹克试题评析

袁祉祯

（湖北省武钢三中，430080）

指导教师：邓　晓

2019 年第 45 届俄罗斯数学奥林匹克于 2019 年 4 月 22 日至 27 日在俄罗斯彼尔姆举行. 本次竞赛由湖北省选派 6 名中学生参加，本人有幸成为其中的一员，参加了十年级的比赛并获得了金牌. 下面我们整理了今年十年级和十一年级的试题及其解答，并作简要的评析，不当之处，恳请读者批评指正！

Ⅰ. 十年级

题 1　平面上的每一个点 A 都赋予了一个实数 $f(A)$，且对任意三角形 ABC，当 M 为 $\triangle ABC$ 的重心时，总有 $f(M) = f(A) + f(B) + f(C)$. 证明：对平面上的任何点 A，总有 $f(A) = 0$.

证明　对任意两个不同的点 A、B，设 AB 的中点为 D，AD 的中点为 E. 过点 E 作两条与 AB 不同的直线 l_1、l_2，在 l_1 上取点 X、Y，且 E 为 XY 的中点，在 l_2 上取点 M、N，且 $\overrightarrow{ME} = 3\overrightarrow{NE}$，则由点 E 为 XY、AD 的中点，得 $\triangle MXY$ 与 $\triangle MAD$ 的重心都为点 N. 所以

$$f(N) = f(M) + f(X) + f(Y) = f(M) + f(A) + f(D),$$

即有

$$f(X) + f(Y) = f(A) + f(D). \tag{1}$$

又 $\overrightarrow{EB} = 3\overrightarrow{ED}$ 且点 E 为 XY 中点，则点 D 为 $\triangle BXY$ 重心. 所以

$$f(D) = f(B) + f(X) + f(Y),$$

代入（1）式可得

$$f(A) + f(B) = 0. \tag{2}$$

由 A、B 任意性,再取另一点 C 有

$$f(A) + f(C) = 0, \tag{3}$$

$$f(B) + f(C) = 0. \tag{4}$$

由 (2) + (3) - (4) 知 $f(A) = 0$. 故得证. □

评析 此题是一个简单题,有多种不同的证明方法.此题看似为几何题,实则为代数题.而且,对 $c \neq 3$,条件改为 $cf(M) = f(A) + f(B) + f(C)$,结论依然成立.

题 2 帕莎和沃瓦在玩如下的一个游戏,在这个游戏中他们两人依次采取行动,帕莎先行动.最初,他们拥有一块很大的橡皮泥.帕莎的一次行动是把已经有的橡皮泥泥块中的一块切成任意大小的三块,而沃瓦的一次行动是把已经有的橡皮泥泥块中的两块捏成一块.如果某次行动之后在所有的橡皮泥泥块中出现了 100 块重量相等的橡皮泥泥块,那么帕莎就获胜了.请问:沃瓦能阻止帕莎获胜吗?

解 不妨设橡皮泥质量为 300.帕莎必胜.

其策略为:当出现了一块质量为正整数且不小于 3 的橡皮泥时,设其质量为 k ($k \geqslant 3$),帕莎将其分成质量分别为 1、1 与 $k - 2$ 的三块.

若场上所有橡皮泥质量为正整数,易知帕莎和沃瓦的操作都会保持所有泥块的质量为正整数.而每次帕莎操作后泥块数量增加 2,每次沃瓦操作后泥块数减少 1,故每一轮操作后橡皮泥块数量会增加.而所有泥块质量和为定值 300,每块质量 $\geqslant 1$,所以必有某一时刻帕莎无法使用该策略.此时每一块橡皮泥的质量为 1 或 2.

结合 $300 = 1 \times 100 + 2 \times 100$ 知质量为 1 的泥块与质量为 2 的泥块至少有一种出现了 100 块,则帕莎获胜. □

评析 此题是个容易的组合题.若能注意到每轮橡皮泥个数增加且帕莎能保持橡皮泥质量为某一数的整数倍这一性质,想到后面的证明方法都是自然的.一个有趣的问题是考虑帕莎几回合后能保证胜利.

题 3 一个星际酒店正好有 100 个客房,它们分别能够容纳 101 个,102 个,……,200 个客人.这些客房里一共住有 n 个客人.现在酒店即将有一位 VIP 客人到达,酒店老板想为这位 VIP 客人单独提供一间客房.为了达到这个目的,老板可以选择 A、B 两间房,在不改变房间 B 的容

客量的情况之下,把客房 A 的所有客人搬到客房 B,从而 VIP 客人可以住进房间. 求 n 的最大值,使得无论最初的 n 个客人是如何分布在各个客房里的,酒店老板都能够用上述方式为 VIP 客人提供一间房.

解 n 的最大值为 8824.

当 $n = 8824$ 时,设第 i 个房间有 x_i 个客人,$i = 1, 2, \cdots, 100$. 所以,$0 \leqslant x_i \leqslant 100 + i$,且

$$\sum_{i=1}^{100} x_i = 8824.$$

若酒店老板不能如愿,则对任意 $1 \leqslant i < j \leqslant 100$,有 $x_i + x_j > 100 + j$,故

$$x_i + x_j \geqslant 101 + j.$$

否则可将第 i 个客房的人移至第 j 个客房. 故

$$\sum_{i=1}^{100} x_i = \sum_{i=1}^{50} (x_i + x_{101-i})$$

$$\geqslant \sum_{i=1}^{50} (101 + (101 - i))$$

$$= 202 \times 50 - \frac{50 \times 51}{2}$$

$$= 8825,$$

矛盾!

故酒店老板一定能够如愿.

当 $n \geqslant 8825$ 时,构造:先在前 50 个房间均安排 76 个客人,第 i 个房间安排 $25 + i$ 人,$i = 51$, $52, \cdots, 100$,则共安排了 $76 \times 50 + \sum_{i=51}^{100} (25 + i) = 8825$(人),剩下的 $n - 8825$ 人随意安排,则对任意两房间 $i < j$. 若 $j \leqslant 50$,则两房间人数和为 $76 \times 2 > j + 100 > i + 100$.

若 $i \leqslant 50 < j$,则两房间人数和为 $76 + 25 + j > j + 100 > i + 100$.

若 $50 < i < j$,则两房间人数和为 $25 + i + 25 + j > j + 100 > i + 100$.

故老板总不能如愿. □

评析 此题是个正常的代数题. 将 100 个客房人数设为 $x_1, x_2, \cdots, x_{100}$,并用其转化条件都不难,唯一的难点在于在估计人数方面知道哪些不等式是无用的,哪些不等式是本质的. 实际上,只有当 $i \leqslant 50 < j$ 时,关于 i、j 房间对应的不等式才是本质的. 注意到极端情况为 $x_1 \leqslant x_2 \leqslant \cdots \leqslant x_{100}$ 是自然的,然后再进行后面的放缩与构造.

题 4 设△ABC 是一个锐角三角形且 $AC < BC$. 一个通过 A、B 两点的圆与线段 AC、BC 除点 A 和点 B 之外的另两个交点分别为点 A_1、点 B_1. △ABC 的外接圆与△A_1B_1C 的外接圆交于除 C 之外的一点 P. 线段 AB_1 与线段 BA_1 交于点 S. 设点 Q 与点 R 分别为点 S 关于直线 CA 与直线 CB 的对称点. 证明:P、Q、R、C 四点共圆.

证明 如图,过点 S 作 CB、CA 的垂线分别交于 CA、CB 于点 M、N. 因为△ABC 为锐角三角形,所以点 M、N 存在且分别在 CA_1、CB_1 延长线上.

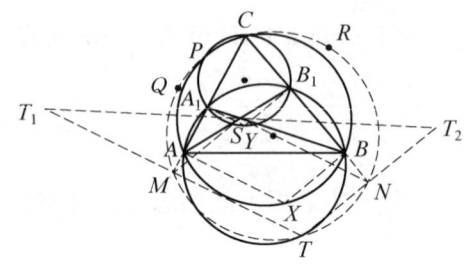

(第 4 题图)

分别过点 M、N 作 CA、CB 的垂线交于点 T,则点 M、S、N、T 构成平行四边形且点 S 为△CMN 的垂心,从而 $MN \perp CS$.

设点 T 关于 CA、CB 的对称点分别为点 T_1、T_2,则点 M、N 分别为 TT_1、TT_2 的中点. 再由平行四边形 $MSNT$ 知 T_1T_2 过点 S,且 T_1T_2 与 MN 平行,即 $T_1T_2 \perp CS$. 又点 A、A_1、B_1、B 共圆,所以△A_1SA 与△B_1SB 相似,而

$$\angle A_1MS = \angle CMS = 90° - \angle ACB = \angle CNS = \angle B_1NS,$$

且

$$\angle MA_1S = \angle AA_1S = \angle BB_1S = \angle NB_1S,$$

因此△A_1SM 与△B_1SN 相似,故

$$\frac{A_1A}{B_1B} = \frac{A_1S}{B_1S} = \frac{A_1M}{B_1N},$$

所以

$$\frac{A_1A}{A_1M} = \frac{B_1B}{B_1N}.$$

过点 A_1、B_1 分别作 CA、CB 的垂线交于 Y,过点 A、B 作 CA、CB 的垂线交于点 X,而 $TM \perp CA$,$TN \perp CB$. 由点 M、A、A_1 共线,点 N、B、B_1 共线,两直线不平行重合且 $\dfrac{A_1A}{A_1M} = \dfrac{B_1B}{B_1N}$,得点 Y、X、T 共线. 而点 C、P、A_1、B_1、Y 共圆,直径为 CY,点 C、P、A、B、X 共圆,直径为 CX,则 $\angle CPY = 90° = \angle CPX$,所以点 P、X、Y 共线,$\angle CPT = 90°$.

而点 Q、S 与点 T_1、T 分别关于 CA 对称,所以 $\angle CQT = \angle CST_1 = 90°$,同理,$\angle CRT =$

90°. 从而

$$\angle CPT = \angle CQT = \angle CRT = 90°,$$

所以点 C、P、Q、T、R 共圆,得证. □

评析 此题是一个较为困难的几何题.考虑到每个点的刻化方式都比较基础,所以从计算的角度做该题是可行的.笔者的做法为一种证明四点共圆的通用方法:找出欲证圆的一条直径去证明三组垂直(或作出两组垂直证明第三组).由于此题点 P 的特殊性质,可转化为证明四点共线的问题,之后的证明是自然的.

题5 在一个幼儿园里,一个保育员拿出 n($n > 1$)个全等的长方形硬纸板并把这 n 个硬纸板分发给 n 个小朋友,每个小朋友正好拿到一个硬纸板.每个小朋友再把拿到的硬纸板切成若干个全等的正方形(不同的小朋友得到的正方形的大小可能不一样).设所得到的全部正方形的个数是一个质数.证明:最初的硬纸板必定是一个正方形.

证明 设长方形为 $a \times b$ 型,第 i 个小朋友的正方形边长为 $x_i \in \mathbf{R}_+$,$i = 1, 2, \cdots, n$.

考虑长方形的边的分割知 $\dfrac{a}{x_i} \in \mathbf{Z}_+$,$\dfrac{b}{x_i} \in \mathbf{Z}_+$,$i = 1, 2, \cdots, n$.所以 $\dfrac{a}{b} \in \mathbf{Q}_+$.

设 $\dfrac{a}{b} = \dfrac{p}{q}$,$p, q \in \mathbf{N}_+$,且 $(p, q) = 1$,由裴蜀(Bezout)定理知,存在 $u, v \in \mathbf{Z}$ 使得

$$up + vq = 1.$$

所以

$$\frac{a}{x_i p} = \frac{b}{x_i q} = \frac{a}{x_i} u + \frac{b}{x_i} v \in \mathbf{Z}_+,\ i = 1, 2, \cdots, n.$$

故正方形的总数为

$$\sum_{i=1}^{n} \left(\frac{a}{x_i} \cdot \frac{b}{x_i} \right) = pq \sum_{i=1}^{n} \left(\frac{a}{x_i p} \cdot \frac{b}{x_i q} \right).$$

由 $n > 1$,得 $\displaystyle\sum_{i=1}^{n} \left(\frac{a}{x_i p} \cdot \frac{b}{x_i q} \right)$ 为大于1的整数,而 $pq \displaystyle\sum_{i=1}^{n} \left(\frac{a}{x_i p} \cdot \frac{b}{x_i q} \right)$ 为质数,所以 $pq = 1$,$p = q = 1$,$a = b$.

即原长方形为正方形,得证. □

评析 此题是个简单数论题,将原矩形长宽设出,运用最基础的质数的定义即可推出结论.

题6　如图①，点 L 是锐角三角形 ABC 的角 $\angle B$ 的角平分线与 AC 边的交点. 而点 D 和点 E 分别为 $\triangle ABC$ 的外接圆中劣弧 AB 与劣弧 BC 的中点，点 P 和点 Q 分别为线段 BD 与线段 BE 延长线上的两点，且满足：$\angle APB = \angle CQB = 90°$. 证明：线段 BL 的中点在直线 PQ 上.

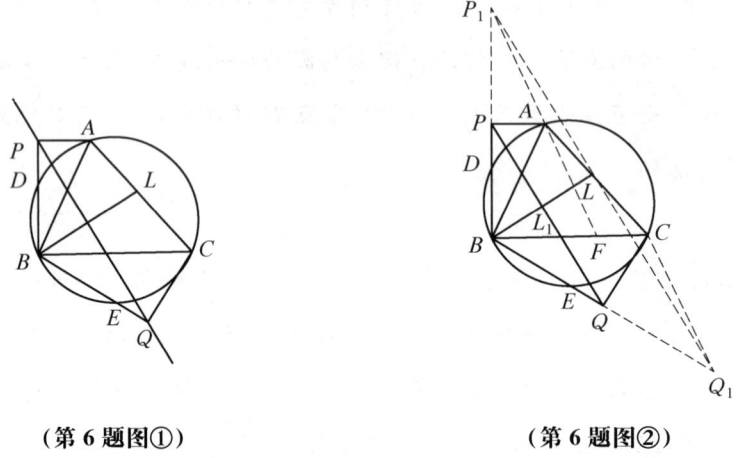

（第 6 题图①）　　　　　　　　　　（第 6 题图②）

证明　如图②，延长 BP、BQ 分别至点 P_1、Q_1，使得 $BP_1 = 2BP$，$BQ_1 = 2BQ$.

由 $AP \perp BP$，$CQ \perp BQ$ 得 $\triangle AP_1B$、$\triangle CQ_1B$ 为等腰三角形，所以

$$\angle P_1AB = 180° - 2\angle ABP.$$

又点 D 为劣弧 AB 的中点，则

$$\angle ABP = \angle ABD = \frac{1}{2}\angle ACB,$$

从而有

$$\angle P_1AB = 180° - \angle ACB.$$

同理，

$$\angle Q_1CB = 180° - \angle BAC.$$

所以

$$\angle P_1AB + \angle BAC + \angle BCA + \angle BCQ_1 = 360°.$$

延长 P_1A 交 BC 于点 F，则

$$\angle P_1AB + \angle BAF + \angle FAC + \angle BCA + \angle BCQ_1 = 360°,$$

而 $\angle P_1AB + \angle BAF = 180°$，则 $\angle FAC + \angle BCA + \angle BCQ_1 = 180°$，所以 AP_1 与 CQ_1 平行. 又 BL 平分 $\angle ABC$，知

$$\frac{AL}{LC}=\frac{AB}{BC}=\frac{AP_1}{CQ_1},$$

所以图形 LAP_1 与图形 LCQ_1 相似(可能为退化三角形),所以点 P_1、L、Q_1 共线.

取 BL 的中点 L_1. 因为 $\overrightarrow{BL}=2\overrightarrow{BL_1}$,$\overrightarrow{BP_1}=2\overrightarrow{BP}$,$\overrightarrow{BQ_1}=2\overrightarrow{BQ}$,由位似知点 P、L_1、Q 共线,即 PQ 过 BL 的中点. $\square$

评析 此题是个常规的几何题,运用中位线或者倍长线段后,可将结论转化为相似形的问题,后面的共线是容易的.

题7 24 个学生参加一个数学圈的活动. 对任何一个由 6 个学生组成的一个队,老师可以认定这个队要么优秀要么良好. 对参加这次数学圈活动的 24 个学生,老师想把他们分为 4 个队,每个队有 6 名学生. 请问:是否可能存在这种情况:每一个这样的划分都正好有三个优秀的队或一个优秀的队,而且至少有一个划分正好出现三个优秀的队,至少有另一个划分正好出现一个优秀的队?

证明 该情况是存在的. 对 21 个学生赋值 0,剩下 3 个学生赋值 1. 对任意一队 6 人,若所有人赋值之和为奇数,则为优秀,否则为良好. 所以,任一划分,24 个学生赋值和 3,是一个奇数,所以每个队赋值和有 3 个奇数或一个奇数,即 3 个优秀队或 1 个优秀队.

而划分为 000000、000000、000000、000111 时,有一个优秀队.

划分为 000000、000001、000001、000001 时,有三个优秀的队.

故满足题意. $\square$

评析 此题不难,若一开始猜错结论很容易误入歧途. 此题本质上与 6、24 无关,对一般的 n、$4n$ 均有结论成立. 从考虑整体的角度去构造容易些,而且构造不唯一.

题8 设 $P(x)$ 是一个整系数,非常数的多项式,设 n 是一个正整数. 序列 a_0,a_1,$\cdots$ 按照下面的公式确定:$a_0=n$,$a_k=P(a_{k-1})$,这里 k 为任意的正整数. 假设对每个正整数 b,上述序列中都包含某个大于 1 的正整数的 b 次幂. 证明:$P(x)$ 是一个一次多项式.

证明 由整系数多项式的性质,对任意的 $x\neq y$,$x,y\in\mathbf{Z}$,有

$$(x-y)\mid(P(x)-P(y)).$$

首先,对任意的正整数 c,数列 $\{a_n\}$ 中有一项为大于 1 的整数的 c 次幂 $\geqslant 2^c\geqslant c$,所以,数列 $\{a_n\}$ 无上界.

若存在 $0 \leqslant i < j$, i, $j \in \mathbf{Z}$, 使得 $a_i = a_j$, 则

$$a_{i+1} = P(a_i) = P(a_j) = a_{j+1}.$$

即从 i 项开始 $\{a_n\}$ 为周期数列, 矛盾! 故数列 $\{a_n\}$ 中的项两两不同. 而

$$(a_i - a_{i-1}) \mid (P(a_i) - P(a_{i-1})), \quad \forall i \in \mathbf{N}_+,$$

即 $(a_i - a_{i-1}) \mid (a_{i+1} - a_i)$. 则递推知 $\forall i, j \in \mathbf{N}_+$, 有

$$(a_i - a_{i-1}) \mid (a_{i+j} - a_{i+j-1}),$$

所以

$$a_{i+j} \equiv a_{i+j-1} \equiv \cdots \equiv a_{i-1} (\mathrm{mod}(a_i - a_{i-1})),$$

因此, 从第 $i-1$ 项起所有项均与 a_{i-1} 模 $a_i - a_{i-1}$ 同余.

而对任意 $p^\alpha \parallel \mid a_i - a_{i-1} \mid$, p 为质数, $\alpha \in \mathbf{N}_+$, 有 $\varphi(p^\alpha) \mid \varphi(\mid a_i - a_{i-1} \mid)$, 且

$$\varphi(\mid a_i - a_{i-1} \mid) \geqslant \varphi(p^\alpha) \geqslant \alpha,$$

其中 $\varphi(x)$ 为欧拉函数.

由欧拉定理得对任意 $x \in \mathbf{Z}$, $s \in \mathbf{N}_+$ 有

$$x^{s \cdot \varphi(\mid a_i - a_{i-1} \mid)} \equiv 0 \text{ 或 } 1 (\mathrm{mod} \ p^\alpha).$$

取充分大的 s 使 $2^{s \cdot \varphi(\mid a_i - a_{i-1} \mid)}$ 大于 a_{i-1} 前的所有项. 而数列 $\{a_n\}$ 中必有一项为大于 1 的整数的 $s \cdot \varphi(\mid a_i - a_{i-1} \mid)$ 次幂. 所以该项与 a_{i-1} 模 $a_i - a_{i-1}$ 同余, 则存在 $y \in \mathbf{N}_+$, 使得

$$a_{i-1} \equiv y^{s \cdot \varphi(\mid a_i - a_{i-1} \mid)} (\mathrm{mod}(a_i - a_{i-1})),$$

故

$$a_{i-1}(a_{i-1} - 1) \equiv y^{s \cdot \varphi(\mid a_i - a_{i-1} \mid)} (y^{s \cdot \varphi(\mid a_i - a_{i-1} \mid)} - 1)$$
$$\equiv 0 (\mathrm{mod}(a_i - a_{i-1})).$$

所以

$$(a_i - a_{i-1}) \mid a_{i-1}(a_{i-1} - 1), \quad \forall i \in \mathbf{N}_+,$$

又存在 $N \in \mathbf{N}_+$, 使 $i \geqslant N$, 时, $\mid a_i \mid > 2$, 则此时 $a_i(a_i - 1) > 0$, 所以

$$\mid a_{i+1} - a_i \mid \leqslant a_i(a_i - 1),$$

即
$$2a_i - a_i^2 \leqslant a_{i+1} \leqslant a_i^2,$$

因此
$$2a_i - a_i^2 \leqslant P(a_i) \leqslant a_i^2,$$

对任意 $i \in \mathbf{N}_+$，$i \geqslant N$ 成立.

又因为数列 $\{a_n\}$ 无上界，所以可取 a_i 充分大，当 $P(x)$ 不为一次多项式时，$P(x)$ 只能为二次多项式且首项系数为 ± 1.

情形 1：设 $P(x) = x^2 + bx + c$，$b, c \in \mathbf{Z}$，则
$$(a_i^2 + a_i(b-1) + c) \mid (a_i^2 - a_i),$$
$$(a_i^2 + a_i(b-1) + c) \mid (ba_i + c), \quad i \in \mathbf{N}_+, i \geqslant N.$$

取 a_i 充分大，则可得 $b = c = 0$，所以 $a_i = n^{2^i}$，而数列 $\{a_n\}$ 中有一项为大于 1 的整数的 $2n+1$ 次幂. 所以该项为
$$n^{2^{i_0}} = y^{2n+1} \ (y \geqslant 2).$$

因为 $(2^{i_0}, 2n+1) = 1$，所以存在 $z \in \mathbf{N}_+$，$z \geqslant 2$ 使得
$$n = z^{2n+1} \geqslant 2^{2n+1} > n,$$

矛盾！

情形 2：$P(x) = -x^2 + bx + c$，$b, c \in \mathbf{Z}$，则
$$(-a_i^2 + a_i(b-1) + c) \mid (a_i^2 - a_i),$$
$$(-a_i^2 + a_i(b-1) + c) \mid (2-b)a_i - c,$$

取 a_i 充分大，则可得 $b = 2$，$c = 0$. 所以
$$a_i = 1 - (n-1)^{2^i}, \quad i \in \mathbf{N}_+.$$

故 $a_i \leqslant 1$，$\forall i \in \mathbf{N}_+$. 这与数列 $\{a_i\}_{i \in \mathbf{N}_+}$ 无上界矛盾！

综上所述，$P(x)$ 必为一次多项式. $\qquad\square$

评析 此题是个偏难的数论题. 需要熟知结论对任意的 $x \neq y$，$x, y \in \mathbf{Z}$，均有 $(x-y) \mid (P(x) - P(y))$，并灵活应用. 因为该数列是多项式级增长，所以当 $\deg P \geqslant 2$ 时，$|a_n|$ 的增长速度是很快的. 故推出 $(a_i - a_{i-1}) \mid a_{i-1}(a_{i-1} - 1)$ 时，就可以考虑去用代数放缩了，后面的过程虽有些繁琐，但都是平凡的.

II. 十一年级

题 1 同十年级第一题.

题 2 是否对每一对非零整数 a 和非零整数 b,下面的方程组

$$\begin{cases} \tan(13x)\tan(ay)=1, \\ \tan(21x)\tan(by)=1 \end{cases}$$

都至少有一组解,并证明你的论断.

解 令 $a=5$,$b=8$. 若方程组成立,则

$$13x + ay = k\pi + \frac{\pi}{2}, \, k \in \mathbf{Z},$$

$$21x + by = l\pi + \frac{\pi}{2}, \, l \in \mathbf{Z}.$$

进而

$$(21a - 13b)y = (21k - 13l + 4)\pi,$$

但 $21a - 13b = 1$,所以 $y = m\pi$,$m \in \mathbf{Z}$,从而 $\tan(ay) = 0$. 矛盾! 故对 $(a,b) = (5,8)$ 不成立,即不是总成立. □

评析 此题较简单,答案也很好猜,用裴蜀定理去构造即可.

题 3 一个人拥有 n 个彼此质量互不相同的硬币和 n 个天平,这里 $n > 2$. 每一次称重允许把两个硬币放到其中的一个天平的两个托盘上,从而比较这两个硬币的质量,再把这两个硬币从托盘上拿下. 已知这些天平中有一个(谁也不知道是哪一个)可能是坏的,而且这个坏了的天平每次给出的结果是随机的(有时给出正确的结果,有时给出错误的结果). 确定最少的称重次数,使得这个人能确定这些硬币中哪个才是最重的.

解 先说明 $2n - 2$ 次不能保证称出.

首先令前 $2n - 3$ 次所有天平都给出正确结果. 而对 n 个硬币都赋上值,一开始值为 0. 当一次称重两个硬币时,若该天平给出的结果是硬币 A 的质量小于硬币 B 的质量,则将 A 赋的值加 1,故 $2n - 3$ 次后所有赋值和为 $2n - 3 < 2(n-1)$,所以至多有 $n - 2$ 个硬币赋值 ≥ 2,此时取出最重

的硬币 Y 与另一个赋值<2 的硬币 X,则易知 Y 的赋值为 0.

情形 1:若第 $2n-2$ 次称重未选中 X,则令天平在最后一次反映正确结果,这时所有硬币质量按真实情况排列(记此排列为①),或 X 最重,其他所有硬币按真实情况排列(记此排列为②)都是可能的.

①中任取一天平为坏的均成立,②中取使 X 赋值加 1 的天平(没有则任取)为坏的即成立.

情形 2:若第 $2n-2$ 次称重选中 X,则令天平在最后一次反映结果为 X 更重.则所有硬币质量按真实情况排列(记此排列为③),或 X 最重,其他所有硬币按真实情况排列(记此排列为④)都是可能的.

③中取最后一次的天平为坏的即成立,④中取使 X 赋值加 1 的天平(没有则任取)为坏的即成立.

综上,$2n-2$ 次不能保证哪个最大.

对于 $2n-1$ 次策略如下:取天平 1、2、3,每次操作,取两个硬币分别用天平 1、2 称.

若结果一样,则去掉轻的硬币(该硬币一定更轻),再将剩下的硬币继续进行操作.   (*)

若结果不一样,则将所有剩下硬币每次取 2 个用天平 3 称(天平 3 一定是好的),然后去掉轻的,剩下的继续用天平 3 称.   (**)

若(*)一直进行到只剩一个硬币,则去掉了 $n-1$ 个硬币,操作了 $2n-2<2n-1$ 次.

若(*)进行了 a 次后,第 $2a-1$ 次与 $2a$ 次称重的结果不一样,则此时还有 $n-(a-1)$ 个硬币,其中 $a\leqslant n-1$, $a\in \mathbf{N}_+$,则再用(**)称 $n-a$ 次即可.共用 $2a+n-a=n+a\leqslant 2n-1$ 次.

故用 $2n-1$ 次能确定最重的硬币.所以,最少的次数为 $2n-1$.   □

评析   此题是个较难的组合问题,可以通过小的 n 的尝试猜出答案,并知道天平个数与 n 无关,只要天平个数≥3,此题的结论是一样的.对于题目的论证部分,要根据构造部分的极端情况来给出.要想构造两种不同最大硬币的排列,只需一个是真实的排列,另一个与真实情况类似,且称错的次数极少即可.

题 4   设 $ABCD$ 是一个三棱锥.一个球面 ω_A 和三棱锥的外表面 BCD 及三棱锥中除面 BCD 外的其他三个面相切.另一个球面 ω_B 和三棱锥的外表面 ACD 及三棱锥中除面 ACD 之外的其他三个面相切.设球面 ω_A 与平面 ACD 交于点 K,球面 ω_B 与平面 BCD 交于点 L.若 X、Y 分别是线段 AK 与线段 BL 延长线上的点,且满足

$$\angle CKD = \angle CXD + \angle CBD,\ \angle CLD = \angle CYD + \angle CAD.$$

证明：点 X 和点 Y 到线段 CD 的中点距离相等.

证明　设四面体的内切球为 ω，且切面 BCD、CDA、DAB、ABC 分别于点 L_1、K_1、M_1、N_1．设 ω 的球心为 O，半径为 r，则

$$AK_1 = \sqrt{AO^2 - r^2} = AM_1 = AN_1.$$

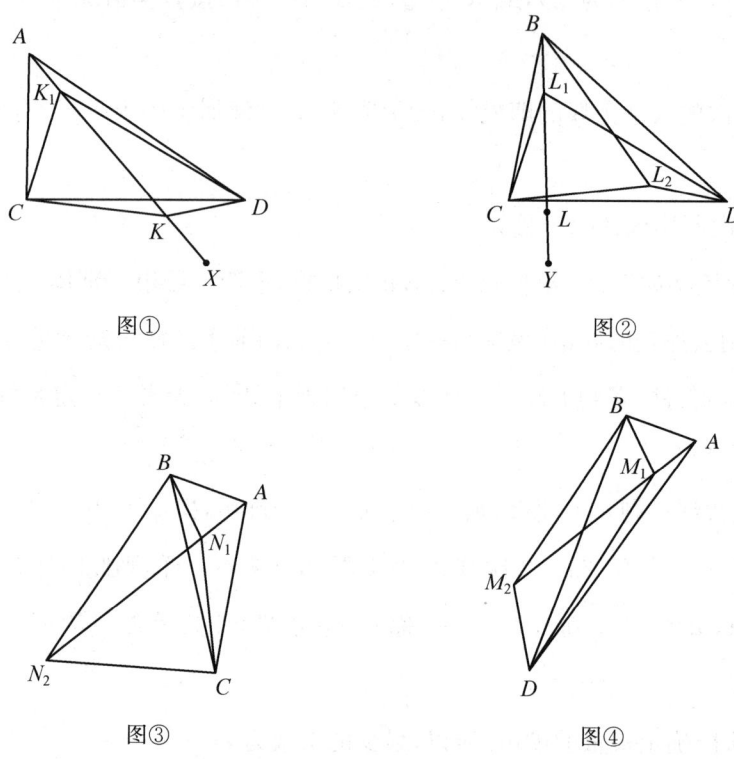

图①　　　　　　　　　　图②

图③　　　　　　　　　　图④

(第 4 题图)

同理，

$$BL_1 = BM_1 = BN_1,\ CL_1 = CK_1 = CN_1,\ DL_1 = DK_1 = DM_1,$$

所以 $\triangle AM_1B \cong \triangle AN_1B$，从而 $\angle AM_1B = \angle AN_1B \overset{\triangle}{=\!=} \alpha_{12}$.

同理可设

$$\alpha_{13} = \angle AK_1C = \angle AN_1C,$$

$$\alpha_{14} = \angle AK_1D = \angle AM_1D,$$

$$\alpha_{23} = \angle BL_1C = \angle BN_1C,$$

$$\alpha_{24} = \angle BL_1D = \angle BM_1D,$$

$$\alpha_{34} = \angle CL_1D = \angle CK_1D,$$

所以在 $\triangle BCD$ 中（如图②），

$$\alpha_{23} + \alpha_{34} + \alpha_{24} = 2\pi, \tag{1}$$

在 $\triangle CDA$ 中（如图①），

$$\alpha_{34} + \alpha_{14} + \alpha_{13} = 2\pi, \tag{2}$$

在 $\triangle DAB$ 中（如图④），

$$\alpha_{14} + \alpha_{12} + \alpha_{24} = 2\pi, \tag{3}$$

在 $\triangle ABC$ 中（如图③），

$$\alpha_{12} + \alpha_{23} + \alpha_{13} = 2\pi, \tag{4}$$

由 (1) + (2) − (3) − (4) 得 $\alpha_{34} = \alpha_{12}$，同理，$\alpha_{13} = \alpha_{24}$，$\alpha_{14} = \alpha_{23}$，所以

$$\angle AK_1C = \angle BL_1D.$$

再考虑 ω 与 ω_A 两球均与面 ABC、ACD、ADB 相切，所以两球关于点 A 位似.

设 ω_A 切面 ABC、BCD、DAB 分别于点 N_2、L_2、M_2，同理可得

$$AK = AN_2 = AM_2,\ BN_2 = BL_2 = BM_2,$$

$$CK = CN_2 = CL_2,\ DK = DL_2 = DM_2.$$

由两球位似知点 A、K_1、K 共线，点 A、M_1、M_2 共线，点 A、N_1、N_2 共线. 同上可以得到六组三角形全等，所以

$$\begin{aligned}
\angle BCL_1 + \angle BCL_2 &= \angle BCN_1 + \angle BCN_2 \\
&= \angle AN_1C - \angle AN_2C \\
&= \angle AK_1C - \angle AKC \\
&= \angle K_1CD + \angle KCD \\
&= \angle L_1CD + \angle L_2CD.
\end{aligned} \tag{5}$$

又

$$\angle BCL_1 + \angle L_1CD = \angle BCL_2 + \angle L_2CD = \angle BCD, \tag{6}$$

所以,由(5)+(6)得

$$\angle BCL_1 = \angle L_2CD.$$

同理可得

$$\angle BDL_1 = \angle CDL_2,$$

所以点 L_1、L_2 为 $\triangle BCD$ 的等角共轭点,从而有

$$\angle CXD = \angle CKD - \angle CBD$$
$$= \angle CL_2D - \angle CBD$$
$$= \angle BCL_2 + \angle BDL_2$$
$$= \angle DCL_1 + \angle CDL_1$$
$$= \pi - \angle CL_1D$$
$$= \pi - \angle CK_1D,$$

所以点 X、K_1、C、D 共圆(如图①),故

$$\angle XDC = \angle XK_1C = \pi - \angle AK_1C = \pi - \angle BL_1D.$$

同理

$$\angle CYD = \pi - \angle CK_1D = \pi - \angle CL_1D = \angle CXD,$$
$$\angle YCD = \angle YL_1D = \pi - \angle BL_1D = \angle XDC,$$

所以

$$\triangle XCD \cong \triangle YDC.$$

因此点 X 和点 Y 到线段 CD 的中点距离相等. 得证. □

评析　此题是一个立体几何难题. 实际上,此题可以由立体几何完全转化为四个图形,并考虑它们的关系. 由于内切圆、外切圆的性质和内切球、外切球的性质类似,可将内切球取出,并取出所有的切点,之后建立四个图形的关系,后面的过程由正推或倒推都可以得到. 上述做法参考了官方答案.

题 5　五个同心圆 w_0、w_1、w_2、w_3、w_4 的半径(按上述顺序)构成一个公比为 q 的等比数列. 求 q 可能取到的最大值使得存在折线 $A_0A_1A_2A_3A_4$ 满足条件:$A_i \in w_i$,$i=0,1,2,3,4$ 而且折线 $A_0A_1A_2A_3A_4$ 正好由四条长度相等的线段 A_0A_1、A_1A_2、A_2A_3、A_3A_4 组成.

解 为求最大值,我们在 $q > 1$ 的条件下考虑. 不妨设 w_0 半径是 1,则显然

$$A_i A_{i+1} \in [q^{i+1} - q^i, q^{i+1} + q^i], \ i = 0, 1, 2, 3,$$

且当 A_i 固定, $a \in [q^{i+1} - q^i, q^{i+1} + q^i]$ 时,必能取出 $A_{i+1} \in w_{i+1}$ 使得

$$A_i A_{i+1} = a, \ i = 0, 1, 2, 3.$$

所以题设成立等价于存在 $a \in \mathbf{R}_+$,使得 $a \in [q^{i+1} - q^i, q^{i+1} + q^i], \ i = 0, 1, 2, 3.$

因为 $q > 1$,所以

$$
\begin{aligned}
\text{原问题} &\Leftrightarrow a \geqslant q^4 - q^3 > 0, \ a \leqslant q + 1 \\
&\Leftrightarrow 0 \geqslant q^4 - q^3 - q - 1 = (q^2 + 1)(q^2 - q - 1) \\
&\Leftrightarrow 0 \geqslant q^2 - q - 1 = \left(q - \frac{\sqrt{5} + 1}{2}\right)\left(q + \frac{\sqrt{5} - 1}{2}\right) \\
&\Leftrightarrow q \leqslant \frac{\sqrt{5} + 1}{2}.
\end{aligned}
$$

所以,$q > 1$ 时存在 q 满足条件的. 故所求最大的 q 为 $\dfrac{\sqrt{5} + 1}{2}$. □

评析 此题是个简单题,只需注意到 $A_i A_{i+1}$ 可独立地取遍 $[q^{i+1} - q^i, q^{i+1} + q^i], \ i = 0, 1, 2, 3$ 的所有实数即可.

题 6 如图①,设 $\triangle ABC$ 是以 BC 为底边的等腰三角形,点 D 是腰 AC 上的一点,点 K 是 $\triangle BCD$ 的外接圆的劣弧 CD 上的一点,过点 A 作 BC 的平行线,该平行线与射线 CK 交于点 T. 设点 M 为线段 DT 的中点,证明:$\angle AKT = \angle CAM$.

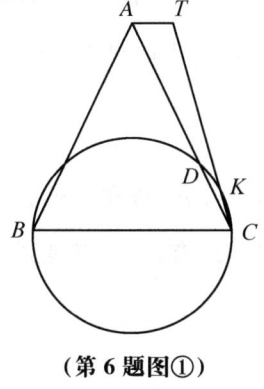

（第 6 题图①）

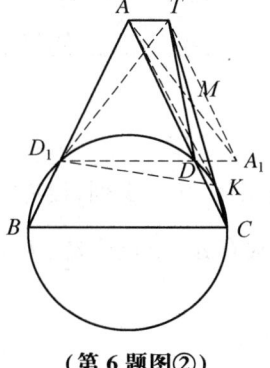

（第 6 题图②）

证明 如图②,在边 AB 上截取 $AD_1 = AD$,则四边形 BD_1DC 为等腰梯形,B、D_1、D、C 四点共圆. 所以 B、D_1、D、K、C 五点共圆. 连结 D_1K,则

$$\angle D_1KT = 180° - \angle D_1KC = \angle D_1BC = 180° - \angle D_1AT,$$

所以,点 D_1、A、T、K 共圆,连结 AK,则 $\angle AKT = \angle AD_1T$.

延长 AM 至点 A_1 使得 $A_1M = AM$,结合点 M 为 DT 的中点,从而可知四边形 ATA_1D 为平行四边形,所以 A_1、D、D_1 三点共线. 由 $AD_1 = AD = TA_1$ 得四边形 ATA_1D_1 为等腰梯形. 进而有

$$\angle CAM = \angle AA_1T = \angle AD_1T = \angle AKT,$$

故得证! □

评析 此题是个常规几何题,题中点、线是很少的,关系也很少,只需充分利用题中对称性将该题转化为四点共圆问题即可.

题 7 同十年级第八题

题 8 设 n 是一个正整数. 现来构造一个 $3\times3\times3$ 的立方体,这个立方体由 26 个白色的单位立方体和 1 个黑色的单位立方体构成,且黑色的单位立方体在这个 $3\times3\times3$ 的立方体的中心. 在此基础之上再来构造一个由 n^3 个上述 $3\times3\times3$ 的立方体构成的 $3n\times3n\times3n$ 的立方体. 确定 T 的最小值,有可能把其中的 T 个白色的单位立方体染成红色之后使得每个白色的单位立方体总和某个红色的单位立方体有一个公共的顶点.

解 T 的最小值为 $n^3 + n^2$.

先证:(1) 对一行 $3n$ 个点,可分成 n 组连续 3 个点,每 3 个点的中间点染成黑色,其余染成白色. 将这 $3n$ 个点中某些点染红,使每个白点与某红点相邻,且有 a 个白点被染红,s 个点被染红,则 $s \geqslant n + \dfrac{a}{n+1}$.

(1)的证明:对第 $3k-1$ 列,设有 b_k 个点染红,$k = 1, 2, \cdots, n$. 设第 1 列有 a_0 个点染红,第 $3k$ 与 $3k+1$ 列共有 a_k 个点染红,$k = 1, 2, \cdots, n-1$,第 $3n$ 列有 a_n 个点染红. 所以

$$s = \sum_{i=1}^{n} b_i + \sum_{i=0}^{n} a_i, \quad a = \sum_{i=0}^{n} a_i.$$

考虑第 $3k+1$ 列得

$$a_k + b_{k+1} \geqslant 1, \; k = 0, 1, 2, \cdots, n-1.$$

考虑第 $3k$ 列得

$$b_k + a_k \geqslant 1, \; k = 1, 2, \cdots, n.$$

所以对 $i_0 \in \{0, 1, \cdots, n\}$，有

$$s = a_{i_0} + \sum_{i=0}^{i_0-1}(a_i + b_{i+1}) + \sum_{i=i_0+1}^{n}(a_i + b_i)$$

$$\geqslant a_{i_0} + i_0 + (n - i_0) = n + a_{i_0},$$

故

$$s \geqslant n + \frac{\sum\limits_{i_0=0}^{n} a_{i_0}}{n+1} = n + \frac{a}{n+1}.$$

结论(1)得证.

再证：(2) 对一个 $3n \times 3n$ 的表分成 n^2 个 3×3 的小块，每个小块中间染黑，其余染白. 将这 $3n \times 3n$ 的表中 s 个格染红使每个白格与某红格有公共点，且有 a 个白格被染红，则

$$s \geqslant n^2 + \frac{a}{n+1}.$$

(2)的证明：对第 $3k-1$ 列设有 b_k 个格染红，c_k 个白格染红，$k = 1, 2, \cdots, n$. 设第 1 列有 a_0 个格染红，第 $3k$ 与 $3k+1$ 列共有 a_k 个格染红，$k = 1, 2, \cdots, n-1$，第 $3n$ 列有 a_n 个格染红. 所以，

$$s = \sum_{i=1}^{n} b_i + \sum_{i=0}^{n} a_i, \quad a = \sum_{i=0}^{n} a_i + \sum_{i=1}^{n} c_i.$$

考虑第 $3k+1$ 列，由(1)得

$$a_k + b_{k+1} \geqslant n + \frac{c_{k+1}}{n+1}, \; k = 0, 1, \cdots, n-1.$$

考虑第 $3k$ 列，由(1)得

$$b_k + a_k \geqslant n + \frac{c_k}{n+1}, \; k = 1, 2, \cdots, n.$$

所以对 $i_0 \in \{0, 1, \cdots, n\}$，有

$$s = \sum_{i=0}^{i_0-1}(a_i + b_{i+1}) + \sum_{i=i_0+1}^{n}(a_i + b_i) + a_{i_0}$$

$$\geqslant \sum_{i=0}^{i_0-1}\left(n + \frac{c_{i+1}}{n+1}\right) + \sum_{i=i_0+1}^{n}\left(n + \frac{c_i}{n+1}\right) + a_{i_0}.$$

即有

$$s \geqslant n^2 + \frac{\sum_{i=1}^{n}c_i}{n+1} + a_{i_0},$$

所以

$$s \geqslant n^2 + \frac{\sum_{i=1}^{n}c_i}{n+1} + \frac{\sum_{i_0=0}^{n}a_{i_0}}{n+1} = n^2 + \frac{a}{n+1}.$$

结论(2)得证.

再证：(3) 对一个 $3n \times 3n \times 3n$ 的立方体分成 n^3 个 $3 \times 3 \times 3$ 的块. 每一块中心格染黑, 其余染白. 将 $3n \times 3n \times 3n$ 的立方体中 s 个格染红, 使每个白格与某红格有公共点, 且有 a 个白格被染红, 则 $s \geqslant n^3 + \dfrac{a}{n+1}.$

(3)的证明：将立方体分为 $3n$ 层, 第一层有 a_0 个格染红, 第 $3k-1$ 层有 b_k 个格染红, 其中有 c_k 个白格, $k = 1, 2, \cdots, n$. 第 $3k$ 与 $3k+1$ 层共有 a_k 个格染红, $k = 1, 2, \cdots, n-1$, 第 $3n$ 层有 a_n 个格染红. 所以,

$$s = \sum_{i=1}^{n}b_i + \sum_{i=0}^{n}a_i, \quad a = \sum_{i=0}^{n}a_i + \sum_{i=1}^{n}c_i.$$

考虑第 $3k+1$ 层, 由(2)得

$$a_k + b_{k+1} \geqslant n^2 + \frac{c_{k+1}}{n+1}, \quad k = 0, 1, \cdots, n-1.$$

考虑第 $3k$ 层, 由(2)得

$$b_k + a_k \geqslant n^2 + \frac{c_k}{n+1}, \quad k = 1, 2, \cdots, n.$$

所以对 $i_0 \in \{0, 1, \cdots, n\}$, 有

$$s = \sum_{i=0}^{i_0-1} (a_i + b_{i+1}) + \sum_{i=i_0+1}^{n} (a_i + b_i) + a_{i_0}$$

$$\geqslant a_{i_0} + \sum_{i=0}^{i_0-1} \left(n^2 + \frac{c_{i+1}}{n+1} \right) + \sum_{i=i_0+1}^{n} \left(n^2 + \frac{c_i}{n+1} \right),$$

即有

$$s \geqslant n^3 + \frac{\sum_{i=1}^{n} c_i}{n+1} + a_{i_0},$$

所以

$$s \geqslant n^3 + \frac{\sum_{i=1}^{n} c_i}{n+1} + \frac{\sum_{i_0=0}^{n} a_{i_0}}{n+1} = n^3 + \frac{a}{n+1}.$$

结论(3)得证.

回到原题,设染了 T 个格,由(3)知

$$T \geqslant n^3 + \frac{T}{n+1},$$

则有

$$T \geqslant n^3 + n^2.$$

构造:将立方体分为 $3n$ 层,将第 $3k$ 层与第 1 层($k = 1, 2, \cdots, n$)的 n^2 个 3×3 的中心均染红.易知满足题设条件.

综上所述,T 的最小值为 $n^3 + n^2$. □

评析 此题是个较难的组合计数题.此题的构造是很容易想到的,但由于三维图形的复杂与抽象性可以先去考虑简单的一维、二维的情形,之后再将题目加强至白格染红的个数与黑格染红个数的关系可以发现最后的式子是恰好满足构造的,而且可以发现在题中染形如 (a, b, c) 的格(a、b、c 中无模 3 同余 2 的数)是无意义的.

2019日本数学奥林匹克决赛试题评析

谷肇兴[1] 叶 奇[2] 孙孟越[2] 刘明扬[3]

(1. 哈尔滨市第三中学,150001;2. 清华大学,100084;

3. 华南师范大学附属中学,510630)

题1 求正整数组 (a,b,c) 满足 $a^2+b+3=(b^2-c^2)^2$.

解(孙孟越) 先考虑下述引理.

引理 对正整数 $x\neq y$,有 $|x^2-y^2|\geqslant 2x-1$.

事实上,由

$$|x^2-y^2|\geqslant \min\{x^2-(x-1)^2,(x+1)^2-x^2\}=2x-1,$$

引理即得证.

回到原题. 显然 $b^2-c^2\neq 0$,利用两次引理,我们有

$$b+3=(b^2-c^2)^2-a^2\geqslant 2|b^2-c^2|-1\geqslant 2(2b-1)-1=4b-3.$$

故有 $b\leqslant 2$.

若 $b=1$,则 $a^2+4=(c^2-1)^2$ 是平方数,这表明 $a=0$,这不可能.

若 $b=2$,则 $a^2+5=(c^2-4)^2$ 是平方数,这表明 $a=2$,$c^2=1$ 或 7. 得 $(a,b,c)=(2,2,1)$,此即全体解. □

评析 这个题本质上就是说两个平方数之间距离不会太小,用数学语言刻画即为我们的引理. 是个容易的问题.

题2 设 $n\geqslant 3$ 是奇数. 用 $n\times n$ 的方格纸做游戏,我们在这 n^2 个方格中填数字. 每一步,选择一个空的小方格,在其中填入 $1,2,\cdots,n^2$ 中的某个数字,并且保证表格中的数字不重复. 如果填入后,这个格子所在行(或者所在列)填写数字之和是 n 的倍数,则记 1 分(如果所在行数字之和、所在列数字之和都是 n 的倍数则记 2 分). 试问,游戏结束(即 n^2 步之后),得分最大值是多少?

解（孙孟越）　我们把得分分成两类：即所在行之和是 n 的倍数则称为行得分，所在列之和是 n 的倍数则称为列得分.

我们证明：行得分至多为 $\dfrac{n(n+1)}{2}$，同理，列得分至多为 $\dfrac{n(n+1)}{2}$. 从而证明得分至多为 $n(n+1)$.

我们来考虑行得分. 再分为两类：由 n 的倍数贡献的行得分，非 n 的倍数贡献的行得分. 前者至多贡献 n 分，下面证明后者至多贡献 $\dfrac{n(n-1)}{2}$ 分.

设第一行填入非 n 的倍数依次为 x_1，x_2，$\cdots$，x_k，我们只要注意到填入 x_i、x_{i+1}（$1 \leqslant i \leqslant k-1$）时行和模 n 余数不同，即知 x_i、x_{i+1} 至多共贡献 1 分行得分. 再注意 x_1 必然不会贡献行得分. 依此可知，第一行中，非 n 的倍数贡献的行得分至多为 $\dfrac{k}{2}$ 分.

对每一行作类似分析知，非 n 的倍数贡献的分数至多为 $\dfrac{n(n-1)}{2}$ 分. 结合 n 的倍数至多贡献 n 分，知行得分至多为 $\dfrac{n(n+1)}{2}$.

同理，列得分至多 $\dfrac{n(n+1)}{2}$，故总得分至多 $n(n+1)$.

另一方面，我们给出一个得分为 $n(n+1)$ 的构造. 把方格表第 i 行 j 列的方格标记为 (i, j)（$1 \leqslant i, j \leqslant n$）. 我们把这些格子中的

$$X_k = \{(i, j) \mid 1 \leqslant i, j \leqslant n, i+j \equiv k \pmod{n}\}$$

称为第 k 条对角线，则每条对角线上恰有 n 个格子.

我们先把模 n 余 1 的 n 个数都填入第 1 条对角线中，此时每步得 0 分. 再把模 n 余 $n-1$ 的 n 个数都填入第 $n-1$ 条对角线中，此时的每步得 2 分，共得 $2n$ 分.

以此类推，分别对 $2 \leqslant t \leqslant \dfrac{n-1}{2}$，我们先把模 n 余 t 的 n 个数都填入第 t 条对角线中，此时每步得 0 分. 再把模 n 余 $n-t$ 的 n 个数都填入第 $n-t$ 条对角线中，此时的每步得 2 分. 这一阶段中，共得 $2n$ 分.

最后，将模 n 余 n 的 n 个数都放入第 n 条对角线中，此时的每步得 2 分，共得 $2n$ 分. 故总得分为

$$2n \cdot \frac{n+1}{2} = n(n+1).$$

此即最大值. □

评析 这个题想法比较朴素.通过一些试探我们可以发现 n 的倍数是不那么重要的,更为重要的是把不是 n 的倍数的那些数安置好.据此,我们发现了行得分的估计,并找到了构造.算是一个联赛中等难度的组合题.

题 3 求所有函数 $f: \mathbf{R}_+ \to \mathbf{R}_+$,满足对任意正实数 x、y,有

$$f\left(\frac{f(y)}{f(x)} + 1\right) = f\left(x + \frac{y}{x} + 1\right) - f(x).$$

证明(刘明扬) 令 $x = y$,知 $f(x) + f(2) = f(x+2)$.

若存在 $a < b$,使得 $f(a) = f(b)$,分别令 $y = a$,b,则

$$f\left(x + \frac{a}{x} + 1\right) = f\left(\frac{f(a)}{f(x)} + 1\right) + f(x)$$

$$= f\left(\frac{f(b)}{f(x)} + 1\right) + f(x)$$

$$= f\left(x + \frac{b}{x} + 1\right).$$

再令

$$x = \frac{b-a}{2},$$

则

$$\left(x + \frac{b}{x} + 1\right) - \left(x + \frac{a}{x} + 1\right) = 2.$$

但 $f(2) > 0$,且

$$f\left(x + \frac{a}{x} + 1\right) + f(2) = f\left(x + \frac{b}{x} + 1\right),$$

矛盾! 故 f 为单射.

令 $x = 2$,则

$$f\left(\frac{f(y)}{f(2)} + 1\right) = f\left(3 + \frac{y}{2}\right) - f(2) = f\left(1 + \frac{y}{2}\right),$$

故

$$\frac{f(y)}{f(2)}+1=1+\frac{y}{2},$$

所以

$$f(y)=\frac{f(2)}{2}\cdot y.$$

令

$$\frac{f(2)}{2}=c>0,$$

则

$$f(y)=cy.$$

经验算,$f(x)=cx$($c>0$)满足要求. 所以

$$f(x)=cx \ (c>0). \qquad\qquad\qquad\qquad \square$$

评析 本题可猜想 f 具有一定的可加性,我们希望找到一个形式较简单的结论. 证明单射是本质的一步,并且需要一定的技巧性. 之后的步骤也随着单射的证出而变得显然了.

题 4 设 I 是 $\triangle ABC$ 的内心,ω 是其内切圆,点 M 是 BC 的中点. 经过点 A 且与 BC 垂直的直线,与经过点 M 且与 AI 垂直的直线,相交于点 K. 求证:以线段 AK 为直径的圆与 ω 相切.

证明(孙孟越) 若 $AB=AC$,由对称性知结论显然成立,下设 $AB\neq AC$.

设 E 是 D 关于 I 的对称点,设 AE 与 BC 交于点 F. 我们不加证明地引用熟知结论:M 是线段 DF 的中点.

首先,我们证明 $KD\perp AF$. 为此,取 G 为直线 MI 与直线 AK 的交点. 则由于 $MI\ /\!/\ EF$,$AK\ /\!/\ DE$ 知,$AGIE$ 是平行四边形. 由于 I 是 DE 中点,故 $AGDI$ 也是平行四边形. 我们得到 $GD\ /\!/\ AI$,从而有 $GD\perp MK$. 结合 $MD\perp GK$,我们得到 D 是 $\triangle MGK$ 的垂心,故 $KD\perp MG$. 由于 $MG\ /\!/\ AF$,故有 $KD\perp AF$.

设 H 是直线 KD 与直线 AF 的交点,则有 $\triangle HDE$ 与 $\triangle HAK$(以 H 为中心)位似,故两者的外接圆相切于点 H. 最

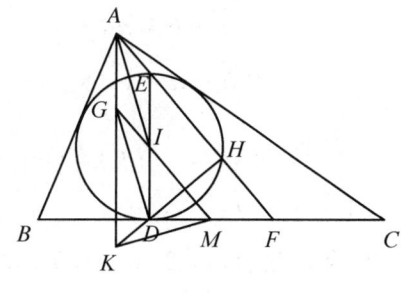

(第 4 题图)

后,注意 $KD \perp AF$,这表明 $\triangle HDE$ 与 $\triangle HAK$ 的外接圆即为 ω 和以 AK 为直径的圆. 故结论成立. $\square$

评析 这个题目中第一步的结论是需要同学们熟悉的. 这个结论的证明一般是采用位似:过点 E 作 $XY // BC$,使得点 X 在 B 上,点 Y 在 C 上,则 $\triangle AXY$ 与 $\triangle ABC$ 位似. 而 E 是 $\triangle AXY$ 的旁切圆切点,故其位似对应点 F 是 $\triangle ABC$ 的旁切圆切点.

在熟悉这个结构之后,条件中作的两个垂直是很不自然的,直觉告诉我实际上应该是人工创造出了一个垂心,便找到了上述解答.

题5 设 S 是正整数集合,若 S 满足:对任意互不相同的 x,y,$z \in S$,有 x、y、z 中至少一个是 $x+y+z$ 的因子,则称 S 是美妙的集合. 证明:满足以下条件的正整数 N 是存在的,并求其最小值. 对任意美妙的集合 S,存在不小于 2 的整数 n_S,使得 S 中不被 n_S 整除的元素至多有 N 个.

证明(谷肇兴、叶奇) 取最小的 N 是 6.

首先说明 $N \geqslant 6$. 取集合 $\{1,2,a,b,c,d,e\}$ 满足 a、b、c、d、e 为 5 个不为 1 的正奇数,互不相同且 $(a,b)=1$,

$$\begin{cases} c \equiv b \pmod{a}, \\ c \equiv -a \pmod{b}, \end{cases}$$

$$\begin{cases} d \equiv -b \pmod{a}, \\ d \equiv -a \pmod{b}, \\ d \equiv -b \pmod{c}, \end{cases} \qquad \begin{cases} e \equiv -b \pmod{a}, \\ e \equiv a \pmod{b}, \\ e \equiv b \pmod{c}, \\ e \equiv -a \pmod{d}. \end{cases}$$

由中国剩余定理,这样的 c 存在且和 a、b 互质.

同样地,这样的 d、e 存在且 a、b、c、d、e 两两互质. 这时

$$a \mid a+b+d, b \mid a+b+c, a \mid a+b+e, a \mid a+c+d, a \mid a+c+e,$$

$$b \mid b+d+e, b \mid b+c+e, c \mid b+c+d, c \mid c+d+e, d \mid a+d+e.$$

故当 $x,y \in \{1,a,b,c,d,e\}$ 时,$2 \mid 2+x+y$;当 $m,n \in \{2,a,b,c,d,e\}$ 时,$1 \mid 1+m+n$.

所以集合 $\{1,2,a,b,c,d,e\}$ 为美妙的,而 1、2、a、b、c、d、e 两两互质,因此对任意 $x \geqslant 2$,$x \in \mathbf{N}_+$,x 至多整除 $\{1,2,a,b,c,d,e\}$ 中的 1 个数. 于是任取 n_S 都有至少 6 个数在

$\{1, 2, a, b, c, d, e\}$ 中且它们均不被 n_S 整除. 故 $N \geqslant 6$.

下面我们证明 $N = 6$ 成立. 若 S 中至多有 7 个元素, 取 n_S 为它的某个不等于 1 元素, 则 $N \leqslant 6$. 下设 S 中含有至少 8 个元素, 且设它最小的 8 个元素从小到大排列依次为 x_1、x_2、x_3、x_4、x_5、x_6、x_7、x_8. 我们接下来证明这 8 个元素不能两两互质.

我们采用反证法证明. 若这 8 个数两两互质, 则其中至多有 1 个偶数, 1 个 1. 所以 x_1, x_2, $\cdots$, x_8 中存在 6 个两两互质且大于 1 的正奇数. 从小到大依次设为 y_1、y_2、y_3、y_4、y_5、y_6, 满足 $y_1 < y_2 < y_3 < y_4 < y_5 < y_6$.

若 $a \mid a + b + c$, 即 $a \mid b + c$. 我们称三元组 (a, b, c) 被 a 解决了.

接下来, 我们证明 y_1、y_2、y_3、y_4、y_5、y_6 分别至多可解决 $\{y_1, y_2, y_3, y_4, y_5, y_6\}$ 三元子集组中的 6、6、4、2、1、0 个 (当 y_1、y_2、y_3、y_4、y_5、y_6 两两互质时).

对任意 i_1, $i_2 \in \mathbf{N}_+$, $1 \leqslant i_1 < i_2 \leqslant 5$, 若 $y_6 \mid y_{i_1} + y_{i_2}$, 因为 $y_{i_1} < y_6$, $y_{i_2} < y_6$, 则 $y_{i_1} + y_{i_2} < 2y_6$. 故

$$y_{i_1} + y_{i_2} = y_6.$$

而 $y_{i_1} + y_{i_2}$ 为偶数, y_6 为奇数, 矛盾! 因此 y_6 不解决任何 $\{y_1, y_2, \cdots, y_6\}$ 的三元子集组.

同理可证: 对任意 $1 \leqslant i_1 < i_2 < i_3 \leqslant 6$, $y_{i_3} \nmid y_{i_1} + y_{i_2}$.

接下来考虑 y_5. 若 $1 \leqslant i_1 < i_2 \leqslant 4$, 则 $y_5 \nmid y_{i_1} + y_{i_2}$. 所以若 $1 \leqslant a < b \leqslant 6$ 且 $a \neq 5$, $b \neq 5$, $y_5 \mid y_a + y_b$, 则有 $b = 6$.

若存在 $1 \leqslant a_1 < a_2 \leqslant 4$, 令 $y_5 \mid y_6 + y_{a_1}$, $y_5 \mid y_6 + y_{a_2}$, 则有

$$y_5 \mid (y_6 + y_{a_2}) - (y_6 + y_{a_1}),$$

即 $y_5 \mid y_{a_2} - y_{a_1}$. 而

$$0 < y_{a_2} - y_{a_1} < y_{a_2} \leqslant y_5,$$

矛盾! 故 y_5 至多解决了一个三元组.

接下来考虑 y_4. 若 $1 \leqslant i_1 < i_2 \leqslant 3$, 则 $y_4 \nmid y_{i_1} + y_{i_2}$.

若 $y_4 \mid y_5 + y_6$, 则不存在 i_1, $i_2 \in \mathbf{N}_+$, 令 $1 \leqslant i_1$, $i_2 \leqslant 3$, $y_4 \mid y_5 + y_{i_1}$, $y_4 \mid y_6 + y_{i_2}$. 这是因为若 $i_1 \neq i_2$, 则

$$y_4 \mid (y_5 + y_{i_1}) + (y_6 + y_{i_2}) - (y_5 + y_6),$$

即 $y_4 \mid y_{i_1} + y_{i_2}$. 而 $i_1 \neq i_2$, $1 \leqslant i_1$, $i_2 \leqslant 3$, 矛盾! 若 $i_1 = i_2$, 则

$$y_4 \mid y_6 - y_5,$$

从而 $y_4 \mid 2y_6$. 而 y_4 为奇数,则 $y_4 \mid y_6$,与 y_4、y_6 互质矛盾!

类比 y_5 可证明 y_4 也可至多解决 1 个含 y_5 和 $y_i (i \leqslant 3, i \in \mathbf{N}_+)$ 的三元组. y_4 也可至多解决 1 个含 y_6 和 $y_j (j \leqslant 3, j \in \mathbf{N}_+)$. 又因为 $y_4 \mid y_5 + y_6$ 时两者不同时成立,所以 y_4 至多解决 2 个 3 元组.

接下来考虑 y_3. 首先 $y_3 \nmid y_1 + y_2$,其次 $y_3 \mid y_1 + y_i$ 与 $y_3 \mid y_2 + y_i$ 不同时成立(对 $i \geqslant 4$),再其次 $y_3 \mid y_4 + y_5$,$y_3 \mid y_4 + y_6$,$y_3 \mid y_5 + y_6$ 时,

$$y_3 \mid 2(y_4 + y_5 + y_6).$$

因为 y_3 为奇数,所以 $y_3 \mid y_4 + y_5 + y_6$. 从而 $y_3 \mid y_6$,与 y_3、y_6 互质矛盾!故

$$y_3 \mid y_4 + y_5, \quad y_3 \mid y_4 + y_6, \quad y_3 \mid y_5 + y_6$$

不同时成立. 若有两个成立,设

$$y_3 \mid y_{i_1} + y_{i_2}, \quad y_3 \mid y_{i_1} + y_{i_3}, \quad y_3 \nmid y_{i_2} + y_{i_3},$$

(i_1, i_2, i_3) 为 $(4, 5, 6)$ 的某个排列,而此时若 $y_3 \mid y_{i_1} + y_{j_1}$,$j_1 = 1$ 或 $j_1 = 2$,则

$$y_3 \nmid y_{i_2} + y_1, \quad y_3 \nmid y_{i_2} + y_2,$$
$$y_3 \nmid y_{i_3} + y_1, \quad y_3 \nmid y_{i_3} + y_2.$$

否则 $y_3 \mid 2y_1$ 或 $y_3 \mid y_1 + y_2$,均矛盾!所以

$$y_3 \mid y_{i_1} + y_{i_2}, \quad y_3 \mid y_{i_1} + y_{i_3}, \quad y_3 \nmid y_{i_2} + y_{i_3}$$

时,由于

$$y_3 \mid y_1 + y_{i_2}, \quad y_3 \mid y_2 + y_{i_2}$$

不同时成立,所以 y_3 至多可解决 $2 + 2 = 4$ 个三元组.

若 $y_3 \mid y_4 + y_5$,$y_3 \mid y_4 + y_6$,$y_3 \mid y_5 + y_6$ 中只有一个成立或均不成立,则 y_3 至多可解决 $1 + 3 = 4$ 个三元组. 所以 y_3 至多可解决 4 个三元组.

接下来考虑 y_2. 将 y_1、y_3、y_4、y_5、y_6 化成五个点 A_1、A_3、A_4、A_5、A_6.

若 y_2 解决了三元组 (y_2, y_i, y_j),则在点 A_i 和点 A_j 之间连一条线段.

若 y_2 解决了至少 7 个三元组,则在点 A_1、A_3、A_4、A_5、A_6 之间至少有 7 个线段. 把每条线段化成实线. 若两点之间原先未连线,则连结的是一条虚线. 所以每条实线或虚线恰处在 3 个三

角形中. 图中共有 10 个三角形. 设每个三角形内实线条数分别为 $a_1, a_2, \cdots, a_{10}$, 因此

$$a_1 + a_2 + \cdots + a_{10} \geqslant 7 \times 3 > 2 \times 10.$$

由抽屉原理, $a_1, a_2, \cdots, a_{10}$ 中至少有 1 个为 3. 设 $\triangle A_{i_1} A_{i_2} A_{i_3}$ 有 3 条头线, 则

$$y_2 \mid y_{i_1} + y_{i_2}, \quad y_2 \mid y_{i_1} + y_{i_3}, \quad y_2 \mid y_{i_2} + y_{i_3},$$

从而 $y_2 \mid 2(y_{i_1} + y_{i_2} + y_{i_3})$. 因为 y_2 为奇数, 所以 $y_2 \mid y_{i_1} + y_{i_2} + y_{i_3}$, 即 $y_2 \mid y_{i_1}$, 与 $(y_2, y_{i_1}) = 1$ 矛盾! 故 y_2 至多解决 6 个三元组.

同理可证 y_1 至多可解决 6 个三元组.

所以 y_1、y_2、y_3、y_4、y_5、y_6 一共至多可解决 $6 + 6 + 4 + 2 + 1 + 0 = 19$ 个三元组. 而 $\{y_1, y_2, \cdots, y_6\}$ 共有 $C_6^3 = 20$ 个三元组, 所以必存在一个三元组 $\{y_{i_1}, y_{i_2}, y_{i_3}\}$, 不妨设 $1 \leqslant i_1 < i_2 < i_3 \leqslant 6$, 有

$$y_{i_1} \nmid y_{i_1} + y_{i_2} + y_{i_3}, \quad y_{i_2} \nmid y_{i_1} + y_{i_2} + y_{i_3}, \quad y_{i_3} \nmid y_{i_1} + y_{i_2} + y_{i_3},$$

这与 S 是美妙的集合矛盾!

因此 $y_1, y_2, \cdots, y_6$ 不可能两两互质, 从而 $x_1, x_2, \cdots, x_8$ 不可能两两互质.

设 $(x_i, x_j) \neq 1, 1 \leqslant i < j \leqslant 8$, 则对 S 中任意元素 r, r 不在 $\{x_1, x_2, \cdots, x_8\}$ 中, $r > x_i$, $r > x_j$, 要么有 $r \mid x_i + x_j$, 此时结合 $x_i + x_j < 2r$ 知 $x_i + x_j = r$. 要么有 $x_j \mid r + x_i$, 要么有 $x_i \mid x_j + r$. 无论哪种情况, 都有

$$(x_i, x_j) \mid r.$$

取 $n_S = (x_i, x_j)$, 因此有 6 个数不被 n_S 整除.

所以 $N = 6$ 成立, 结论得证. $\qquad\square$

评析 这道题思路来自发现: 如果 $a < b < c$ 满足 $a + b + c$ 被 a、b、c 中任一个整除, 则 $\gcd(a, b) \mid c$. 于是, 这道题可以转化为求解美妙的集合中最多可以有几个数两两互质. 除去 1、2 外, 6 个正奇数不能两两互质的证明难度相对较小但讨论比较繁琐(这一部分由谷肇兴解决). 题目难点大部分在寻找 5 个奇数两两互质的构造, 想到中国剩余定理比较自然但需要一段时间尝试(这一部分由叶奇解决).

日本的选拔制度中是没有集训队测试的, 也就是说这场考试是直接关系到其国家队选手选拔的. 为此, 这场考试的结构中, 前四个题都相当于我国的联赛难度, 而最后一个题则接近集训队难度, 目的就是筛选出国家队队员.

2019 美国数学奥林匹克试题解答与评析

谢柏庭　潘至璇

(浙江省乐清知临中学,325600)

指导教师:羊明亮

2019 年美国数学奥林匹克(USAMO)于 4 月 18、19 日两天进行,其试题题面新颖,解答思路具有代表性.下面我们整理了试题的解答并加以短评,以供读者参考.

题 1　函数 $f: \mathbf{N}_+ \rightarrow \mathbf{N}_+$ 满足:对所有正整数 n 都有

$$\underbrace{f(f(\cdots f(n)\cdots))}_{f(n)\text{个}f} = \frac{n^2}{f(f(n))}.$$

求 $f(1000)$ 的所有可能值.

解　所求为全体正偶数.

一方面,对给定的正偶数 $2k$, $k \in \mathbf{N}_+$,取

$$\begin{cases} f(1000) = 2k, \\ f(2k) = 1000, \\ f(n) = n, \ n \neq 2k, 1000. \end{cases}$$

容易验证 f 满足要求.故 $f(1000)$ 可取到任一正偶数.

另一方面,我们证明 $f(1000)$ 不能为正奇数.我们以 $f^{(t)}$ 表示 f 的 t 次迭代,$t \in \mathbf{N}_+$.

下面我们证明 f 为单射. 　　　　　　　　　　　　　　　　　　　　　　　(∗)

对于正整数 $m, l \in \mathbf{N}_+$,若 $f(m) = f(l)$,在原式中令 $n = m, l$ 知

$$m^2 = f^{(f(m))}(m) \cdot f^{(2)}(m)$$

$$= f^{(f(m)-1)}(f(m)) \cdot f^{(2)}(m)$$

$$= f^{(f(l)-1)}(f(l)) \cdot f^{(2)}(l)$$

$$= f^{(f(l))}(l) \cdot f^{(2)}(l)$$

$$= l^2.$$

结合 m，$l \in \mathbf{N}_+$ 知 $m = l$. 故 f 为单射.

因此为证 $f(1000)$ 不为正奇数，只需证明对 $2 \nmid m$，有

$$f(m) = m. \tag{※}$$

下面对 m 归纳证明该命题.

当 $m = 1$ 时，原式中令 $n = 1$，有

$$f^{(2)}(1) \cdot f^{(f(1))}(1) = 1.$$

结合 $f^{(2)}(1)$，$f^{(f(1))}(1) \in \mathbf{N}_+$ 知

$$f^{(2)}(1) = f^{(f(1))}(1) = 1.$$

在原式中令 $n = f(1)$ 知

$$f^{(2)}(f(1)) \cdot f(f(1)) = f^2(1).$$

这里用到了 $f(f(1)) = 1$.

故 $f^2(1) = f(1)$. 结合 $f(1) \in \mathbf{N}_+$ 知 $f(1) = 1$，$m = 1$ 时命题成立！

设 m 为小于 $2k + 1$ 的正奇数时结论成立 $(k \in \mathbf{N}_+)$.

当 $m = 2k + 1$ 时，在原式中令 $n = m$ 知

$$f^{(2)}(m) \cdot f^{(f(m))}(m) = m^2.$$

而由归纳假设及 $(*)$ 知 $f^{(2)}(m)$、$f^{(f(m))}(m)$ 均不为小于 m 的奇数. 又 $2 \nmid m$，故

$$f^{(2)}(m) = f^{(f(m))}(m) = m.$$

在原式中令 $n = f(m)$，结合 $2 \nmid m$，$f(f(m)) = m$ 知

$$f^2(m) = f^{(2)}(m) \cdot f^{(m)}(f(m)) = f(m) \cdot m.$$

故 $f(m) = m$，$m = 2k + 1$ 时结论成立！

归纳即知（※）成立，有 $f(1000)$ 不为正奇数.

综合两方面知所求为全体正偶数. □

评析　数论型函数方程中的归纳法一般有两种：

（1）一般的对 n 进行归纳；

(2) 对 n 不同质因子归纳.

一般用(2)的情况更多,这体现数论中"积性"的好处.但需要注意的是,归纳法只需找到一个可递降的量即可.因此切记具体条件分析,特别地小心"大小"的条件.例如:对于质数 p、$p-1$ 的质因子均小于 p,这可能也是"递降"的途径.

题 2 如图,设圆内接四边形 $ABCD$ 满足 $AD^2+BC^2=AB^2$,四边形 $ABCD$ 对角线交于点 E,点 P 在边 AB 上使 $\angle APD=\angle BPC$. 证明:直线 PE 平分线段 CD.

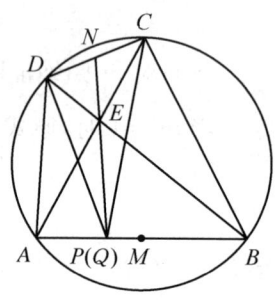

(第 2 题图)

证明 设 AB、CD 中点为点 M、N,EN 交 AB 于点 Q. 我们证明 $P\equiv Q$.

由于 $\triangle CED\backsim\triangle BEA$,且 N、M 为相似对应点,故

$$\angle MEB=\angle NEC=\angle AEQ,$$

得 EQ 为 $\triangle AEB$ 中 $\angle E$ 内的陪位中线,又由于 $\triangle AED\backsim\triangle BEC$,有

$$\frac{AQ}{BQ}=\left(\frac{EA}{EB}\right)^2=\left(\frac{AD}{BC}\right)^2.$$

又

$$AB^2=AD^2+BC^2,$$

故

$$\frac{AD^2}{AB^2}=\frac{AD^2}{AD^2+BC^2}=\frac{AQ}{AQ+BQ}=\frac{AQ}{AB},$$

即 $AD^2=AB\cdot AQ$,结合 $\angle QAD=\angle DAB$,知 $\triangle QAD\backsim\triangle DAB$,有

$$\angle DQA=\angle BDA.$$

类似地,$\angle CQB=\angle BCA$. 故

$$\angle DQA=\angle BDA=\angle BCA=\angle CQB.$$

又注意到对线段 AB 上一点 X,$\angle DXA=\angle XDB+\angle DBA$ 关于 BX 递增;$\angle CXB=\angle CAB+\angle XCA$ 关于 BX 递减,故 AB 上至多一点 P 满足 $\angle CPB=\angle DPA$. 而 $\angle DQA=\angle CQB$,故知

$$P\equiv Q,$$

从而有 EP 平分 DC. 证毕!

评析 本题为简单题. 此法由结论倒推得到, 需说明点 P 的唯一性.

题3 设 K 为所有十进制表示中不含数码 7 的正整数构成的集合. 求所有系数非负的整系数多项式 f, 使得对任意 $n \in K$, 均有 $f(n) \in K$.

解 所求为 $f(n) = 10^{\alpha} n + m$, $\alpha \in \mathbf{N}$, $m = 0$ 或 $m < 10^{\alpha}$ 且 $m \in K$; 或 $f(n) = m$, $m \in K$.

一方面, 这样的 f 显然满足要求 (因 $f(n)$ 十进制表示中非零数码要么为 n 的数码, 要么为 m 的数码).

另一方面, 对满足要求的 f, 我们先证明一个引理.

引理 若正整数 a 满足对 $n \in K$, $an \in K$, 则 a 为 10 的幂.

引理的证明: 设

$$\frac{8}{a} = \sum_{i=0}^{+\infty} x_i \cdot 10^{-(\beta+i)},$$

$$\frac{7}{a} = \sum_{i=0}^{+\infty} y_i \cdot 10^{-(\beta+i)},$$

$$\frac{1}{a} = \sum_{i=0}^{+\infty} z_i \cdot 10^{-(\beta+i)},$$

其中 β 为非负整数, $x_i, y_i, z_i \in \{0, 1, \cdots, 9\}$, $x_0 > 0$, 且 $\{x_i\}$、$\{y_i\}$、$\{z_i\}$ 均不为最终全为 9 的数列. 由于 $\frac{1}{a} > \frac{1}{10} \cdot \frac{8}{a}$, 故

$$z_0 + 10^{-1} \cdot z_1 > 0.$$

以下考虑 z_0 是否为 0.

(1) 若 $z_0 > 0$, 则 $x_0 \geqslant y_0 + z_0 \geqslant y_0 + 1$.

(i) 若 $y_0 \neq 7$, 则因 $\{y_i\}$ 不会最终全为 9, 必存在 $j \in \mathbf{N}_+$, 满足

$$\frac{7}{a} \leqslant 10^{-\beta} \cdot y_0 + 9(10^{-(\beta+1)} + \cdots + 10^{-(\beta+j)}) < 10^{-\beta}(y_0+1) < \frac{8}{a},$$

故有

$$a[10^j y_0 + 9(10^{j-1} + \cdots + 10^0)] \in [7 \cdot 10^{j+\beta}, 8 \cdot 10^{j+\beta}),$$

其首位为 7 且不在 K 中, 但

$$10^j y_0 + 9(10^{j-1} + \cdots + 10^0) \in K,$$

与引理条件矛盾!

(ii) 若 $y_0 = 7$,此时

$$x_0 \geqslant y_0 + 1 = 8, \quad \frac{8}{a} \geqslant 8 \cdot 10^{-\beta}.$$

若 $\frac{8}{a} > 8 \cdot 10^{-\beta}$,则 $\frac{7}{a} < 10^{-\beta} \cdot 8 < \frac{8}{a}$,有

$$8a \in (7 \cdot 10^{\beta}, \ 8 \cdot 10^{\beta}),$$

首位为 7 不在 K 中,但 $8 \in K$,这与引理条件矛盾! 故

$$\frac{8}{a} = 8 \cdot 10^{-\beta},$$

有 $a = 10^{\beta}$ 为 10 的幂.

(2) $z_0 = 0$,由 $z_0 + 10^{-1} z_1 > 0$ 知 $z_1 > 0$.此时,$\frac{1}{a} < 10^{-\beta}$,有

$$\frac{7}{a} < 10^{-\beta} \cdot 7,$$

即 $y_0 < 7$.

若 $x_0 > y_0$,类似于(1) 的(i) 知这与引理条件矛盾!

因此 $x_0 = y_0$,有 $x_0 < 7, y_0 < 7$. 以下考虑 x_1 与 y_1. 由于

$$10x_0 + x_1 \geqslant 10y_0 + y_1 + 10z_0 + z_1,$$

则

$$x_1 \geqslant y_1 + z_1 \geqslant y_1 + 1.$$

类似于(1)知

$$\frac{1}{a} = 10^{-(\beta+1)},$$

但此时 $x_0 = 0$,与 $x_0 \neq 0$ 矛盾!

综合(1)(2)知 a 为 10 的幂,引理证毕!

回到原题. 设

$$f(n) = a_k n^k + a_{k-1} n^{k-1} + \cdots + a_1 n + a_0, \ a_k, \cdots, a_0 \in \mathbf{N}, \ k \in \mathbf{N}, \ a_k > 0.$$

我们先证明 $k \leqslant 1$. 否则,若 $k \geqslant 2$,取

$$n_0 = (3 \cdot 10^\alpha + c) \cdot 10^\gamma,$$

其中 α、γ、c 待定,$\alpha, \gamma, c \in \mathbf{N}_+$. 由于 $3^{k-1} \cdot k \cdot a_k$ 必不为 10 的幂,由引理知,存在 $c \in K$,使 $3^{k-1} k a_k c \notin K$. 取 α 满足

$$10^\alpha > 3^k \cdot c^k a_k \cdot 2^k;$$

取 γ 满足

$$10^\gamma > a_k (3 \cdot 10^\alpha + c)^k + \cdots + a_1 (3 \cdot 10^\alpha + c) + a_0.$$

那么

$$f(n_0) = a_0 + a_1 (3 \cdot 10^\alpha + c) \cdot 10^\gamma + \cdots + a_{k-1} (3 \cdot 10^\alpha + c)^{k-1} \cdot 10^{\gamma(k-1)}$$
$$+ 10^{\gamma k} (a_k \mathrm{C}_k^0 3^k c^0 \cdot 10^{\alpha k} + a_k \mathrm{C}_k^1 3^{k-1} c^1 \cdot 10^{\alpha(k-1)} + \cdots + a_k \mathrm{C}_k^k 3^0 c^k \cdot 10^{\alpha \cdot 0}).$$

其十进制表示为

$$a_k \mathrm{C}_k^0 3^k c^0, \ a_k \mathrm{C}_k^1 3^{k-1} c^1, \cdots, a_k \mathrm{C}_k^k 3^0 c^k, \ a_{k-1} (3 \cdot 10^\alpha + c)^{k-1}, \cdots, a_1 (3 \cdot 10^\alpha + c), a_0.$$

间加上若干 "0" 后首尾拼接而成(用到 α、γ 定义).

又 $a_k \mathrm{C}_k^1 3^{k-1} c^1 \notin K$,故 $f(n_0) \notin K$. 而由 $c \in K$ 知 $n_0 \in K$,这与对 $n \in K$ 有 $f(n) \in K$ 矛盾! 故 $k \leqslant 1$.

当 $k = 0$ 时,$f(n) = m$,m 为常数. 此时 $m \in K$ 显然成立.

当 $k = 1$ 时,设 $f(n) = an + m$,取 $n = 10^\delta \cdot n_1$,$10^\delta > m$,其中 $n_1 \in \mathbf{N}_+$,有对 $n_1 \in K$,$an_1 \in K$;$m \in K$ 或 $m = 0$(因对 $n \in K$,$f(n) \in K$).

结合引理知 a 为 10 的幂,可设

$$f(n) = 10^\alpha n + m, \ m \in K \ \text{或} \ m = 0, \ \alpha \in \mathbf{N}.$$

此时若 $m \geqslant 10^\alpha$,设 $10^{\alpha+i_0} \leqslant m < 10^{\alpha+i_0+1}$,$i_0 \in \mathbf{N}$,并设 m 首位为 j_0.

取 $n = (17 - j_0) \cdot 10^{i_0}$,则

$$f(n) = (17 - j_0) \cdot 10^{\alpha+i_0} + m = 17 \cdot 10^{\alpha+i_0} + A,$$

其中 $A < 10^{\alpha+i_0}$,那么 $10^{\alpha+i_0}$ 位对应的数码为 7,不在 K 中.

又 $1 \leqslant j_0 \leqslant 9$,有 $n \in K$,这与对 $n \in K$,$f(n) \in K$ 矛盾! 故 $m < 10^{\alpha}$.

综上,所求 f 为 $f(n) = 10^{\alpha} n + m$,$\alpha \in \mathbf{N}$,$m = 0$;或 $m \in K$ 且 $m < 10^{\alpha}$;或 $f(n) = m$,$m \in K$. □

评析 此题是循序渐进的好题.

(1) 先处理最简单的情形,即引理.

为使一个正整数中必含某个数码,有两种想法.

① 数论方法:同余;

② 代数方法:

$$A \cdot 10^{\alpha+1} + B \cdot 10^{\alpha} \leqslant x < A \cdot 10^{\alpha+1} + (B+1) \cdot 10^{\alpha}(B \in \{0, 1, \cdots, 9\}),$$

则 x 含 B.常用弱化:$A = 0$.

此题方法①也可行,可尝试用模 10 构造一个个位为 8 的数 C,再用 $10^{\gamma} C - D$ 的形式得到 7 来解决大部分情形.而对于方法②,我们在原解答基础上再做一步特化.

考虑 $1, a, a^2, \cdots$ 它们均在 K 中,而其中必有一数首位为 7(由狄利克雷(Dirichlet)定理易证!)

(2) 对复杂情形,我们希望利用简单情形,需构造"一次项".因此我们构造了"分段"的形式,这在数码问题中常用.数码中重要的部分有两种:

一是"分段",保持了每一段自身的性质.

二是段与段的交界点,可能相加后发生进位导致突变.

题 4 给定正整数 n,确定有多少种方式选取 $(n+1)^2$ 个集合 $S_{i,j} \subseteq \{1, 2, \cdots, 2n\}$,其中 i,$j = 0, 1, \cdots, n$,满足以下两个条件:

(i) 对任意 $i, j \in \{0, 1, \cdots, n\}$,集合 $S_{i,j}$ 有 $i + j$ 个元素;

(ii) 对任意 $0 \leqslant i \leqslant k \leqslant n$,$0 \leqslant j \leqslant l \leqslant n$,均有 $S_{i,j} \subseteq S_{k,l}$.

解 所求为 $(2n)! \cdot 2^{n^2}$.我们分两步确定所求集族:

(1) 我们先确定集合链

$$S_{0,0} \subseteq S_{0,1} \subseteq \cdots \subseteq S_{0,n} \subseteq S_{1,n} \subseteq \cdots \subseteq S_{n,n}.$$

注意到,由(i)有 $S_{0,0} = \varnothing$,$S_{n,n} = \{1, 2, \cdots, 2n\}$,并且由(i)、(ii)有:该集合链上除 $S_{0,0}$ 外的每个集合,恰比它的前一个集合多一个元素.

设这样的元素从左往右依次为 $a_1, a_2, \cdots, a_{2n}$,则该集合链与序列 $a_1, a_2, \cdots, a_{2n}$ 一一对

应,其即为

$$\varnothing \subseteq \{a_1\} \subseteq \{a_1, a_2\} \subseteq \cdots \subseteq \{a_1, a_2, \cdots, a_{2n}\},$$

并且 $a_1, a_2, \cdots, a_{2n}$ 为 $1, 2, \cdots, 2n$ 的一个排列.

故这样的集合链恰为 $(2n)!$ 条.

(2) 我们再依次确定 $(S_{i,0}, S_{i,1}, \cdots, S_{i,n-1})(i=1, 2, \cdots, n)$,使它们满足

$$S_{i-1, j} \subseteq S_{i, j} \subseteq S_{i, j+1},$$

且

$$|S_{i,j}| = i+j, \ 0 \leqslant j \leqslant n-1, \ 1 \leqslant i \leqslant n.$$

对给定的 $m \in \mathbf{N}, m \leqslant n-1$. 当 $S_{i,j}(0 \leqslant i \leqslant m, 0 \leqslant j \leqslant n)$ 及 $S_{m+1, k+1}, S_{m+1, k+2}, \cdots,$ $S_{m+1, n}$ 均已确定时 $(0 \leqslant k \leqslant n-1)$,由于

$$|S_{m, k}| = m+k, \ |S_{m+1, k+1}| = m+k+2,$$

故可设

$$S_{m+1, k+1} \backslash S_{m, k} = \{a, b\},$$

恰存在 2 个 A 满足

$$S_{m, k} \subseteq A \subseteq S_{m+1, k+1},$$

且

$$|A| = m+k+1.$$

即 $S_{m, k} \bigcup \{a\}$ 与 $S_{m, k} \bigcup \{b\}$. 故此时 $S_{m+1, k}$ 有两种选择.

由此即知:当 $S_{i,j}(0 \leqslant i \leqslant m, 0 \leqslant j \leqslant n)$ 均已给定时,

$$(S_{m+1, 0}, S_{m+1, 1}, \cdots, S_{m+1, n-1})$$

共有 2^n 种选择,故 $S_{i,j}(1 \leqslant i \leqslant n, 0 \leqslant j \leqslant n-1)$ 共 2^{n^2} 种选择. 并且,在如此确定整个集族后,对 $0 \leqslant i \leqslant r \leqslant n, 0 \leqslant j \leqslant l \leqslant n$,有

$$S_{i, j} \subseteq S_{i, j+1} \subseteq \cdots \subseteq S_{i, l} \subseteq S_{i+1, l} \subseteq \cdots \subseteq S_{r, l},$$

满足条件(ii). 而满足条件的集族显然满足确定过程中条件.

因此,这样确定的集族即为所求. 综合(i)、(ii)所求为 $(2n)! \cdot 2^{n^2}$ 种(用到乘法原理).

综上,所求为 $(2n)! \cdot 2^{n^2}$.

评析 此题属于简单题,找到一个简单的生成方法即可."先定边界再往中间"是常用方法.应注意一一对应并非显然.

题 5 黑板上写有两个有理数 $\dfrac{m}{n}$ 和 $\dfrac{n}{m}$,其中 m、n 是互质的正整数.每一步,埃文可以选取黑板上的两个数 x、y,在黑板上添上它们的算术平均 $\dfrac{x+y}{2}$,或添上它们的调和平均 $\dfrac{2xy}{x+y}$.试确定所有 (m,n),使得埃文可在有限步内在黑板上写下数 1.

解 所求为 $(k, 2^{\alpha}-k)$,$\alpha \in \mathbf{N}_+$,其中 k 为小于 2^{α} 的正奇数.

一方面,我们先归纳证明对 $\beta \in \mathbf{N}_+$ 及小于 2^{β} 的正奇数 l,

$$\frac{l}{2^{\beta}} \cdot \frac{m}{n} + \frac{2^{\beta}-l}{2^{\beta}} \cdot \frac{n}{m} \tag{1}$$

可写在黑板上.

当 $\beta=1$ 时,此即 $\dfrac{1}{2}\left(\dfrac{n}{m}+\dfrac{m}{n}\right)$ 可写在黑板上,结论显然成立.

设 $\beta=\gamma$ 时结论成立.

当 $\beta=\gamma+1$ 时,若 $l<2^{\gamma}$,由归纳假设知

$$\frac{l}{2^{\gamma}} \cdot \frac{m}{n} + \frac{2^{\gamma}-l}{2^{\gamma}} \cdot \frac{n}{m}$$

可写在黑板上.故

$$\frac{l}{2^{\gamma+1}} \cdot \frac{m}{n} + \frac{2^{\gamma+1}-l}{2^{\gamma+1}} \cdot \frac{n}{m} = \frac{1}{2}\left[\left(\frac{l}{2^{\gamma}} \cdot \frac{m}{n} + \frac{2^{\gamma}-l}{2^{\gamma}} \cdot \frac{n}{m}\right) + \frac{n}{m}\right]$$

可写在黑板上.

若 $2^{\gamma} \leqslant l < 2^{\gamma+1}$,由 $2 \nmid l$ 知 $2^{\gamma} < l < 2^{\gamma+1}$.由归纳假设,

$$\frac{l-2^{\gamma}}{2^{\gamma}} \cdot \frac{m}{n} + \frac{2^{\gamma+1}-l}{2^{\gamma}} \cdot \frac{n}{m}$$

可写在黑板上.故

$$\frac{l}{2^{\gamma+1}} \cdot \frac{m}{n} + \frac{2^{\gamma+1}-l}{2^{\gamma+1}} \cdot \frac{n}{m} = \frac{1}{2}\left[\left(\frac{l-2^{\gamma}}{2^{\gamma}} \cdot \frac{m}{n} + \frac{2^{\gamma+1}-l}{2^{\gamma}} \cdot \frac{n}{m}\right) + \frac{m}{n}\right]$$

可写在黑板上.

故当 $\beta = \gamma + 1$ 时结论成立,归纳即知($*$)成立.

由($*$)知,当 $(m, n) = (k, 2^{\alpha} - k)$ 时,

$$1 = \frac{k}{2^{\alpha}} \cdot \frac{2^{\alpha} - k}{k} + \frac{2^{\alpha} - k}{2^{\alpha}} \cdot \frac{k}{2^{\alpha} - k}$$

可写在黑板上,故 $(k, 2^{\alpha} - k)$ 满足要求.

另一方面,对满足要求的 (m, n),我们证明 $m + n$ 为 2 的幂.

设 $m + n = 2^{\alpha} \cdot P$,其中 $\alpha \in \mathbf{N}$, $2 \nmid P$, $P \in \mathbf{N}_+$,下证 $P = 1$.

我们先递推的确定 $\{P_t\}_{t \geqslant 1}$: P_1 集合为 $\frac{m}{n}$ 与 $\frac{n}{m}$ 构成的集合, P_t 为所有 P_{t-1} 中某两数(不必不同)的算术平均或调和平均的数构成的集合.

下面对 t 进行归纳证明:对 $\frac{x}{y} \in P_t$, x、y 互质,有

$$P \mid x + y. \tag{2}$$

当 $t = 1$ 时结论显然成立.

设当 $t = r$ 时结论成立,则当 $t = r + 1$ 时,考虑 $\frac{x}{y}$ 的来源,设其为 $\frac{x_1}{y_1}$ 与 $\frac{x_2}{y_2}$ 的算术平均或调和平均,其中 x_1 与 y_1, x_2 与 y_2 互质, $\frac{x_1}{y_1}, \frac{x_2}{y_2} \in P_r$.

由归纳假设, $P \mid x_1 + y_1$, $P \mid x_2 + y_2$,故

$$\gcd(P, 2y_1 y_2) = 1, \tag{3}$$

这里用到 x_1 与 y_1, x_2 与 y_2 互质.

下面分两种情况讨论:

① 若 $\frac{x}{y} = \frac{1}{2}\left(\frac{x_1}{y_1} + \frac{x_2}{y_2}\right)$,则

$$\frac{x + y}{y} = \frac{(x_1 + y_1)y_2 + (x_2 + y_2)y_1}{2y_1 y_2}.$$

又 $P \mid x_1 + y_1$, $P \mid x_2 + y_2$, $\gcd(P, 2y_1 y_2) = 1$,则由(3)及 P 为奇数得

$$P \mid x + y.$$

② 若 $\dfrac{x}{y} = \dfrac{2\dfrac{x_1}{y_1} \cdot \dfrac{x_2}{y_2}}{\dfrac{x_1}{y_1} + \dfrac{x_2}{y_2}}$,则

$$\frac{y}{x} = \frac{1}{2}\left(\frac{y_1}{x_1} + \frac{y_2}{x_2}\right).$$

有

$$\frac{y+x}{x} = \frac{1}{2} \cdot \frac{(x_1+y_1)x_1 + (x_2+y_2)x_1}{x_1 x_2}.$$

类似于①知 $P \mid x+y$. 综合①、②知

$$P \mid x+y.$$

归纳即知式(2)获证!

又由式(2)及 1 在某个 P_t 中知 $P\mid 1+1$,故由于 $2\nmid P$,$P=1$. 故 $m+n$ 为 2 的幂,设为 2^α. 结合 m、n 为互质的正整数知

$$(m, n) = (k, 2^\alpha - k), \alpha \in \mathbf{N}_+, k \text{ 为小于 } 2^\alpha \text{ 的正奇数}.$$

综上,所求为 $(k, 2^\alpha-k)$,$\alpha \in \mathbf{N}_+$,k 为小于 2^α 的正奇数. □

评析 典型的单人操作问题中的运算问题. 经典的思路是找不变量,对运算次数归纳,这样有助于"化整为零". 此题由式(1)可猜出答案,自然猜不变量 $m+n$ 与 2 的幂有关,便不难发现式(2),即证.

题 6 求所有实系数多项式 P,满足对任意非零实数 x、y、z,若 $2xyz = x+y+z$,则

$$\frac{P(x)}{yz} + \frac{P(y)}{zx} + \frac{P(z)}{xy} = P(x-y) + P(y-z) + P(z-x).$$

解 所求 $P(x) = t(x^2+3)$,$t \in \mathbf{R}$.

一方面,当 $P(x) = t(x^2+3)$ 时,对非零实数 x、y、z 满足 $2xyz = x+y+z$,有

$$\sum_{\text{cyc}} \frac{P(x)}{yz} = t\sum_{\text{cyc}} \frac{x^3+3x}{xyz} = \frac{t}{xyz}\left(\sum_{\text{cyc}} x^3 + 6xyz\right)$$

$$= \frac{t}{xyz}\left(\frac{1}{2}\left(\sum_{\text{cyc}} x\right)\left(\sum_{\text{cyc}}(x-y)^2\right) + 9xyz\right)$$

$$= t\left(\sum_{\text{cyc}}(x-y)^2 + 9\right) = \sum_{\text{cyc}} P(x-y),$$

故 $P(x) = t(x^2 + 3)$ 满足要求,其中第二行等式用到恒等式

$$\sum_{cyc} x^3 = \left(\sum_{cyc} x\right) \left(\frac{1}{2} \sum_{cyc} (x - y)^2\right) + 3xyz.$$

另一方面,对满足要求的 $P(x)$,我们证明其必形如 $t(x^2 + 3)$, $t \in \mathbf{R}$.

记 $Q(x, y, z) = \sum_{cyc} xP(x) - xyz \sum_{cyc} P(x - y)$,由条件知

$$Q\left(x, y, \frac{x + y}{2xy - 1}\right) = 0, \qquad (*)$$

对 $x \neq 0$, $y \neq 0$, $x + y \neq 0$ 且 $2xy \neq 1$ 的所有实数 x、y 成立.

那么可在式 $(*)$ 两边同乘以 $(2xy - 1)^\alpha$, α 为充分大的正整数,使式 $(*)$ 变为 $R(x, y) = 0$,其中 R 为关于 x、y 的多项式. 而任意给定 $x = x_0$ 为非零实数时,因存在无数个 y,满足 $y \neq 0$, $y + x_0 \neq 0$, $2x_0 y \neq -1$,故存在无数个 $y \in \mathbf{R}$,使得 $R(x_0, y) = 0$. 故对 $y \in R$, $R(x_0, y) = 0$. 从而对 $x, y \in \mathbf{R}$, $R(x, y) = 0$. 进而对 $x, y \in \mathbf{C}$, $R(x, y) = 0$.

下取 $(x, y) = (u, -u)$, $u \in \mathbf{R}$,有 $R(u, -u) = 0$,即 $Q(u, -u, 0) = 0$. 即

$$u(P(u) - P(-u)) = 0.$$

有 $P(u) = P(-u)$ 对 $u \in \mathbf{R}$ 成立. $\qquad (1)$

再取 $(x, y) = \left(x, \frac{i}{\sqrt{2}}\right)$, $i = \sqrt{-1}$,有 $R\left(x, \frac{i}{\sqrt{2}}\right) = 0$,由于

$$\frac{x + \dfrac{i}{\sqrt{2}}}{2x \cdot \dfrac{i}{\sqrt{2}} - 1} = -\frac{i}{\sqrt{2}},$$

则 $Q\left(x, \dfrac{i}{\sqrt{2}}, -\dfrac{i}{\sqrt{2}}\right) = 0$. 从而

$$xP(x) + \frac{i}{\sqrt{2}}\left[P\left(\frac{i}{\sqrt{2}}\right) - P\left(-\frac{i}{\sqrt{2}}\right)\right] = \frac{1}{2}x\left[P\left(x - \frac{i}{\sqrt{2}}\right) + P(\sqrt{2}i) + P\left(-\frac{i}{\sqrt{2}} - x\right)\right].$$

结合(1)知,此即

$$2P(x) - P\left(x - \frac{i}{\sqrt{2}}\right) - P\left(x + \frac{i}{\sqrt{2}}\right) = P(\sqrt{2}i). \qquad (2)$$

下设 $P(x) = a_n x^n + \cdots + a_1 x + a_0$, $a_n \neq 0$.

我们证明 $n \leqslant 2$. 这是因为 $n \geqslant 3$ 时,(2)式左边 x^{n-2} 的系数为

$$-2a_n \mathrm{C}_n^2 \cdot \left(\frac{\mathrm{i}}{\sqrt{2}}\right)^2 \neq 0,$$

而(2)式右边为常数,这不可能!

结合(1)可设 $P(x) = cx^2 + d$,代入(2)知 $c = -2c + d$,故 $d = 3c$. 即有 $P(x)$ 形如 $t(x^2 + 3)$,$t \in \mathbf{R}$.

综上可知,所求为

$$P(x) = t(x^2 + 3), t \in \mathbf{R}.$$

评析 此题关键在于意识到条件 $x + y + z = 2xyz$ 为"一次式",可解出 z,从而使问题变为二元多项式问题,再通过赋特殊值简化. 要小心这"两步走",先窥探本质,再"加码"优化. 固然直接比较 $R(x, y)$ 系数"可行",但明显麻烦,不如再想一步:是否有特殊值.

此题代 $\left(x, x, \dfrac{2x}{2x^2 - 1}\right)$,$\left(x, \dfrac{1}{x}, x + \dfrac{1}{x}\right)$ 均可行,不如此法简明. 另外,多元多项式的整除问题一般需用到 $\mathbf{C}$ 上条件,$\mathbf{R}$ 上除非像此题有"全在 $\mathbf{R}$ 上的零点",否则不可行. 即:"若 $R(x, y, z) = 0$ 时,$Q(x, y, z) = 0$,对 $x, y, z \in \mathbf{R}$ 成立,不一定有 $R(x, y, z) \mid Q(x, y, z)$",这一点需留心.

2019 美国国家队选拔考试试题评析

谢柏庭　韩新淼

（浙江省乐清知临中学，325600）

指导教师：羊明亮

近年来，美国国家队在 IMO 上取得了优异成绩，其国家队选拔考试试题也备受关注.2019 年的试题题目新颖，解题方法和技巧值得品味.下面我们整理了试题及其解答，并加以注记，供读者参考.其中部分解答参考了陈谊延（Evan Chen）的资料.

题 1　在 $\triangle ABC$ 中，M、N 分别为 AB、AC 的中点，过点 A 作 $\triangle ABC$ 外接圆的切线，在切线上取一点 X.设圆 ω_B 经过点 M 与 B，且与 MX 相切；圆 ω_C 经过点 N 与 C，且与 NX 相切.证明：圆 ω_B 与圆 ω_C 的一个交点在直线 BC 上.

此题有多种解法，我们取其中较有代表性的几种介绍一下.

方法 1（等角线导角）　如图①，作 $\odot(AMN)$，并过 X 作其另一条切线，切点为 Y.取 AY 中点 L.下面我们证明 Y 在 ω_B 上.

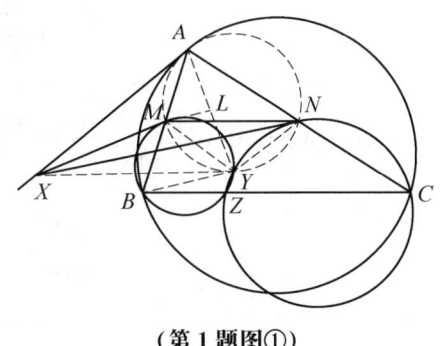

（第 1 题图①）

由 M 为 AB 的中点，L 为 AY 的中点知 $ML \parallel BY$. 又由 AX、XY 为 $\odot(AMY)$ 切线可知，MX 为 $\triangle AMY$ 中的 M-陪位中线，从而 $\angle XMB = \angle YML = \angle MYB$. 故 XM 与 $\odot(BMY)$ 相切，即有 Y 在 ω_B 上.

同理，Y 在 ω_C 上.那么作 ω_B 与 BC 的另一交点 Z，有

$$\angle YZC = \angle YMB = \angle YNA,$$

故 Z 也在 $\odot(YNC)$ 上.

故 ω_B、ω_C 与 BC 交于一点，原命题获证！　□

评析　此法由供题者梅林（Merlijn Staps）提供.

需要指出两点. 一是 Y 为 $\triangle MZN$ 对 $\triangle ABC$ 的密克(Miquel)点,在考虑了 ω_B 与 ω_C 的情况下考虑 Y 并不意外,猜测 Y 为另一切点,有 AX 的提示也是合理的选择;二是此题导角的方法比较有趣,利用了等角线来转化,在涉及中线/陪位中线/内(旁)切圆切点/伪内(旁)切圆切点有关的角中可能有用.

方法 2 如图②,作 ω_B 与 BC 的另一交点 S,连结 SM 并延长,交 CA 于点 Y.

下面我们证明:(1) $\triangle MXS \backsim \triangle AXN$;(2) S 在 ω_C 上.

(1)的证明:由弦切角定理得 $\angle XMB = \angle MSB$,$\angle XAB = \angle ACB$,从而有 $\angle XMS = \angle XMB + \angle BMS = \angle MSB + \angle BMS = 180° - \angle ABC$,$\angle XAN = \angle XAB + \angle BAC = \angle ACB + \angle BAC = 180° - \angle ABC$,所以 $\angle XMS = \angle XAN$.

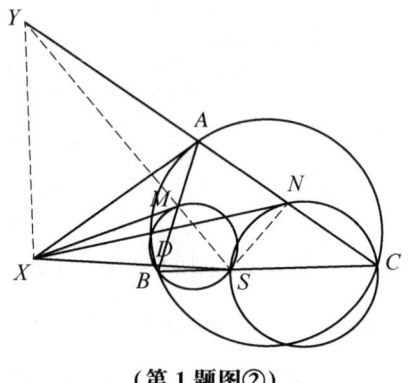

(第 1 题图②)

在 $\triangle ABC$ 中,由正弦定理,得 $\dfrac{AB}{\sin\angle ACB} = \dfrac{AC}{\sin\angle ABC}$,在 $\triangle MBS$ 中,由正弦定理,得 $\dfrac{MB}{\sin\angle MSB} = \dfrac{MS}{\sin\angle MBS}$.

设 AB 与 XS 交于点 D,则在 $\triangle XMD$ 中,

$$\frac{\sin\angle MSB}{XD} = \frac{\sin\angle XMB}{XD} = \frac{\sin\angle MDX}{MX}.$$

在 $\triangle XAD$ 中,$\dfrac{\sin\angle XAB}{XD} = \dfrac{\sin\angle ADX}{AX}$,从而有

$$\frac{AN}{MS} = \frac{AN}{MB} \cdot \frac{MB}{MS} = \frac{AC}{AB} \cdot \frac{\sin\angle MSB}{\sin\angle ABC}$$

$$= \frac{\sin\angle MSB}{\sin\angle ACB} = \frac{\sin\angle MSB}{\sin\angle XAB} = \frac{AX}{MX},$$

结合 $\angle XAN = \angle XMS$ 知 $\triangle XAN \backsim \triangle XMS$. 故(1)证毕!

(2)的证明:由

$$\angle AXM = \angle XMB - \angle XAB = \angle MSB - \angle ACB = \angle MYA,$$

知 A、Y、X、M 四点共圆. 由(1)知 $\angle MSX = \angle ANX$,故有 Y、X、S、N 四点共圆. 如图②,连结 XY、SN,从而 $\angle ACB = \angle XAB = \angle XYS = \angle XNS$,故 XN 与 $\odot(CNS)$ 相切,即 S 在 ω_C 上,

（2）证毕！

综合（1）、（2），原命题获证．

　　评析　此法由 Jetze Zoethout 提供，可谓一个常规手法，需要注意的是，中点条件只用到了 $\dfrac{AN}{AC}=\dfrac{BM}{BA}$，可用于解决推广的问题．

　　方法 3（等角共轭点的转化）　如图③，取 $\triangle AMN$ 中点 X 的等角共轭点 Y，作点 Y 关于 MN 的对称点 S．

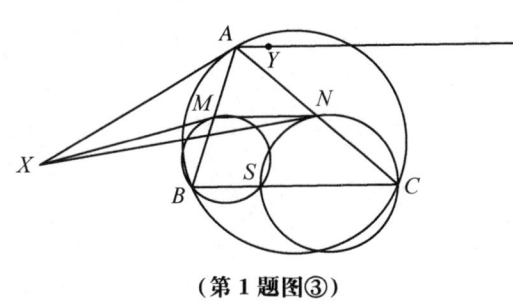

（第 1 题图③）

　　因为 $\angle YAN=\angle XAM=\angle ACB$，故 $AY /\!/ BC$．由于 M 在 $\triangle ABC$ 中 BC 边的中位线上可知点 S 在 BC 上．

　　下证 ω_B 过点 S．这是因为

$$\angle XMB=\angle YMN=\angle SMN=\angle MSB.$$

同理 ω_C 过点 S．故 ω_B、ω_C、BC 交于点 S．原命题获证！

　　评析　此法由 Anant Mudgal 提供．事实上，此题有如下的模型．如图④．

　　当 P、Q 为 $\triangle ABC$ 的等角共轭点时，对点 Q 关于 BC 的对称点 R，有

$$\angle RBC=\angle QBC=\angle PBD，\angle RCB=\angle QCB=\angle PCA，$$

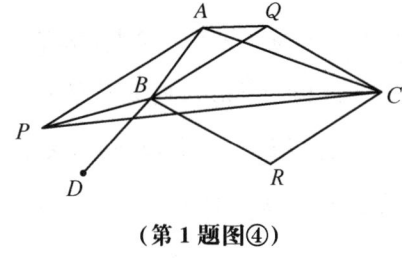

（第 1 题图④）

故点 A 与 R 为 $\triangle PBC$ 的等角共轭点．

　　此题容易发现点 S 与点 A 为 $\triangle XMN$ 的等角共轭点，用此模型一转即有此解法．

　　方法 4（投影法）　如图⑤，作 ω_B、ω_C 与 BC 的另一交点分别为 S、S'，过点 M、N 作 BC 的垂线，垂足分别为点 E、F，过点 X 作 CA、BA 的垂线，垂足分别为点 Y、Z．

　　下面我们证明 $S=S'$．为此我们只需证明 $ES+FS'=EF$．

　　结合正弦定理可得

$$ES=ME\cdot\cot\angle MSE$$
$$=(MB\cdot\sin\angle ABC)\cdot\cot\angle XMB$$

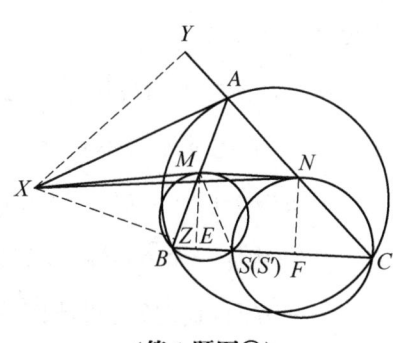

（第 1 题图⑤）

$$= MB \cdot \sin\angle ABC \cdot \frac{AZ - AM}{XZ}$$

$$= MB \cdot \sin\angle ABC \cdot \cot\angle ACB - AM^2 \cdot \frac{\sin\angle ABC}{AX \cdot \sin\angle ACB}$$

$$= \frac{1}{2} AC \cdot \cos\angle ACB - \frac{1}{4} \cdot \frac{1}{AX} \cdot AB \cdot AC,$$

同理

$$FS' = \frac{1}{2} AB \cdot \cos\angle ABC + \frac{1}{4} \cdot \frac{1}{AX} \cdot AB \cdot AC,$$

而

$$BC = AC \cdot \cos\angle ACB + AB \cdot \cos\angle ABC,$$

$$EF = MN = \frac{1}{2} BC,$$

得 $FS' + ES = EF$. 故

$$S = S',$$

即有 ω_B、ω_C 与 BC 交于一点 S. 原命题获证. □

评析 投影法也可以解决一般的情形,某种程度上其揭示了此题只是与角度相关. 实际上,由于 $\angle XMS$、$\angle XNS'$ 均为定值,$X \to S$,$X \to S'$ 的角度均保持交比不变,只需确定三个 X 对应的 S 与 S' 重合即可.

题 2 设 $\mathbf{Z}/n\mathbf{Z}$ 表示在模 n 意义下的整数集(因此,$\mathbf{Z}/n\mathbf{Z}$ 有 n 个元素). 求所有的正整数 n,使得存在一个双射函数 $g: \mathbf{Z}/n\mathbf{Z} \to \mathbf{Z}/n\mathbf{Z}$ 满足 $g(x)$,$g(x) + x$,$g(x) + 2x$,$\cdots$,$g(x) + 100x$ 均为 $\mathbf{Z}/n\mathbf{Z}$ 上的双射函数.

解 n 为所求当且仅当 n 无不超过 101 的质因子.

一方面,当 n 不含不超过 101 的质因子时,取 $g: \mathbf{Z}/n\mathbf{Z} \to \mathbf{Z}/n\mathbf{Z}$ 为 $g(x) = x$,则对 $0 \leqslant k \leqslant 100$,有 $g(x) + kx = (k+1)x$. 注意到 $1 \leqslant k+1 \leqslant 101$,故 $(k, n) = 1$,从而 $k+1, 2(k+1), \cdots, n(k+1)$ 构成一个 $\bmod n$ 的完系,故 $g(x) + kx$ 为 $\mathbf{Z}/n\mathbf{Z}$ 到自身的双射.

另一方面,我们先证明如下引理.

引理 设 p 为质数,$\alpha \in \mathbf{N}_+$,则有 $p^\alpha \nmid \sum\limits_{r=1}^{p^\alpha} r^{p-1}$.

引理证明：当 $\alpha = 1$ 时，

$$\sum_{r=1}^{p} r^{p-1} \equiv p-1 \not\equiv 0 \pmod{p},$$

这里用到 $p^{p-1} \equiv 0 \pmod{p}$ 及对 $1 \leqslant r \leqslant p-1$，$r^{p-1} \equiv 1 \pmod{p}$.

假设结论对 α 成立，下面考虑 $\alpha+1$ 的情形.

注意到对任意 $0 \leqslant u \leqslant p-1$，$1 \leqslant r \leqslant p^2$，有 $p^{\alpha+1} \mid p^{j\alpha}$，$2 \leqslant j \leqslant p-1$ 从而有

$$(up^{\alpha}+r)^{p-1} \equiv r^{p-1}+(p-1) \cdot r^{p-2} \cdot up^{\alpha} \pmod{p^{\alpha+1}},$$

故

$$\sum_{k=1}^{p^{\alpha+1}} k^{p-1} = \sum_{u=0}^{p-1} \sum_{r=1}^{p^{\alpha}} (up^{\alpha}+r)^{p-1}$$

$$\equiv \sum_{u=0}^{p-1} \sum_{r=1}^{p^{\alpha}} (r^{p-1}+(p-1) \cdot r^{p-2} \cdot up^{\alpha})$$

$$\equiv p \sum_{r=1}^{p^{\alpha}} r^{p-1}+p^{\alpha}(p-1) \sum_{r=1}^{p^{\alpha}} r^{p-2} \sum_{u=0}^{p-1} u$$

$$\equiv p \sum_{r=1}^{p^{\alpha}} r^{p-1}+p^{\alpha}(p-1) \cdot \frac{p(p-1)}{2} \sum_{r=1}^{p^{\alpha}} r^{p-2}$$

$$\equiv p \sum_{r=1}^{p^{\alpha}} r^{p-1} \quad (\text{当 } p=2 \text{ 时}, 2 \mid \sum_{r=1}^{p^{\alpha}} r^{p-2}, \text{故此式也成立})$$

$$\not\equiv 0 \pmod{p^{\alpha+1}} \quad (\text{用到 } p^{\alpha} \nmid \sum_{r=1}^{p^{\alpha}} r^{p-1}).$$

至此，引理获证.

回到原题. 考虑下式的值

$$S = \sum_{k=1}^{t} \sum_{m=1}^{n} (-1)^k C_t^k (g(m)+km)^t,$$

其中，$1 \leqslant t \leqslant 100$. 由于 $g(m)+km$ $(m=1, 2, \cdots, n)$ 构成 $\bmod n$ 的完系，所以

$$S = \sum_{k=0}^{t} (-1)^k C_t^k \sum_{m=1}^{n} (g(m)+km)^t$$

$$\equiv \sum_{k=0}^{t} (-1)^k C_t^k \sum_{m=1}^{n} m^t$$

$$\equiv \sum_{m=1}^{n} m^t \cdot (1-1)^t$$

$$\equiv 0 \pmod{n}. \qquad\qquad (\ast)$$

而记 $f_m(x)=(g(m)+mx)^t$，则 $f_m(x)$ 为首项系数为 m^t 的 t 次整系数多项式，于是

$$\Delta^{(t)}f_m(x)=t!\cdot m^t,$$

其中 $\Delta h(x)=h(x+1)-h(x)$. 因此

$$S=\sum_{m=1}^{n}\sum_{k=0}^{t}(-1)^k C_t^k (g(m)+km)^t$$

$$=\sum_{m=1}^{n}(-1)^t\cdot\Delta^{(t)}f_m(0)$$

$$=(-1)^t\cdot t!\cdot\sum_{m=1}^{n}m^t.$$

假设 n 有不超过 101 的质因子 p，设 $n=lp^\alpha (\alpha\in\mathbf{N}_+, l\in\mathbf{N}_+, p\nmid l)$，则

$$\sum_{m=1}^{n}m^t=\sum_{u=0}^{l-1}\sum_{r=1}^{p^\alpha}(up^\alpha+r)^t$$

$$\equiv\sum_{u=0}^{l-1}\sum_{r=1}^{p^\alpha}r^t$$

$$\equiv l\sum_{r=1}^{p^\alpha}r^t\pmod{p^\alpha}.$$

取 $t=p-1$，则 $1\leqslant t\leqslant 100$，由引理及 $p\nmid l$，$p\nmid t!$ 知

$$S\equiv(-1)^{p-1}\cdot(p-1)!\cdot l\sum_{r=1}^{p^\alpha}\not\equiv 0\pmod{p^\alpha}.$$

这与(∗)矛盾!

综上所述，n 满足要求的充要条件为 n 不含不超过 101 的质因子. 证毕! □

评析 这道题的整体想法是算两次. 一方面固定 $g(m)+km$ 的 k，利用完系的整体上的性质去计算，另一方面固定 $g(m)+km$ 的 m，化为关于 k 的多项式，且利用差分直接让这个多项式成为常数多项式，再进行求和. 总体来说是一道比较好的数论训练题，涉及了比较多的东西.

题 3 在一个由单元格构成的 $n\times n$ 棋盘内，定义一条长度为 k 的"蛇"为由棋盘内 k 个互不相同的单元格组成的有序序列 $(S_1, S_2, \cdots, S_k)$，满足对 $i=1, 2, \cdots, k-1$，单元格 S_i 与 S_{i+1} 有一条公共边. 若在棋盘内的一条蛇现对应的单元格序列为 $(S_1, S_2, \cdots, S_k)$，而 S 为与 S_1 有公共边的空单元格，则该蛇可以"移动"到 $(S, S_1, S_2, \cdots, S_{k-1})$. 如果一条蛇最初的序列为 $(S_1,$

S_2，…，S_k），经过有限的一系列移动后，其序列变为（S_k，S_{k-1}，…，S_1），则称该蛇进行了"转身"．问是否存在正整数 $n > 1$，使得可以在 $n \times n$ 棋盘内放置一条长度至少为 $0.9n^2$，且可以进行转身的蛇？

方法 1　答案是肯定的，我们给出一种构造方法：取 n 满足 $(n-4)(n-5) > 0.9n^2$ 且 $2 \nmid n$．设 $n = 2k + 1$，$k \in \mathbf{N}_+$．

下面我们在 $n \times n$ 棋盘中放入一条长为 $(n-4) \times (n-5)$ 的蛇，并使它可以"转身"．如图①．

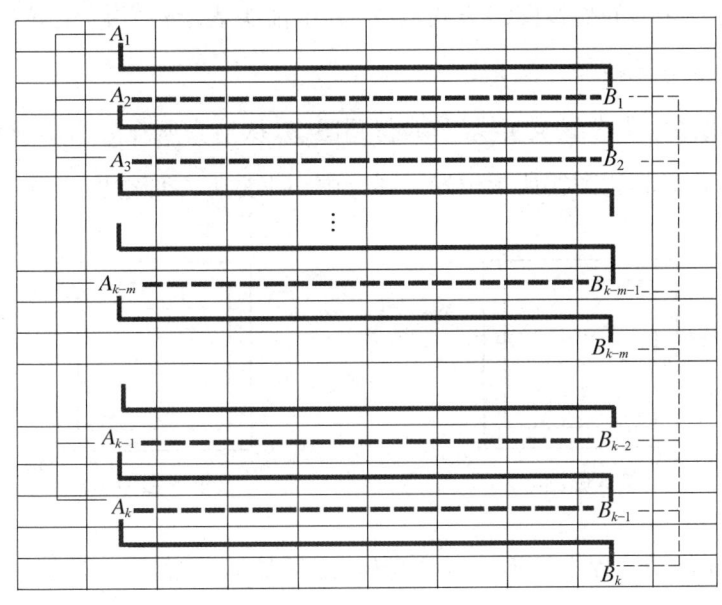

（第 3 题图①）

称粗实线标注的区域为"主路"；称粗虚线标注的区域为"副路"；称细实线标注的区域为"A-连接路"；称细虚线标注的区域为"B-连接路"．

下面我们将蛇尾放在 A_1 格，并让蛇按"主-副路"顺序延展，此时蛇头应未到 A_{k-1} 格（否则共 $1 + (n-4)(n-5)$ 格）．

下面我们分步操作使蛇转身．

第一步：让蛇沿"主-副路"（即 $A_1 \to B_1 \to A_2 \to B_2 \to \cdots \to A_k \to B_k$）走到 B_{k-1}．再沿着"B-连接路"走到 B_k，再沿"主-副路"走回 A_k，再沿"A-连接路"走向 A_1．此时蛇尾已沿"主-副路"走过 A_1．

第 m 步：让蛇沿"主-副路"走到 B_{k-m}，$2 \leqslant m \leqslant k$．此时蛇尾已走过 B_k．否则"主-副路"中，A_1 到 B_{k-m} 及 A_{k-m+2} 到 B_k 均为蛇一部分．（用到 $(m-1)$ 步定义）此时蛇长不少于 $(n-4)(n-$

5)+1,这不可能.)再让蛇沿"B-连接路"走到 B_k,再让蛇沿"主-副路"走到 A_{k-m+1},再让蛇沿"A-连接路"走回 A_1.此时蛇尾已走过 A_1.

如此便知第 k 步时,蛇已转身.故(∗)成立.

特别地,因 $0.9n^2 < (n-4)(n-5)$,故 n 满足条件.

综上,存在满足条件的 n,原题答案是肯定的. □

方法 2 取 $n = 10^{10}$,并令 $m = n-3$,下面用大正方形表示整个方格表,小正方形表示方格表第 2 至第 $m+1$ 行及列构成的子方格表.

首先,将长度为 $0.9n^2$ 的蛇按图②方式放置,其中箭头表示蛇首的位置,实线表示蛇身的位置(蛇身长度之外的部分无蛇身).

将图②中的蛇沿图③中虚线及实线运动,得到图③(从箭头所在处沿虚线出发,一直走,再沿实线,按图③中所示路径到达图③所示位置)(图③中小正方形左部空出 3 列).

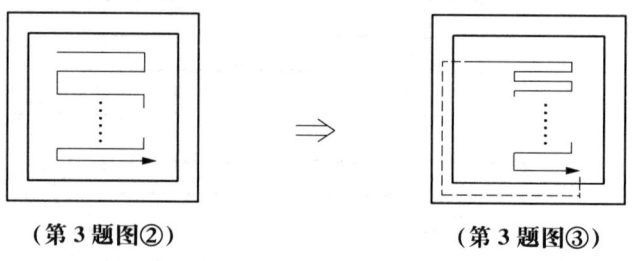

(第 3 题图②)   (第 3 题图③)

我们说明在上述运动过程中蛇不会碰到身体(之后蛇运动过程中不会碰到自己的证明方法完全类似).

设在图③中小正方形内实线最末端方格为 A,最前端(即箭头所在处)方格为 B.假设蛇在上述运动过程中在方格 S 处碰到身体.

则沿着图②中实线,从 S 到 B 的这段方格此时均被蛇占住,沿图③中实线,从 A 到 S 这段方格均被蛇占住.

又沿图②中实线,从 S 到 B 的这段方格包含了沿图③中实线,从 S 到 B 的这段方格.

故此时沿图③中实线,从 A 到 B 的这整段方格均被蛇占住.故

$$0.9n^2 > m^2 - 3m = (n-3)^2 - 3(n-3),$$

这与 $n = 10^{10}$ 矛盾!

类似地,可让蛇从图③运动到图④,图⑤,图⑥,……,一直到图⑦.至此,我们让蛇逆时针旋转了 $90°$,再进行一轮类似的操作,则可变为图⑧,即完成了转身.

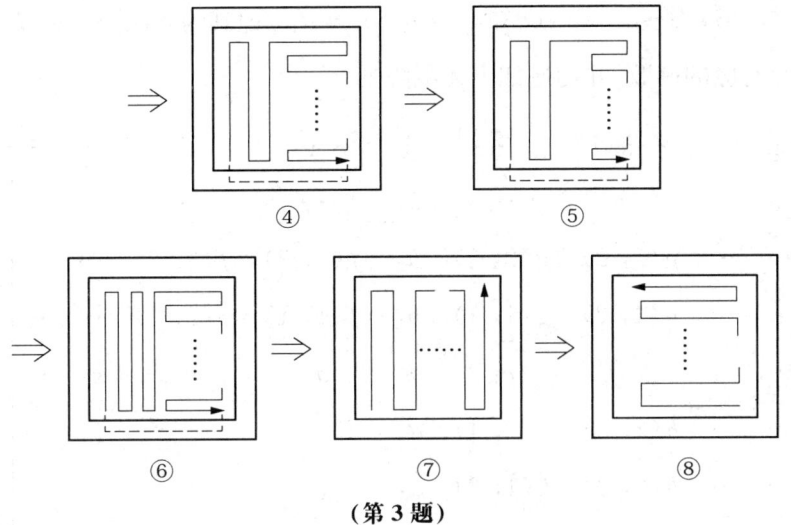

（第3题）

因此,这样的 n 存在. □

评析　（1）此题的第一步是猜答案,答案是肯定还是否定对应了哲学中的两个东西:量变和质变.站在肯定这边,就希望通过量变的积累来促进质变;站在否定这边,就希望找一个变化过程中不变的"质",即不变量.

（2）对于构造,此题关键在于问自己这两个问题并予以解答:

(i) "蛇"如何转身?

(ii) $0.9n^2$（可猜测为 cn^2, $c < 1$）意味着什么?

(iii)是容易回答的."蛇"几乎占据了整个盘.其可缓冲的空间就只有(应是) n -次级别? 因此若可转身,转身过程中必有一大部分仍在原来"蛇"的位置上.想要不撞上这些部分,就要尽可能地"头咬尾",而对于(i)的回答则导致了两种解法的产生.

方法一是由尼古拉·别洛霍夫(供题者)解答整理的.据原解答,其先将图简化为了平面图,显著简化了原命题,从而也使全过程很有条理.方法二有一点有趣,为了转身他没有选择"反向",而是选择了"旋转",相当于分两步完成了"转身",这需要一点前瞻的眼光.

题4　我们称函数 $f:\mathbf{Z}_{\geqslant 0}\times\mathbf{Z}_{\geqslant 0}\to\mathbf{Z}$ 为"好"的,如果对任意的非负整数 m 和 n,有

$$f(m+1,n+1)f(m,n)-f(m+1,n)f(m,n+1)=1$$

成立.设 $A=(a_0,a_1,\cdots)$ 及 $B=(b_0,b_1,\cdots)$ 为两个整数序列,如果存在一个"好"的函数 f 使得 $f(n,0)=a_n$, $f(0,n)=b_n$ 对所有非负整数 n 成立(特别地, $a_0=b_0$),则记为 $A\sim B$.证明:如果四个整数序列 A、B、C、D 满足 $A\sim B$, $B\sim C$ 及 $C\sim D$,则有 $D\sim A$.

证法 1 由 $A \sim B$, $B \sim C$, $C \sim D$ 知 $a_0 = b_0 = c_0 = d_0$. 记其为 k. 设 f、g、h 分别为 (A, B)、(B, C)、(C, D) 对应的函数,并构造如下无限阵列

$$
\begin{bmatrix}
\ddots & \vdots & \vdots & \vdots & \vdots & \vdots & \vdots & \vdots \\
 & \ddots & \cdots & \cdots & b_3 & \cdots & \cdots & \cdots & \cdots \\
\cdots & \cdots & g(2,2) & g(2,1) & b_2 & f(1,2) & f(2,2) & \cdots & \cdots \\
\cdots & \cdots & g(1,2) & g(1,1) & b_1 & f(1,1) & f(2,1) & \cdots & \cdots \\
\cdots & c_3 & c_2 & c_1 & k & a_1 & a_2 & a_3 & \cdots \\
\cdots & \cdots & h(2,1) & h(1,1) & d_1 & & & \\
\cdots & \cdots & h(2,2) & h(1,2) & d_2 & & & \\
 & & & & d_3 & & & \\
 & & & & \vdots & & &
\end{bmatrix}.
$$

下面只需在第四象限(以 k 为原点,向右为 x 轴正方向,向上为 y 轴正方向建立坐标系,分四个象限)中填入满足要求的数即可.

注意到,要求为:对任一 2×2 子矩阵

$$
\begin{bmatrix}
a & b \\
c & d
\end{bmatrix},
$$

有

$$
\begin{vmatrix}
a & b \\
c & d
\end{vmatrix} =
\begin{cases}
1, & \text{若其在二、四象限,} \\
-1, & \text{若其在一、三象限.}
\end{cases} \tag{$*$}
$$

故只需证明如下结论:若我们已有一个 3×3 子阵列

$$
\begin{bmatrix}
a & b & c \\
x & y & z \\
p & q &
\end{bmatrix},
$$

其完整的 2×2 子矩阵均满足($*$),则可在右下角填一个数,并保持该性质不变.

事实上,只需考虑其完全在第四象限中的情况(否则可适当更改 a、b、c、x、p 的正负号,右下角方格满足条件不变),那么可在其中填入数

$$r = \begin{cases} \dfrac{qz+1}{y}, & \text{若 } y \neq 0, \qquad \text{①} \\[3mm] 1, & \text{若 } y = 0. \qquad \text{②} \end{cases}$$

对于①,有

$$\begin{vmatrix} y & z \\ q & r \end{vmatrix} = 1,$$

且因 $bz \equiv xq \equiv -bx \equiv 1 \pmod{y}$,故

$$zq \equiv -1 \pmod{y},$$

有 $r \in \mathbf{Z}.$

对于②,因 $-bx = bz = xq = 1$,故 $zq = -1$,有

$$\begin{vmatrix} y & z \\ q & r \end{vmatrix} = 1,$$

故均满足要求.

因此,可在第四象限中填入满足要求的数,即有 $A \sim D$,证毕. □

证法 2　我们先证明一个引理.

引理　对数列 $A = \{a_0, a_1, \cdots\}$ 及 $B = \{b_0, b_1, \cdots\}$,$A \sim B$ 当且仅当 $a_0 = b_0$,$a_0 \mid a_1 b_1 + 1$,且 $a_n \mid a_{n-1} + a_{n+1}$,$b_n \mid b_{n-1} + b_{n+1}$($n \in \mathbf{N}_+$)(上述式子中,当 0 作除数时,"整除"意为被除数为 0).

引理的证明:首先证必要性. 显然

$$a_0 = b_0. \tag{1}$$

由 $a_0 f(1, 1) - a_1 b_1 = 1$ 知

$$a_0 \mid a_1 b_1 + 1. \tag{2}$$

而对 $n \in \mathbf{N}_+$,由于

$$f(n, 1) a_{n-1} - f(n-1, 1) a_n = 1,$$
$$f(n+1, 1) a_n - f(n, 1) a_{n+1} = 1,$$

故

$$a_n \mid f(n, 1) a_{n-1} - 1,$$

$$a_n \mid f(n,1)a_{n+1}+1.$$

因此

$$a_n \mid f(n,1)(a_{n-1}+a_{n+1}).$$

当 $a_n=0$ 时，$f(n,1)a_{n-1}=1$，$f(n,1)a_{n+1}=-1$. 故

$$(a_{n-1}+a_{n+1}) \cdot f(n,1)=0,$$

且 $f(n,1) \neq 0$.

因此 $a_{n-1}+a_{n+1}=0$，有

$$a_n \mid a_{n-1}+a_{n+1}.$$

当 $a_n \neq 0$ 时，$(f(n,1),a_n)=1$，从而有 $a_n \mid a_{n-1}+a_{n+1}$. 故总有

$$a_n \mid a_{n-1}+a_{n+1}. \tag{3}$$

同理

$$b_n \mid b_{n-1}+b_{n+1}. \tag{4}$$

综合(1)、(2)、(3)、(4)，必要性得证.

下证充分性.

我们先证明：可以先填入 $f(1,1)$，$f(2,1)$，$\cdots$，使之满足要求，同时满足数列 $(b_1,b_2,\cdots)$ 与 $(b_1,f(1,1),f(2,1),\cdots)$ 满足条件(1)、(2)、(3)、(4). $\qquad(*)$

我们先用归纳法填入 $f(1,1)$，$f(2,1)$，$\cdots$，选取 $f(1,1) \in \mathbf{Z}$，使得

$$f(1,1)a_0=a_1b_1+1,$$

由(2)可知此可行.

当 $f(1,1)$，$f(2,1)$，$\cdots$，$f(n,1)$ 已取定时，取

$$f(n+1,1)=\begin{cases} 1, & \text{当 } a_n=0, \\ \dfrac{f(n,1)a_{n+1}+1}{a_n}, & \text{当 } a_n \neq 0, \end{cases}$$

对于前者，有 $f(n,1)a_{n-1}=1$，及 $a_{n-1}+a_{n+1}=0$，故 $f(n,1)a_{n+1}=-1$，有

$$f(n+1,1)a_n-f(n,1)a_{n+1}=1.$$

对于后者，因

$$f(n,1)a_{n-1}-f(n-1,1)a_n=1,$$

$$f(n+1,1)a_n-f(n,1)a_{n+1}=1,$$

结合 $a_n\mid a_{n-1}+a_{n+1}$ 知

$$f(n+1,1)+f(n-1,1)\in \mathbf{Z},$$

故

$$f(n+1,1)\in \mathbf{Z}.$$

如此我们得到了满足要求的 $f(1,1)$，$f(2,1)$，$\cdots$，记为 P_1，P_2，$\cdots$，并记 $P_0=b_1$，则对 $P=(P_0,P_1,\cdots)$ 及 A 类似于必要性证明知：因

$$a_{n-1}P_n-a_nP_{n-1}=1,\ a_nP_{n+1}-a_{n+1}P_n=1,$$

故

$$P_n\mid P_{n-1}+P_{n+1}.$$

类似地，

$$b_1\mid b_2P_1+1.$$

故 P 与 $B^*=(b_1,b_2,\cdots)$ 满足(1)、(2)、(3)、(4).

如此反复即可一行一行地填满第一象限(具体分象限同方法一)，充分性得证.

综上所述，引理获证.

回到原题. 由 $A\sim B$，$B\sim C$，$C\sim D$ 知 $a_0=b_0=c_0=d_0$，记为 k. 且

$$k\mid a_0b_0+1,\ k\mid b_0c_0+1,\ k\mid c_0d_0+1,$$

故

$$k\mid a_0d_0+1.$$

又由 $A\sim B$，$C\sim D$ 知

$$a_n\mid a_{n-1}+a_{n+1},\ d_n\mid d_{n-1}+d_{n+1}.$$

故 A、D 满足(1)、(2)、(3)、(4)，有 $A\sim D$. 证毕. □

评析 此题要特别小心"0".

两种做法体现对证明两个事物 A 与 B 之间关系的问题的两种看法. 一是为 $A\sim B$. 我们只需要考虑 A 与 B 之间的关系. 例如为证 $A=B$，证 $A-B=0$. 方法 1 采取了这种观点，此法由尼古拉·别洛霍夫(Nikolai Beluhov)提供，颇具巧思；二是为 $A\sim B$. 我们挖掘 A 与 B 自身的性质，发

现它们具有某个性质 P,从而得到 $A \sim B$.例如为证 $A = B$,分别算出 A 和 B.方法 2 采取了这种观点,更为自然.需要指出这两种看法也可用于利用这类条件,并且它们没有优劣之分,甚至也没有自然或不自然的说法,只是审视问题两种不同的眼光而已.最好都要意识到,并分别进行试探,选择更能充分利用条件、更能突破的路.

题 5 设 n 为正整数,将 $3n$ 块蓝宝石和 $3n$ 块绿宝石串成一个环形项链,且满足无位置连续的三块宝石为同一颜色.Tasty 和 Stacy 合作玩游戏,他们轮流按如下的规则每次取走位置连续的三块宝石:

(i) 每当轮到 Tasty 取时,他所取的三块宝石的颜色依位置顺序必须依次为绿、蓝、绿;

(ii) 每当轮到 Stacy 取时,她所取的三块宝石的颜色依位置顺序必须依次为蓝、绿、蓝.

如果他们可经过 $2n$ 轮取走全部的宝石,则他们获胜.证明:如果他们可以在由 Tasty 先取时获胜,则他们也可以在由 Stacy 先取时获胜.

证明 用 B 代表蓝宝石,G 代表绿宝石.

因为无位置连续的三块宝石同色,所以可将圆圈上的宝石按颜色分为长为 1、2 的若干段.注意到蓝的段数与绿的段数相同,且蓝、绿宝石总数相同,故蓝、绿的长为 1 的段数相同,设为 a,蓝、绿的长为 2 的段数相同,设为 b.

下证:可在 Tasty 先取时获胜当且仅当 $a \geqslant b$(也即 $b \leqslant n$).

先证必要性.

假设 $b > n$.以下考虑圆周上各长度不小于 2 的蓝段长度 l 减 1 之和(即 $\sum_{l \geqslant 2}(l-1)$);记为 S.

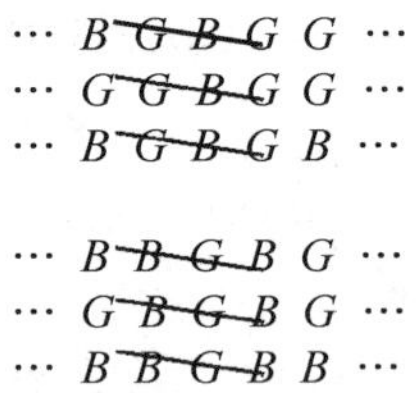

如图①,注意到 Tasty 操作时,S 不减,且 Stacy 操作时,S 至多减 1.而一开始 $S = b > n$,最终 $S = 0$,且 Stacy 共操作了 n 次.故矛盾!

必要性获证.

再证充分性.

我们采用数学归纳法进行证明.

当 $n = 1$ 时,此时圆周上只有两种情况,如图②,容易验证结论成立.

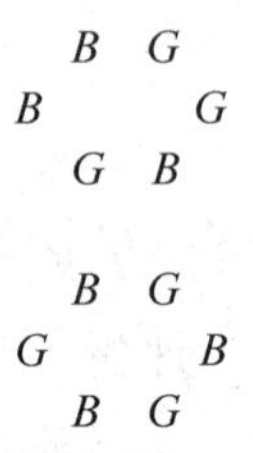

假设结论对 $n-1$ 成立.下面考虑 n 的情形.

若 $b = 0$,此时结论显然成立.(每两轮两人连续地去掉 $BGBGBG$ 即可)下设 $b \geqslant 1$.注意到长为 1 的蓝、绿段一样多及 $b \geqslant 1$,所以必存在一个长为 1 的绿段与

$\cdots B\text{-}G\text{-}B\text{-}G\ G \cdots$
$\cdots G\text{-}G\text{-}B\text{-}G\ G \cdots$
$\cdots B\text{-}G\text{-}B\text{-}G\ B \cdots$
$\cdots B\text{-}B\text{-}G\text{-}B\ G \cdots$
$\cdots G\text{-}B\text{-}G\text{-}B\ G \cdots$
$\cdots B\text{-}B\text{-}G\text{-}B\ B \cdots$

(第 5 题图①)

$B\ \ \ G$
$B\ \ \ \ \ G$
$G\ \ \ B$

$B\ \ \ G$
$G\ \ \ \ \ B$
$B\ \ \ G$

(第 5 题图②)

一个长为 2 的蓝段相邻. Tasty 在该步去掉以该绿宝石为中间者的
连续三块宝石(如图③),则删去后仍不会出现连续三块宝石同色,且
长为 2 的蓝段个数必减 1,长为 2 的绿段个数不变.

$$\cdots\ G\ B\ \overline{B\ G}\ B\ G\ \cdots$$
$$\cdots\ G\ B\ \overline{B\ G}\ B\ B\ G\ \cdots$$

(第 5 题图③)

类似地,下一步 Stacy 可以操作,使得仍不出现连续三块宝石同色,且长为 2 的绿段个数减
1,长为 2 的蓝段个数不变(这只需用到长为 1 的蓝段个数不少于长为 1 的绿段个数).

于是,这样操作两轮以后,立即变为 $n-1$ 时的情形(因此此时 $b'=b-1\leqslant n-1$). 由归纳假
设立证.

充分性得证.

同理,有可在 Stacy 先取时获胜当且仅当 $a\geqslant b$.

由此立得所证结论. □

评析　此题再次体现了题 4 注中体现的两种眼光,让人颇为惊讶的是,似乎求出充要条件本
应是困难的,但在此题中考虑两种操作方式的互化是极为困难的. 原解答注中特别提及以下
三点:

(1) "无位置连续的三块宝石同色"是必要的. 如 GGBGBGBGGBBB 即为反例.

(2) 通常归纳法无法保证上述条件的传递性.

(3) 哪怕加强归纳,归纳过渡也并不容易.(并不一定对)

可见有些题无法用"第一印象"来判断方向的,更体现了两点都要尝试的重要性.

题 6　设 $\triangle ABC$ 的内心为 I,点 D 在直线 BC 上,满
足 $\angle AID=90°$. 设 $\triangle ABC$ 中顶点 A 对应的旁切圆切
BC 于点 A_1. 类似定义点 B_1、C_1. 证明:如果 $AB_1A_1C_1$
为圆内接四边形,则 AD 与 $\triangle DB_1C_1$ 的外接圆相切.

此题几何方法不唯一,但无一例外地与下述证明中
涉及的几何模型有关.

证明　设 $\triangle ABC$ 中 $\angle A$、$\angle B$、$\angle C$ 所对的旁心分
别为 I_A、I_B、I_C,内切圆 $\odot I$ 在 AB、AC 上切点为 X、
Y,过点 I 作 AD 的垂线,垂足为点 E,B_1C_1 交 AD 于
点 M. 我们要证明:

(1) A_1、C_1、I_C 三点共线;

(2) 点 I 在 B_1C_1 上;

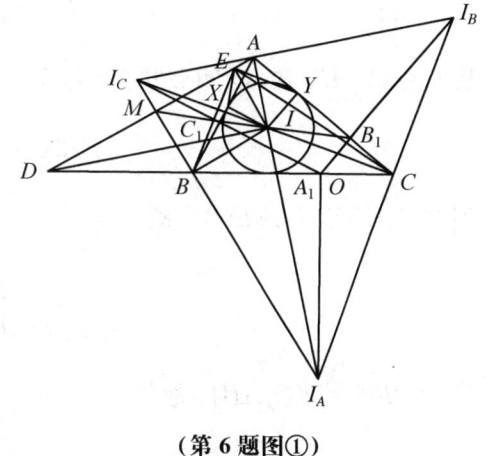

(第 6 题图①)

(3) AD 为 $\odot(AC_1B_1)$ 的切线；

(4) AD 为 $\odot(DC_1B_1)$ 的切线.

(1)的证明：

我们注意到 I_CC_1、I_BB_1、I_AA_1 三点共线于 $\triangle I_AI_BI_C$ 外心 O,且

$$\angle OC_1A = \angle OB_1A = 90°,$$

则 A、C_1、B_1、O 四点共圆. 由于点 O、A_1 均在 A_1I_A 上,且均在 $\odot(AB_1C_1)$ 上,且在 B_1C_1 同侧,故

$$O \equiv A_1.$$

即有 I_C、C_1、A_1 三点共线. (1)证毕.

(2)的证明：

对直线 I_CAI_B 及直线 BA_1C,由帕普斯(Pappus)定理,结合(1)即证.

(3)的证明：

由于

$$\angle DIB = \frac{1}{2}\angle ACB = \angle ICB,$$

$$\angle AID = \angle IED = 90°,$$

故

$$DB \cdot DC = DI^2 = DE \cdot DA,$$

从而有 A、E、B、C 四点共圆. 又 A、E、X、I、Y 五点共圆,故

$$\angle EBX = \angle ECY, \quad \angle EXB = \angle EYC,$$

则有 $\triangle EBX \backsim \triangle ECY$. 故

$$\frac{EB}{EC} = \frac{BX}{CY} = \frac{AC_1}{AB_1}.$$

又 $\angle BEC = \angle C_1AB_1$,故

$$\triangle BEC \backsim \triangle C_1AB_1.$$

因此 $\angle AB_1C_1 = \angle ECB = \angle EAB$,故有 AD 为 $\odot(AB_1C_1)$ 切线. (3)证毕.

(4)的证明：

由(3)知

$$\angle MAI = \angle MAC_1 + \frac{1}{2}\angle B_1AC_1 = \angle AB_1C_1 + \angle IAB_1 = \angle AIM.$$

又 $AI \perp DI$，故 $AM = MI = DM.$ 结合(3)知

$$DM^2 = AM^2 = MC_1 \cdot MB_1,$$

由切割线定理的逆知(4)证毕.

综上,原命题获证.

评析 我们提取出那几个几何模型.

如图②,在 $\triangle ABC$ 中,内心为 I,$\angle A$、$\angle B$、$\angle C$ 所对的旁心分别为 I_A、I_B、I_C；点 D、E、F 分别为 BC、CA、AB 的旁切圆切点,过点 I 作 AI 的垂线,交 BC 于点 R,M 为 AR 中点,K 为弧 BC 中点,L 为弧 BAC 中点,P 为 LI 与 $\odot(ABC)$ 交点,则有

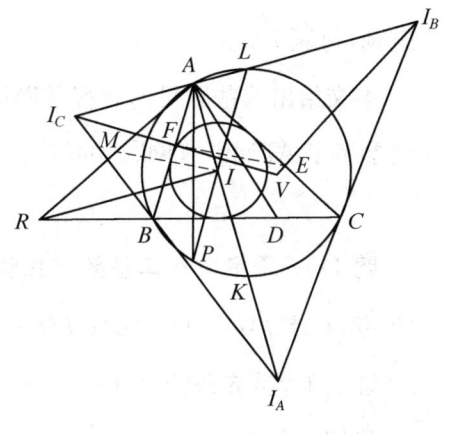

(第 6 题图②)

(1) I_CF、I_BE、I_AD 三点共线于 $\triangle I_AI_BI_C$ 外心 V,V 也为 $\triangle DEF$ 关于 $\triangle ABC$ 的密克点；

(2) A、L、F、E 四点共圆,这意味着 L 也为密克点；

(3) K、P、R 三点共线,这揭示了伪内切圆切点与此题关联,且还有 AD、AP 为 $\angle BAC$ 的等角线；

(4) AR 为 $\odot(AFE)$ 的切线. 由此立知 $FE \parallel IM.$

如果已知上述结论,则很快猜出关键. 证明点 I 在 FE 上,帕普斯定理稍生僻一些,但若看出(2)、(3)后,可用计算 AI 与 LI 分 FE 的比相等来证明,简单且自然.

总评 该年美国国家队选拔考试的六个问题,难度适中,较为平稳,具有一定的区分度,题目新颖,并注重考查学生对解题策略(而非知识套用)的探索能力. 总的来说,值得一做,值得思考品味.

2019 亚太地区数学奥林匹克试题简析

马康哲[1]　印展宽[2]

(1. 广西师范大学附属外国语学校,541004;2. 浙江省杭州第十四中学,310006)

第 31 届亚太地区数学奥林匹克(APMO)于 2019 年 3 月 12 日举行. 考试时间为 4 个小时,共 5 道题,每题 7 分.

本文给出这些题目的解答及简评. 其中第 2、5 题由马康哲整理,第 1、3 题由印展宽整理. 第 4 题参考了 APMO 官网[1]的解答. 不当之处,敬请读者批评指正.

题 1　f 是定义在正整数上且取值为正整数的函数,试求所有的 f,满足:对任意的正整数 a 和 b,使 $a^2 + f(a)f(b)$ 能被 $f(a) + b$ 整除.

证法 1　首先我们令 $a = 1$,$b = 1$,有 $f(1) + 1 \mid 1 + f(1)^2$,故只能有 $f(1) = 1$.

我们再令 $a = 1$,有 $f(1) + b \mid 1 + f(1)f(b)$,即 $1 + b \mid 1 + f(b)$,故 $1 + f(b) \geqslant 1 + b$,即 $f(b) \geqslant b$.

我们再令 $b = 1$,有 $f(a) + 1 \mid a^2 + f(a)f(1)$,即 $f(a) + 1 \mid a^2 + f(a)$,从而有

$$f(a) + 1 \mid a^2 + f(a) - (f(a) + 1),$$

即 $f(a) + 1 \mid a^2 - 1$,故 $f(a) + 1 \leqslant a^2 - 1$ 即 $f(a) \leqslant a^2 - 2 (a \geqslant 2)$.

我们再令 p 为任意奇质数,令 $a = p$,$b = f(p)$,则有 $2f(p) \mid p^2 + f(p)f(f(p))$,故必须有 $f(p) \mid p^2$,所以 $f(p)$ 只可能为 1 或 p 或 p^2,又 $p \leqslant f(p) \leqslant p^2 - 2$,故 $f(p) = p$.

再令 $a = p$,有 $f(p) + b \mid p^2 + f(p)f(b)$ 即 $p + b \mid p^2 + pf(b)$,则

$$p + b \mid p^2 + pf(b) - p(p + b),\text{即 } p + b \mid p(f(b) - b).$$

因为要对任意 b 成立,我们取 $(b, p) = 1$,则必须有 $p + b \mid f(b) - b$,我们可以取充分大的 p,故 $f(b) - b = 0$,即 $f(b) = b$.　□

证法 2　我们发现 $f(x) = x$ 是一个解,下面证明这是唯一解. 先令 $a = b = 1$,则有

$$f(1)+1 \mid f(1)^2+1 \Leftrightarrow f(1)+1 \mid f(1)^2+1-(f(1)+1)(f(1)-1)=2,$$

又知 $f: \mathbf{N}_+ \to \mathbf{N}_+$，故 $f(1)+1 \geqslant 2$，又 $f(1)+1 \leqslant 2$，故 $f(1)=1$.

若结论对于 x 成立，则令 $(a,b)=(x,x+1)$，有：

$$f(x)+x+1 \mid f(x)f(x+1)+x^2 \Leftrightarrow 2x+1 \mid xf(x+1)+x^2.$$

易知 $(x,2x+1)=1$，从而有

$$2x+1 \mid f(x+1)+x. \tag{1}$$

再令 $(a,b)=(x+1,x)$，有：

$$f(x+1)+x \mid f(x+1)f(x)+(x+1)^2 \Leftrightarrow f(x+1)+x \mid xf(x+1)+(x+1)^2.$$

从而有 $f(x+1)+x \mid xf(x+1)+(x+1)^2-x(f(x+1)+x)=2x+1$，即

$$f(x+1)+x \mid 2x+1. \tag{2}$$

由(1)(2)两式可见 $f(x+1)=x+1$，故结论对于 $x+1$ 也成立，故结论对于所有正整数成立.

$\square$

评析　作为第一题，这道题很常规也很简单. 证法 1 主要是先规定出的上下界，从而用整除关系得到结论. 证法 2 也是自然的归纳法，在对 a、b 分别进行代换后便不难得到结论.

题 2　设 m 是正整数，数列 a_n 定义如下

$$a_{n+1}=\begin{cases} a_n^2+2^m, & \text{当 } a_n < 2^m, \\[2mm] \dfrac{a_n}{2}, & \text{当 } a_n \geqslant 2^m, \end{cases}$$

其中 a_1 是正整数. 试求所有的 a_1，使得数列 a_n 的所有项都是整数.

证法 1　我们来证明 $m=2$ 是使满足题意的唯一值，此时 $a_1=2^l (l \geqslant 1)$ 是唯一解.

对于整数 m 与 a_1，设数列的每一项皆为整数. 记 $a_i=b_i 2^{c_i}$，其中 b_i 为 a_i 的最大奇因子，c_i 为非负整数.

引理 1　2^m 是数列 $b_1,b_2,\cdots$ 的上界.

引理 1 的证明：假设不存在上界，取使 c_i 最小且 $b_i > 2^m$ 的下标，由于 $a_i \geqslant b_i > 2^m$，我们有 $a_{i+1}=\dfrac{a_i}{2}$，因此 $b_{i+1}=b_i > 2^m$ 且 $c_{i+1}=c_i-1 < c_i$，与 c_i 最小矛盾.

引理 2 b_1，b_2，…为非递减数列.

引理 2 的证明：若 $a_i \geqslant 2^m$，我们有 $a_{i+1} = \dfrac{a_i}{2}$，因此 $b_{i+1} = b_i$.

若 $a_i < 2^m$，则

$$a_{i+1} = a_i^2 + 2^m = b_i^2 2^{2c_i} + 2^m,$$

则有以下三种情况：

① 若 $2c_i > m$，则 $a_{i+1} = 2^m(b_i^2 2^{2c_i-m} + 1)$，因此 $b_{i+1} = b_i^2 2^{2c_i-m} + 1 > b_i$.

② 若 $2c_i < m$，则 $a_{i+1} = 2^{2c_i}(b_i^2 + 2^{m-2c_i})$，因此 $b_{i+1} = b_i^2 + 2^{m-2c_i} > b_i$.

③ 若 $2c_i = m$，则 $a_{i+1} = 2^{m+1} \cdot \dfrac{b_i^2+1}{2}$，又因为 $b_i^2 + 1 \equiv 2 \pmod 4$，因此 $b_{i+1} = \dfrac{b_i^2+1}{2} \geqslant b_i$.

结合两个引理，可得 b_1，b_2，…在剔除前若干个有限项后为一常数数列. 固定下标 j 满足对于所有 $k \geqslant j$ 有 $b_k = b_j$，由于 $a_n \geqslant 2^m$ 时 a_n 递减为 $\dfrac{a_n}{2}$，则数列中存在无穷多项小于 2^m. 因此，我们可选一个下标 $i > j$ 满足 $a_i < 2^m$. 由引理 2 的证明，$a_i < 2^m$ 且 $b_{i+1} = b_i$ 同时成立当且仅当 $2c_i = m$ 且 $b_{i+1} = b_i = 1$. 根据引理 2，b_1，b_2，…每一项均为 1 且 a_1，a_2，…均为 2 的次幂. 以 $a_i = 2^{c_i} = 2^{\frac{m}{2}} < 2^m$ 起始陆续写下之后的项，

$$2^{\frac{m}{2}} \to 2^{m+1} \to 2^m \to 2^{m-1} \to 2^{2m-2} + 2^m.$$

注意到最后一项为 2 的幂当且仅当 $2m - 2 = m$，即 m 只能等于 2. 当 $m = 2$ 且 $a_1 = 2^l (l \geqslant 1)$，数列的项以 2，8，4，2，…循环；当 $m = 2$ 且 $a_1 = 1$，数列的前几项为 1、5、$\dfrac{5}{2}$，不满足题意. □

证法 2 当 $m = 2$ 时，a_1 可以取 2^s，$\forall s \in \mathbf{N}_+$.

当 $m \neq 2$ 时，不存在符合要求的. 理由如下：

假设对 n 存在这样的 a_1，则我们取该符合条件的序列 $\{a_n\}$，有：对任意 $n \in \mathbf{N}_+$，定义函数 $\alpha(n)$ 为二进制表示的最低数位，$\beta(n)$ 为二进制表示的最高数位（事实上，$\alpha(n) = v_2(n)$，$\beta(n)$ 为满足 $2^t \leqslant n < 2^{t+1}$ 的唯一整数 t）.

定义 $\theta(n) = \beta(n) - \alpha(n)$. 我们先证明如下 4 个引理：

引理 1 $\{a_n\}$ 中无奇数项.

引理 1 的证明：若 $\exists n \in \mathbf{N}_+$，使 $a_n \equiv 1 \pmod 2$. 若 $a_n \geqslant 2^m$，则 $a_{n+1} = \dfrac{a_n}{2} \notin \mathbf{N}_+$，矛盾.

若 $a_n < 2^m$，则 $a_{n+1} = a_n^2 + 2^m \equiv 1 \pmod 2$，从而有 $a_{n+2} = \dfrac{a_{n+1}}{2} \notin \mathbf{N}_+$，矛盾.

从而引理 1 成立.

引理 2 $\forall n \in \mathbf{N}_+$，$\alpha(n^2) = 2\alpha(n)$，$\beta(n^2) = 2\beta(n) + 1$ 或 $2\beta(n)$.

引理 2 的证明：$\alpha(n^2) = v_2(n^2) = 2v_2(n) = 2\alpha(n)$.

设 $\beta(n) = t$，则 $2^t \leqslant n < 2^{t+1}$. 从而有 $2^{2t} \leqslant n^2 < 2^{2t+2}$，所以 $2^{2t} \leqslant n^2 < 2^{2t+1}$ 或 $2^{2t+1} \leqslant n^2 < 2^{2t+2} \Rightarrow \beta(n^2) = 2t$ 或 $2t+1$. 故引理 2 得证.

引理 3 对 $\forall n \in \mathbf{N}_+$，$\theta(n) = \theta(2n)$.

引理 3 的证明：显然有

$$\alpha(2n) = v_2(2n) = v_2(n) + 1 = \alpha(n) + 1. \tag{①}$$

设 $\beta(n) = t$，则 $2^t \leqslant n < 2^{t+1}$，即 $2^{t+1} \leqslant 2n < 2^{t+2}$. 所以

$$\beta(2n) = t + 1 = \beta(n) + 1. \tag{②}$$

①②两式相减，可知：$\theta(2n) = \beta(2n) - \alpha(2n) = \beta(n) - \alpha(n) = \theta(n)$. 故引理 3 得证.

引理 4 $\forall m, n \in \mathbf{N}_+$，$n < 2^m$，$\theta(n^2 + 2^m) \geqslant 2\theta(n) - 1$.

引理 4 的证明：若 n^2、2^m 的二进制加法下不产生进位（即 n^2 第 m 位为 0）.

从而有

$$\theta(n^2 + 2^m) \geqslant \theta(n^2) = \beta(n^2) - \alpha(n^2) \geqslant 2\beta(n) - 2\alpha(n) = 2\theta(n) > 2\theta(n) - 1.$$

结论成立.

若 n^2、2^m 的二进制加法产生进位，此时必有 $\alpha(n^2) \leqslant m$.

若 $\alpha(n^2) < m$，则

$$\alpha(n^2 + 2^m) = v_2(n^2 + 2^m) = \min\{v_2(n^2),\ v_2(2^m)\} = v_2(n^2) = \alpha(n^2).$$

由于 $\beta(n^2 + 2^m) \geqslant \beta(n^2)$，则

$$\theta(n^2 + 2^m) = \beta(n^2 + 2^m) - \alpha(n^2 + 2^m)$$

$$\geqslant \beta(n^2) - \alpha(n^2)$$

$$\geqslant 2\beta(n) - 2\alpha(n) = 2\theta(n)$$

$$> 2\theta(n) - 1.$$

故结论成立.

若 $\alpha(n^2)=m$. 我们来证明:n^2、2^m 的加法最多进一次位.

设 $\alpha(n)=s$,则 $m=2\alpha(n)=2s$. 取 $n'=\dfrac{n}{2^s}$. 则

$$\alpha(n'^2)=\alpha\left(\frac{n^2}{2^{2s}}\right)=\alpha(n^2)-2s=0.$$

其中 n'^2 是 n^2 去掉末尾若干个 0 形成的数.

若 n^2+2^m 的二进制加法进了两次位,则 n'^2+1 也进了两次位. 则 n'^2 第 0 位、第 1 位均为 1,所以,$n'^2\equiv 1+2\equiv -1(\bmod 4)$,矛盾(由 $\forall n\in \mathbf{N}_+$,$n^2\equiv 0$,$1(\bmod 4)$),从而 n^2+2^m 的二进制加法最多进一次位,则 $\alpha(n^2+2^m)\leqslant \alpha(n^2)+1$. 所以

$$\theta(n^2+2^m)=\beta(n^2+2^m)-\alpha(n^2+2^m)\geqslant \beta(n^2)-\alpha(n^2)-1=2\theta(n)-1.$$

故结论成立. 引理 4 得证.

回到原题,由引理 1,$\forall n\in \mathbf{N}_+$,$\alpha(a_n)\geqslant 1$. 将数列 $\{a_n\}$ 中所有满足 $a_n<2^m$ 的项顺次取出组成数列 $\{b_n\}_{n=1}^{+\infty}$. 则 $\forall n\in \mathbf{N}_+$,

$$\theta(b_n)=\beta(b_n)-\alpha(b_n)<m-1. \qquad\qquad ③$$

设 b_n 对应原序列 $\{a_n\}$ 中的项为 $a_{n'}$,则对 $n_0'+1\leqslant n\leqslant (n_0+1)'$,有 $\theta(a_n)=\theta(a_{n+1})$(因为 $a_{n+1}=2a_n$,由引理 3 可得). 从而有

$$\theta(b_{n+1})=\theta(a_{(n+1)'})=\theta(a_{n'+1})=\theta(a_{n'}^2+2^m)\geqslant 2\theta(a_{n'})-1=2\theta(b_n)-1\,(由引理 4).$$

若存在 $N\in \mathbf{N}_+$,使 $\theta(b_N)>1$,则 $\theta(b_{N+1})\geqslant 2\theta(b_N)-1>\theta(b_N)>1$.

归纳易知:$\forall n\geqslant N$ 均有:$\theta(b_{n+1})>\theta(b_n)$.

由整数的离散性知:$\theta(b_{N+m-1})>m$,与③矛盾. 故 $\forall n\in \mathbf{N}_+$,$\theta(b_n)\leqslant 1$,对 $\forall n\in \mathbf{N}_+$,
$\theta(a_n)\leqslant 1$. $\qquad\qquad\qquad (*)$

若存在一个项 b_n 使:$\theta(b_n)=1$,则 $\theta(a_{n'})=1$.

设 $a_{n'}=2^{t-1}+2^t$,$t\in \mathbf{N}_+$,则

$$a_{n'+1}=(2^{t-1}+2^t)^2+2^m=2^{2t+1}+2^{2t-2}+2^m.$$

若 $m=2t-2$,则 $\theta(a_{n'+1})=\theta(2^{2t-1}+2^{2t+1})=2$.

若 $m\neq 2m-2$,则 $\theta(a_{n'+1})\geqslant (2t+1)-(2t-2)=3$. 均与式 $(*)$ 矛盾!

故 $\forall n\in \mathbf{N}_+$,$\theta(b_n)=0$,从而有 $\forall n\in \mathbf{N}_+$,$\theta(a_n)=0$.

设 $b_n=2^s$,$s<m$,则 $a_{n'}=2^s$,从而有 $a_{n'+1}=2^{2s}+2^m$. 由 $\theta(a_{n'+1})=0$,得 $2s=m$,即 $a_{n'+1}=$

$2^{m+1} \geqslant 2^m$，所以 $a_{n'+2} = 2^m \geqslant 2^m$，$a_{n'+3} = 2^{m-1} < 2^m$，所以 $a_{n'+4} = 2^{2m-2} + 2^m$.

由 $\theta(a_{n'+4}) = 0$，得 $2m - 2 = m$，解得 $m = 2$.

这表明，若 $m \neq 2$，则不存在满足要求的数列 $\{a_n\}$，更不存在符合要求的 a_1.

若 $m = 2$，由上述，a_1 只能取 2^s，$\forall s \in \mathbf{N}_+$. 同时当 $a_1 = 2^s$，$\forall s \in \mathbf{N}_+$ 时，可以得到：$a_n = 2^{s+1-n}$，$1 \leqslant n \leqslant s$，而 $n \geqslant s+1$ 时，$\{a_n\}$ 形成 2、4 的循环序列.

综上所述，$m = 2$ 时，a_1 可以取 2^s，$\forall s \in \mathbf{N}_+$；$m \neq 2$ 时，不存在符合要求的 a_1. □

评析 这题的解答虽然很长，但是难度并不高，证法 1 是官网的解答，证法 2 考察 a_n 的二进制表示，注意到 $\alpha(n)$、$\beta(n)$、$\theta(n)$ 与 a_n 递推变化联系的规律性，则很容易给出解答.

题 3 如图①，已知三条边各不相等的 $\triangle ABC$ 内接于圆 Γ，BC 的中点为 M，点 P（动点）在线段 AM 上，$\odot(BPM)$ 与 $\odot(CPM)$ 分别再次与圆 Γ 交于点 D 和点 E，直线 DP 再次交 $\odot(CPM)$ 于点 X，直线 EP 再次交 $\odot(BPM)$ 于点 Y. 证明：不依赖于 P 的选取，$\triangle AXY$ 的外接圆经过异于点 A 的一定点 T.

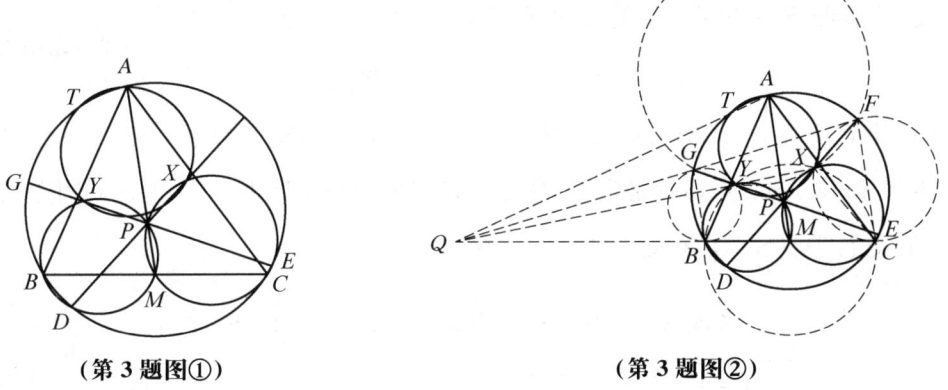

（第 3 题图①）　　　（第 3 题图②）

证法 1（印展宽） 如图②，延长 DP 和 EP 交 Γ 于点 F 和 G，设 GF 与 BC 交于点 Q. 设 $\odot(AXY)$ 与 Γ 交于点 T，下面我们证明 T 是定点

连结 FC、GB、CX，则有 $\angle CFD = \angle CBD = \angle DPM$，故 $PM \parallel CF$. 同理，$BG \parallel PM$. 由 $\angle XCB = \angle DPM = \angle DFC$，故 QC 与 $\odot(CFX)$ 相切. 同理，QC 与 $\odot(BYG)$ 相切. 又由 $\angle QGB = \angle QCF = \angle QBG$，故 QF 与 $\odot(BYG)$ 相切. 同理，QF 与 $\odot(CFX)$ 相切.

故点 Q 为 $\odot(BYG)$ 与 $\odot(CFX)$ 的外位似中心. 易知 $\odot(BYG)$ 与 $\odot(CFX)$ 为定圆，故点 Q 为定点. 因为 $BG \parallel PM \parallel CF$，$BM = CM$，所以 AM 为 $\odot(BYG)$ 与 $\odot(CFX)$ 的根轴. 于是有 $PY \cdot PG = PX \cdot PF$，故 F、G、Y、X 四点共圆.

因为 AM 也是 $\odot(BPM)$ 与 $\odot(CPM)$ 的根轴,故对 $\odot(BYG)$、$\odot(BPM)$、$\odot(CFX)$ 和 $\odot(BPM)$、$\odot(CPM)$、$\odot(CFX)$ 分别使用蒙日定理知 BY、PM、CX 共点.

设该点为 H. 故有 $HY \cdot HB = HP \cdot HM = HX \cdot HC$,于是 B、C、X、Y 四点共圆. 再对 $\odot(GFX)$、$\odot(BCY)$、Γ 用蒙日定理知 GF、BC、XY 共点.

故点 Q、X、Y 共线. 再对 $\odot(AXY)$、$\odot(BCX)$、Γ 用蒙日定理知 AT、XY、BC 共点. 故 AT 经过定点 Q,故 T 是一个定点. □

证法 2(马康哲) 首先有 $\angle BDP = \angle PMC = \angle CXP$,故 $BD \parallel CX$. 同理,$BY \parallel CE$.

如图③,延长 BD 交 CE 于点 P_1,CX 交 BY 于点 P_2,由蒙日定理知点 P_1 在 AM 上,同时易知四边形 P_1BP_2C 为平行四边形. 从而可得 P_1、M、P_2 三点共线,亦即 P_1、M、P_2、A、P 五点共线.

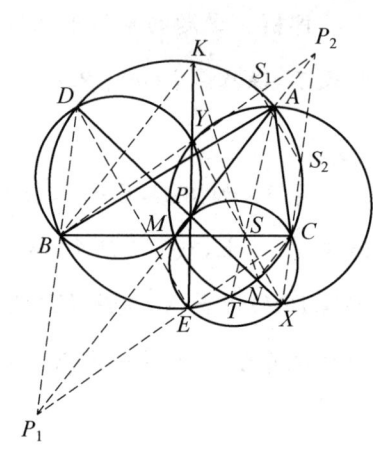

(第 3 题图③)

于是有 $P_2X \cdot P_2C = P_2M \cdot P_2P = P_2Y \cdot P_2B$,故 B、C、X、Y 四点共圆. 于是又由蒙日定理,知 AT、XY、BC 交于一点,设该点为 S. 故只需证 S 是定点,也就是证明 XY 交 BC 于一定点 S.

再设 EP 交 Γ 于点 K,则根据证法一中的结论有 $BK \parallel AM$. 同理,对点 C 也作出这样的点 N. 注意到 KN 和 BC 的交点显然是定点,故由蒙日定理知只需证 K、Y、N、X 四点共圆.

延长 BY 交 Γ 于点 S_1,CX 交 Γ 于点 S_2. 有

$$\angle CS_2S_1 = 180° - \angle YBM = 180° - \angle YXS_2,$$

故 $S_1S_2 \parallel XY$. 由前述知弧 DS_1 等于弧 ES_2,于是 $S_1S_2 \parallel DE$,故 $DE \parallel XY$.

所以有 $\angle KND = \angle KED = \angle EYX$,故有 $\angle YKN = \angle YXN$,故 K、Y、N、X 共圆. 所以 KN、BC、AT 交于一定点 S,故 AT 过定点 S,故 T 为定点. □

评析 笔者认为该题是一道较难的几何题,第一步的难点在于画图,图中的点 D 与点 E. 如果点 P 位置选取不当则很难在图上作出. 定点较为容易找到,找与已知定点 A 相关的点往往是做这类题的常见套路,接下来涉及对于 T 的刻画,这一步的蒙日定理不难想到,然后命题就转化为证明 B、C、X、Y 四点共圆. 根据画图不难发现 DX 和 EY 与 Γ 的交点 F,G 都是定点,故想到用这两个点对根心 Q 进行刻画. 取出 $\odot(BYG)$ 与 $\odot(CFX)$ 的这一步又是一个难点,但取出后可以将中点的条件转化为根轴,并且可以发现 Q 为这两个圆的外位似中心,这样就完成了对于 Q

的刻画,接下来的步骤对于熟悉圆幂的同学不难完成.

证法 2 中先想到用易知的两组平行从而将中点的条件转化为平行四边形,再由根心的性质就可以证明 B、C、X、Y 四点共圆,进而也选择了蒙日定理对 T 进行刻画.后面需要发现 DX 和 EY 与 Γ 的交点都是定点,然后选择用证明共圆.

另外,西北工大附中的杜俊辰同学在"纯几何吧"里提出了另一种关于根心 $Q(S)$ 的刻画,需要用到如下引理,有兴趣的读者不妨一试:

如图④,设 $\odot O_1$ 与 $\odot O_2$ 的外位似中心为 P,一条外公切线为 AB,点 $C \neq A$ 在 $\odot O_1$ 上,点 $D \neq B$ 在 $\odot O_2$ 上,AC 交 BD 于点 Q,则以下三个结论等价:

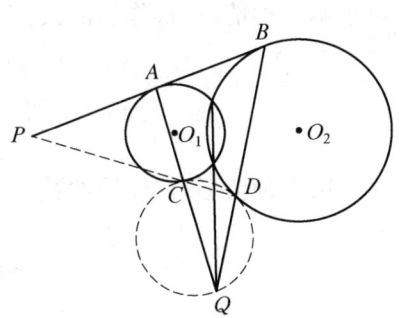

(1) 点 Q 在根轴上;

(2) 点 C、D 为逆对应点;

(3) $\triangle QCD$ 的外接圆与 $\odot O_1$、$\odot O_2$ 均相切.

(第 3 题图④)

题 4　对于 2018×2019 的方格,每个格子里写着一个整数,对于每个格子,与它有公共边的别的格子称之邻居,考虑下面的操作:任意选择几个格子,计算出格子的邻居的数的平均值,然后将这些值替换进格子.能否做到:不管最初的情况如何,总能在有限次操作后,使得所有格子里的数都相等?

证明　在构造方格表之前,我们先来定义分数 $\dfrac{a}{b}$,其中 b 不能被 5 整除,且 $(a,b)=1$.

由于 b 不能被 5 整除,故 b 在 $\mod 5$ 意义下必有数论倒数 b'. 我们定义 $\dfrac{a}{b} \equiv a \cdot b' \pmod 5$. 我们给出如下构造:

由于 $2 \mid 2018$,$3 \mid 2019$,故我们可以将这个方格表划分为 $\dfrac{2018}{2} \times \dfrac{2019}{3}$ 个方格表,记第 i 行第 j 列的方格表为表(i,j).

我们在表$(2k,j)$,$k \in \left[1, \dfrac{2018}{4}\right]$,$j \in \left[1, \dfrac{2019}{3}\right]$,$k \in \mathbf{N}$,$j \in \mathbf{N}$ 内填入 $\begin{bmatrix} 020 \\ 313 \end{bmatrix}$,在表$(2k-1,j)$,$k \in \left[1, \dfrac{2020}{4}\right]$,$j \in \left[1, \dfrac{2019}{3}\right]$,$k \in \mathbf{N}$,$j \in \mathbf{N}$ 内填入 $\begin{bmatrix} 313 \\ 020 \end{bmatrix}$.

下面我们证明,这个方格表内的每个数在 $\mod 5$ 意义下保持不变.设 i 经操作过后的数为 M_i.

（1）方格表内的 0.

按照方格表的定义,其邻居只可能为:$\{0, 0, 2, 3\}$,$\{0, 2, 3\}$,$\{2, 3\}$.

对于第一种情形,操作后的数:

$$M_0 \equiv \frac{0+0+2+3}{4} \equiv 5 \cdot 4' \equiv 0 \pmod{5}.$$

对于第二种情形,操作后的数:

$$M_0 \equiv \frac{0+2+3}{3} \equiv 5 \cdot 3' \equiv 0 \pmod{5}.$$

对于第三种情形,操作后的数:

$$M_0 \equiv \frac{2+3}{2} \equiv 5 \cdot 2' \equiv 0 \pmod{5}.$$

从而经过操作之后 0 在 $\mathrm{mod}\, 5$ 意义下的数仍是 0 保持不变.

（2）方格表内的 1.

按照方格表的定义,其邻居只可能为:$\{1, 2, 3, 3\}$,$\{2, 3, 3\}$.

对于第一种情形,操作后的数:

$$M_0 \equiv \frac{1+2+3+3}{4} \equiv 9 \cdot 4' \equiv 1 \pmod{5}.$$

对于第二种情形,操作后的数:

$$M_0 \equiv \frac{2+3+3}{3} \equiv 8 \cdot 3' \equiv 1 \pmod{5}.$$

从而经过操作之后 1 在 $\mathrm{mod}\, 5$ 意义下保持不变.

（3）方格表内的 3.

按照方格表的定义,其邻居只可能为:$\{3, 3, 1, 0\}$,$\{0, 1, 3\}$,$\{0, 1\}$.

对于第一种情形,操作后的数:

$$M_0 \equiv \frac{3+3+1+0}{4} \equiv 7 \cdot 4' \equiv 3 \pmod{5}.$$

对于第二种情形,操作后的数:

$$M_0 \equiv \frac{3+1+0}{3} \equiv 4 \cdot 3' \equiv 3 \pmod{5}.$$

对于第三种情形,操作后的数:

$$M_0 \equiv \frac{0+1}{2} \equiv 1 \cdot 2' \equiv 3 \pmod 5.$$

从而经过操作之后 3 在 mod 5 意义下保持不变.

(4) 方格表内的 2.

按照方格表的定义,其邻居只可能为:$\{0,0,1,2\}$,$\{0,0,1\}$.

对于第一种情形,操作后的数:

$$M_0 \equiv \frac{0+0+1+2}{4} \equiv 3 \cdot 4' \equiv 2 \pmod 5.$$

对于第二种情形,操作后的数:

$$M_0 \equiv \frac{0+0+1}{3} \equiv 1 \cdot 3' \equiv 2 \pmod 5.$$

从而经过操作之后 2 在 mod 5 意义下保持不变.

综合上述 4 种情况,方格表内的每个数均在 mod 5 意义下保持不变. 由于 $a \not\equiv b \pmod 5$,则 $a \neq b$,故该方格表不可能在有限步操作之后每个数均变为相同的数,故答案是否定的. □

评析 本题是五道题内最困难的一道题,全场无人做出(全场仅有一个人得分,且为 1 分). 由于方格表的操作过程中会出现分数,所以很容易让人否决数论的方法,而考虑一些代数分析的方法,而这样的方法在这个地方使用显得过于苛刻,因为条件没有提供相应的信息. 若要在考场上做出此题,就需要马上意识到要用数论的方法处理此题,并关注到可能出现的系数数论上的特征(分母的质因子只可能为 2、3),及时想到构造意义下的方格表构造($p \geq 2,3$). 而这个想法又显得非常大胆,有此胆识不是件容易的事情.

题 5 设 f 是定义在实数上且取值为实数的函数,求所有的 f,使得:对任意实数 x 和 y,满足

$$f(x^2 + f(y)) = f(f(x)) + f(y^2) + 2f(xy).$$

解(马康哲) 令 $x = y = 0$,有 $f(f(0)) = f(f(0)) + f(0) + 2f(0)$ 可知 $f(0) = 0$.

令 $x = 0$,有

$$f(f(y)) = f(y^2). \tag{1}$$

故原方程可化为:

$$f(x^2 + f(y)) = f(x^2) + f(y^2) + 2f(xy). \tag{2}$$

设式(2)为 $P(x, y)$,考虑 $P(y, x)$ 还可以得到: $f(y^2 + f(x)) = f(x^2 + f(y))$. 在(2)中将 x 换为 $-x$ 容易得到这个函数为偶函数.下面我们分两种情况讨论:

情形 1 f 存在除 0 以外的零点,设为 t,则令 $y = t$,有:

$$f(x^2) = f(x^2 + f(t)) = f(f(x)) + f(t^2) + 2f(xt).$$

故有 $f(t^2) + 2f(xt) = 0$. 此时令 $x = 0$ 容易得到 $f(t^2) = 0$,代回上式可知 $f(xt) = 0$. 由于 $t \neq 0$,故 xt 遍历 **R**,故此时 $f(x) = 0$.

情形 2 f 仅有 0 一个零点.我们先证明几个结论:

结论 1: $f(xf(1)) = f(x)$. $(*)$

在式(1)中令 $y = 1$ 有:

$$f(f(1)) = f(1). \tag{3}$$

令 $y = f(1)$ 有

$$f(f(1)^2) = f(f(f(1))) = f(f(1)) = f(1). \tag{4}$$

考虑 $P(x, 1)$,有

$$f(x^2 + f(1)) = f(x^2) + f(1) + 2f(x). \tag{5}$$

考虑 $P(x, f(1))$,有

$$f(x^2 + f(f(1))) = f(x^2) + f(f(1)^2) + 2f(xf(1)).$$

由(3)、(4)两式,该式可化为:

$$f(x^2 + f(1)) = f(x^2) + f(1) + 2f(xf(1)). \tag{6}$$

由(5)、(6)两式对比可得: $f(xf(1)) = f(x)$.

结论 2: $f(x^2 + f(1)) = f(x^2 f(1) + 1)$. $(**)$

考虑 $P(x, 1)$,有

$$f(x^2 + f(1)) = f(x^2) + f(1) + 2f(x).$$

考虑 $P(xf(1), 1)$,有

$$f(x^2 f(1)^2 + f(1)) = f(x^2 f(1)^2) + f(1) + 2f(xf(1))$$

$$= f(x^2) + f(1) + 2f(x) = f(x^2 + f(1)).$$

同时由结论 1，$f(x^2 f(1)^2 + f(1)) = f(x^2 f(1) + 1)$，从而结论 2 成立.

结论 3：对任意 $x \neq 0$，$f(x) > 0$.

先证明 $f(1) > 0$. 反证法：假设 $f(1) < 0$，在 $(**)$ 式中令 $x = \sqrt{-f(1)}$，则有

$$f(-f(1)^2 + 1) = f(-f(1) + f(1)) = 0.$$

由于 0 为 f 的唯一零点，故 $-f(1)^2 + 1 = 0$，结合 $f(1) < 0$ 有 $f(1) = -1$.

考虑 $P(1, 1)$ 有

$$f(1 + f(1)) = 4f(1). \tag{7}$$

将 $f(1) = -1$ 代入上式得 $f(1) = 0$，矛盾. 从而 $f(1) > 0$.

由偶函数性质我们不妨设存在 $s > 0$，使 $f(s) < 0$. 同理，我们考虑 $P(f(1)\sqrt{-f(s)}, s)$、$P(\sqrt{-f(s)}, s)$ 即得到

$$-f(1)^2 f(s) + f(s) = 0,$$

可知 $f(1) = 1$. 下面我们来证明 f 在 $\mathbf{R}_+$ 上是单射.

反证法：假设存在 $u > v > 0$，使得 $f(u) = f(v)$，那么由于

$$4f(u^2) = f(u^2 + f(u)) = f(u^2 + f(v))$$

$$= f(v^2 + f(u)) = f(v^2 + f(v)) = 4f(v^2),$$

可推知 $f(u^2) = f(v^2)$.

考虑 $P(x, u)$、$P(x, v)$，容易得到：$f(xu) = f(xv)$.

令 $a = \dfrac{u}{v} > 1$，则上述条件表明 $f(x) = f(ax)$.

不妨设 $a > \sqrt{2}$，因为若 $a < \sqrt{2}$，可以取充分大的 k 使 $a^k > \sqrt{2}$，并用 a^k 取代 a.

令 $x = 1$ 有 $f(a) = f(1) = 1$，令 $x = a$ 有 $f(a^2) = f(a) = 1$.

考虑 $P(x, 1)$、$P(ax, 1)$ 容易得到 $f(x^2 + 1) = f(a^2 x^2 + 1) = f\left(x^2 + \dfrac{1}{a^2}\right)$.

令 $x = \sqrt{a^2 - 2}$ 有：

$$f(a^2 - 1) = f\left(a^2 - 2 + \dfrac{1}{a^2}\right) = f(a^4 - 2a^2 + 1) = f((a^2 - 1)^2). \tag{8}$$

考虑 $P(x,1)$、$P\left(\dfrac{x}{a},1\right)$ 容易得到

$$f(x^2+1)=f\left(\frac{x^2}{a^2}+1\right)=f(x^2+a^2).$$

令 $x=a^2-1$ 有：$f((a^2-1)^2+1)=f((a^2-1)^2+a^2)=f(a^4-a^2+1)$. 令 $x=\sqrt{a^4-a^2}$，有：

$$f(a^4-a^2+1)=f(a^4-a^2+a^2)=f(a^4)=f(a^3)=f(a^2)=f(a)=1.$$

从而 $f((a^2-1)^2+1)=1$.

再考虑 $P(a^2-1,1)$，有：

$$1=f((a^2-1)^2+1)=f((a^2-1)^2)+f(1)+2f(a^2-1),$$

故 $f((a^2-1)^2)+2f(a^2-1)=0$.

将式(8)代入得：$f(a^2-1)=0$，从而 $a^2-1=0$，解得 $a=-1$ 或 1，与 $a>1$ 矛盾！故 f 在 $\mathbf{R}_+$ 上是单射.

又由于 $f(f(x))=f(x^2)$，有 $f(-f(s))=f(f(s))=f(s)$. 由于 $f(s)<0$，有 $-f(s)>0$，由于 $s^2>0$，结合上述单射结论有 $f(s)=-s^2$. 考虑 $P(s,s)$ 有：$0=f(s^2-s^2)=4f(s^2)$，从而 $f(s^2)=0$，故 $s=0$，矛盾. 综上结论 3 得证.

回到原题，我们再来证明 f 在 $\mathbf{R}_+$ 上是单射.

由结论 3，$x\neq 0$ 时

$$f(x^2+f(y))=f(x^2)+f(y^2)+2f(xy)>f(y^2)=f(f(y)). \tag{9}$$

假设存在 $u>v>0$，$f(u)=f(v)$，与结论 3 中的证明同理，可知 $f(xu)=f(xv)$，任取 $s>0$，则 $f(s)>0$，取 $x=\dfrac{f(s)}{v}$，得到

$$f\left(\frac{uf(s)}{v}\right)=f(f(s)). \tag{10}$$

然而在(9)式中令 $x=\sqrt{\left(\dfrac{u}{v}-1\right)f(s)}$，$y=s$，可得到 $f\left(\dfrac{uf(s)}{v}\right)>f(f(s))$，这与(10)式矛盾.

从而 f 在 $\mathbf{R}_+$ 上是单射，由于 $x>0$ 时，

$$f(f(x))=f(x^2),\ f(x)>0,\ x^2>0,$$

从而 $f(x)=x^2$, 由偶函数性质和 $f(0)=0$, 不难验证 $x \leqslant 0$ 时也有 $f(x)=x^2$. 从而该情形下的解为 $f(x)=x^2$.

综上所述, 满足条件的 f 有两个: $f(x)=0$ 和 $f(x)=x^2$. □

评析 本题是一道比较常规(中偏难)的函数方程题, 在通过一些简单的赋值之后容易猜出答案, 再用一些常见的函数技巧一一尝试(比如这里在得到 $f(f(x))=f(x^2)$ 之后可以猜测这里需要利用单射的结论), 思维链条比较长, 但整体还是较自然的.

致谢 感谢江苏王浩杰老师给出的题目翻译. 感谢曲靖市第一中学的林斌同学和安庆一中的严仲谨同学, 他们认真审阅了本稿并提出了宝贵的修改意见.

参考文献

[1] APMO 官网. http://www.apmo-official.org/problems.

[2] 纯几何吧. http://tieba.baidu.com/p/6086618605? share=9105&fr=share&unique=5C4F3AA741F0F5CA89C84AD31706B960&st=1565421299&clienttype=1&client_version=10.2.6&sfc=copy.

2019 美国哈佛-麻省理工大学
数学锦标赛 2 月赛部分试题评析

杨 铮

(上海市上海中学,200231)

指导教师:王广廷

2019 年美国哈佛—麻省理工大学数学锦标赛(HMMT)二月场如期举行.下面是其中部分试题的解答与评析,供读者参考.其中部分解答参考了官方答案.

I . 个人赛:代数和数论

题 1 已知函数 $f: \mathbf{N} \to \mathbf{R}$ 满足 $f(1) > 0$ 且对任意自然数 n 均有:

$$\sum_{d \mid n} f(d) f\left(\frac{n}{d}\right) = 1,$$

求 $f(2018^{2019})$.

解 首先对所有质数 p 和非负整数 α,求 $f(p^{\alpha})$.

由题可知,取 $n=1$ 时,$f(1)^2 = 1$.结合 $f(1) > 0$ 知 $f(1) = 1$.

对每个质数 p,记 $a_t = f(p^t)$,$t \in \mathbf{N}$,则 $a_0 = 1$ 且对任意 $t \in \mathbf{N}$,有

$$1 = \sum_{d \mid p^t} f(d) f\left(\frac{p^t}{d}\right) = \sum_{u=0}^{t} f(p^u) f\left(\frac{p^t}{p^u}\right) = \sum_{u=0}^{t} a_u a_{t-u}.$$

因此考虑母函数

$$g(x) = \sum_{t=0}^{+\infty} a_t x^t,$$

则

$$(g(x))^2 = \left(\sum_{t=0}^{+\infty} a_t x^t\right)^2 = \sum_{t=0}^{+\infty} \left(\sum_{u=0}^{t} a_u a_{t-u}\right) x^t = \sum_{t=0}^{+\infty} 1 \cdot x^t = (1-x)^{-1},$$

由 $a_0 = 1$ 并结合广义的二项式定理知

$$g(x) = (1-x)^{-\frac{1}{2}} = \sum_{t=0}^{+\infty} \binom{-\frac{1}{2}}{t} (-1)^t x^t$$

$$= \sum_{t=0}^{+\infty} \left(\frac{\prod_{i=1}^{t} \left(-\frac{1}{2} - i \right)}{t!} \right) (-1)^t x^t$$

$$= \sum_{t=0}^{+\infty} \left(\frac{(2t-1)!}{2^t t!} \right) \cdot \frac{\prod_{i=1}^{t} (2i)}{t! \cdot 2^t} \cdot x^t.$$

故对 $t \in \mathbf{N}$, 有 $a_t = \dfrac{1}{2^{2t}} \dbinom{2t}{t}$. 故

$$f(p^t) = \frac{1}{2^{2t}} \binom{2t}{t}. \tag{1}$$

再对 n 进行归纳证明: 若 n 的标准分解为 $n = \prod_{i=1}^{l} p_i^{\alpha_i}$, 则

$$f(n) = \prod_{i=1}^{l} f(p_i^{\alpha_i}). \tag{2}$$

当 $n = 1$ 时式 (2) 成立. 若 $n \leqslant n' - 1 (n' \in \mathbf{N}_+, n' \geqslant 2)$ 时成立, 则当 $n = n'$ 时, 由归纳假设 (此处 $n = \prod_{i=1}^{l} p_i^{\alpha_i}$ 为 n 的标准分解) 及 $f(1) = 1$,

$$1 = \sum_{d|n} f(d) f\left(\frac{n}{d}\right) = \prod_{i=1}^{l} \left(\sum_{d|p_i^{\alpha_i}} f(d) f\left(\frac{n}{d}\right) \right) = \prod_{i=1}^{l} \left(\sum_{t_i=0}^{\alpha_i} f(p_i^{t_i}) f(p_i^{\alpha_i - t_i}) \right)$$

$$= \sum_{0 \leqslant t_1 \leqslant \alpha_1, \, 0 \leqslant t_2 \leqslant \alpha_2, \, \cdots, \, 0 \leqslant t_l \leqslant \alpha_l} \left(\prod_{i=1}^{l} f(p_i^{t_i}) \prod_{i=1}^{l} f(p_i^{\alpha_i - t_i}) \right)$$

$$= \sum_{\substack{0 \leqslant t_1 \leqslant \alpha_1, \, 0 \leqslant t_2 \leqslant \alpha_2, \, \cdots, \, 0 \leqslant t_l \leqslant \alpha_l, \\ (t_1, t_2, \cdots, t_l) \neq (0, 0, \cdots, 0) \\ (t_1, t_2, \cdots, t_l) \neq (\alpha_1, \alpha_2, \cdots, \alpha_l)}} f\left(\prod_{i=1}^{l} p_i^{t_i} \right) f\left(\prod_{i=1}^{l} p_i^{\alpha_i - t_i} \right) + 2 \prod_{i=1}^{l} f(p_i^{\alpha_i}) \prod_{i=1}^{l} f(1)$$

$$= \sum_{d|n, \, d \neq 1, \, d \neq n} f(d) f\left(\frac{n}{d}\right) + 2 \left(\prod_{i=1}^{l} f(p_i^{\alpha_i}) \right) f(1).$$

故有

$$2f(n)f(1)=2\prod_{i=1}^{l}f(p_i^{\alpha_i})f(1).$$

因此

$$f(n)=\prod_{i=1}^{l}f(p_i^{\alpha_i}),$$

当 $n=n'$ 时式(2)成立. 故式(2)证毕.

故由式(1)、(2)知:

$$f(2018^{2019})=f(2^{2019}\cdot 1009^{2019})=f(2^{2019})f(1009^{2019})=\frac{1}{2^{8076}}\binom{4038}{2019}^2.$$

故

$$f(2018^{2019})=\frac{1}{2^{8076}}\binom{4038}{2019}^2.\qquad\square$$

评析 先代几个 n 的值进行尝试或从递推式本身进行观察,可以猜到或者看出 $f(n)$ 在 $\mathbf{N}_+$ 上的积性,从而只需对质数 p 和非负整数 α 来求 $f(p^{\alpha})$. 而记 $a_t=f(p^t)$,则有 $\sum_{t=0}^{m}a_t a_{m-t}=1$,对 $m\in\mathbf{N}$ 成立,这让我们想到母函数. 如果一时想不到母函数,也可以先算几个 a_t 再去猜通项,最后化为去证对 $n\in\mathbf{N}$,有

$$\sum_{t=0}^{n}\binom{2t}{t}\binom{2(n-t)}{n-t}=4^n.$$

这个组合恒等式应该是熟悉的,证明方法中较为普遍的是用母函数,读者有兴趣的可以尝试寻找它的不用母函数的证明.

题 2 数列 $\{a_n\}(n=0,1,2,\cdots)$ 满足 $a_0=3$,$a_1=4$,且有

$$a_{n+2}=a_{n+1}a_n+\lceil\sqrt{a_{n+1}^2-1}\sqrt{a_n^2-1}\rceil$$

对 $n\geqslant 0$ 成立,求

$$\sum_{n=0}^{\infty}\left(\frac{a_{n+3}}{a_{n+2}}-\frac{a_{n+2}}{a_n}+\frac{a_{n+1}}{a_{n+3}}-\frac{a_n}{a_{n+1}}\right).$$

解 记 $a_{-1}=1$,下面对 n 进行归纳证明:当 $n\geqslant 1$ 时,

$$a_{n+1} = 2a_n a_{n-1} - a_{n-2}. \tag{1}$$

当 $n = 1$ 时,由题得

$$
\begin{aligned}
a_2 &= a_0 a_1 + \left\lceil \sqrt{a_0^2 - 1} \sqrt{a_1^2 - 1} \right\rceil \\
&= 3 \times 4 + \left\lceil \sqrt{120} \right\rceil \\
&= 23 = 2 a_1 a_0 - a_{-1}.
\end{aligned}
$$

则式(1)成立.

若 $n \leqslant n' - 1$ $(n' \in \mathbf{N}_+, n' \geqslant 2)$ 时式(1)成立,则由归纳假设知

$$a_{-1} \leqslant a_0 \leqslant a_1 \leqslant a_2 \leqslant \cdots \leqslant a_{n'}.$$

则

$$
\begin{aligned}
&2 a_n a_{n-1} a_{n-2} + 2 - a_n^2 - a_{n-1}^2 - a_{n-2}^2 \\
&= (2 a_{-1} a_0 a_1 + 2 - a_{-1}^2 - a_0^2 - a_1^2) + \sum_{i=2}^{n} \Big[(2 a_i a_{i-1} a_{i-2} + 2 - a_i^2 - a_{i-1}^2 - a_{i-2}^2 \\
&\quad - (2 a_{i-1} a_{i-2} a_{i-3} + 2 - a_{i-1}^2 - a_{i-2}^2 - a_{i-3}^2) \Big] \\
&= 2 \cdot 1 \cdot 3 \cdot 4 + 2 - 1^2 - 3^2 - 4^2 + \sum_{i=2}^{n} (a_i - a_{i-3})(2 a_{i-1} a_{i-2} - a_i - a_{i-3}) \\
&= 0 + \sum_{i=2}^{n} (a_i - a_{i-3}) \cdot 0 \\
&= 0.
\end{aligned}
$$

因此 $-a_n^2 - a_{n-1}^2 = -2 a_n a_{n-1} a_{n-2} - 2 + a_{n-2}^2$. 故

$$
\begin{aligned}
(a_n^2 - 1)(a_{n-1}^2 - 1) &= a_n^2 a_{n-1}^2 - a_n^2 - a_{n-1}^2 + 1 \\
&= a_n^2 a_{n-1}^2 - 2 a_n a_{n-1} a_{n-2} - 2 + a_{n-2}^2 + 1 \\
&= (a_n a_{n-1} - a_{n-2})^2 - 1.
\end{aligned}
$$

易证 $a_n a_{n-1} - a_{n-2} > 1$. 所以

$$
\begin{aligned}
a_{n+1} &= a_n a_{n-1} + \left\lceil \sqrt{a_n^2 - 1} \sqrt{a_{n-1}^2 - 1} \right\rceil \\
&= a_n a_{n-1} + (a_n a_{n-1} - a_{n-2}) \\
&= 2 a_n a_{n-1} - a_{n-2}.
\end{aligned}
$$

即式(1)在 $n=n'$ 时成立. 因此式(1)证毕!

因此由式(1)可知

$$\sum_{n=0}^{\infty}\left(\frac{a_{n+3}}{a_{n+2}}-\frac{a_{n+2}}{a_n}+\frac{a_{n+1}}{a_{n+3}}-\frac{a_n}{a_{n+1}}\right)$$

$$=\sum_{n=0}^{\infty}\left(\frac{2a_{n+1}a_{n+2}-a_n}{a_{n+2}}-\frac{2a_{n+1}a_n-a_{n-1}}{a_n}+\frac{a_{n+1}}{a_{n+3}}-\frac{a_n}{a_{n+1}}\right)$$

$$=\sum_{n=0}^{\infty}\left(-\frac{a_n}{a_{n+2}}+2a_{n+1}+\frac{a_{n-1}}{a_n}-2a_{n+1}+\frac{a_{n+1}}{a_{n+3}}-\frac{a_n}{a_{n+1}}\right)$$

$$=\sum_{n=0}^{\infty}\left(-\frac{a_n}{a_{n+2}}+\frac{a_{n-1}}{a_n}+\frac{a_{n+1}}{a_{n+3}}-\frac{a_n}{a_{n+1}}\right)\stackrel{\text{def}}{=}S.$$

由式(1)易知,当 $n\geqslant 2$ 时, $a_n\geqslant a_{n-1}a_{n-2}\geqslant 3a_{n-1}$,故当 $n\geqslant 3$ 时,

$$\frac{a_{n-1}}{a_n}\leqslant\frac{1}{a_{n-2}}=\frac{1}{a_0}\cdot\prod_{i=1}^{n-2}\frac{a_{i-1}}{a_i}\leqslant\frac{1}{a_0}\cdot\frac{3}{4}\cdot\left(\frac{1}{3}\right)^{n-3}=\left(\frac{1}{3}\right)^{n-2}\cdot\frac{3}{4}.$$

因此

$$\sum_{n=0}^{\infty}\left(-\frac{a_n}{a_{n+2}}\right)+\sum_{n=0}^{\infty}\frac{a_{n-1}}{a_n}+\sum_{n=0}^{\infty}\frac{a_{n+1}}{a_{n+3}}+\sum_{n=0}^{\infty}\left(-\frac{a_n}{a_{n+1}}\right)$$

绝对收敛. 故

$$S=\sum_{n=0}^{\infty}\left(-\frac{a_n}{a_{n+2}}+\frac{a_{n-1}}{a_n}\right)+\sum_{n=1}^{\infty}\left(\frac{a_n}{a_{n+2}}-\frac{a_{n-1}}{a_n}\right)=-\frac{a_0}{a_2}+\frac{a_{-1}}{a_0}=\frac{14}{69}.$$

故所求和为 $\frac{14}{69}$. □

评析 先去算一下 $\{a_n\}$ 的前几项并去猜测递推式就会发现 $(a_n^2-1)(a_{n+1}^2-1)+1$ 是完全平方数和式(1),之后用韦达跳跃就能将各个猜测证出. 最后计算 S 的值时也要大胆地去想能否用一些简单的变形就能将 S 进行裂项,同时注意不要算错.

Ⅱ. 个人赛:组合

题 3 对一个正整数 N,我们将 N 的正因子(包括 1 和 N)用四种颜色染色. 一种染色方式称为"好的",若当 a、b 和 (a,b) 是 N 的不同正因子时,它们的颜色两两不同. 问:对于一个不是质数幂的整数,其好的染色方式至多有多少种?

解 若 N 有三个或三个以上不同质因子,记为 p、q、r.

下证对 N 没有好的染色方式.若有,则由定义,p、q、r、1 颜色互不相同.故考虑 pq、r 和 $1 = \gcd(pq, r)$ 的颜色知 pq 和 1、r 均不同色.再考虑 n 的正因子

$$pq, \ rq, \ q = \gcd(pq, rq)$$

和

$$pq, \ rp, \ p = \gcd(pq, rp)$$

知 pq 和 p、q 均不同色.但 p、q、r、1 互不同色,且一共只有四种颜色,故矛盾.

故对 N 没有好的染色方式.

下设 N 有两个不同的质因子 p、q.记 $N = p^\alpha q^\beta (\alpha, \beta \in \mathbf{N}_+)$,并不妨设 $\alpha \geqslant \beta$.

对 $\alpha_1 < \alpha_2 (\alpha_1, \alpha_2 \in \mathbf{N}, 0 \leqslant \alpha_1 < \alpha_2 \leqslant \alpha)$,考虑 N 的正因子

$$p^{\alpha_2}, \ qp^{\alpha_1}, \ p^{\alpha_1} = \gcd(p^{\alpha_2}, qp^{\alpha_1})$$

知 p^{α_1}、p^{α_2}、qp^{α_1} 两两不同色. ①

因此所有 $p^i (0 \leqslant i \leqslant \alpha)$ 互不同色,且它们与 q 的颜色也互不相同,故 $\alpha + 2 \leqslant 4$,故 $\alpha \leqslant 2$.

若 $\beta \geqslant 2$,则 $\alpha \geqslant \beta \geqslant 2$.考虑 N 的五个因子 p^2、p、pq、q、q^2,则其中任两个不同色(因为考虑 p^2, pq, $p = \gcd(p^2, pq)$ 和 q^2, pq, $q = \gcd(q^2, pq)$ 知 p^2、p、pq 或 pq、q、q^2 都不同色,而 p、p^2 中任一个与 q、q^2 中任一个的最大公约数都是 1,因此不同色).故 p^2、p、pq、q、q^2 互不同色).但只有四种颜色,故对 N 不存在好的染色方式.故下可设 $\beta = 1$.

此时由①易证对 N 的全体好的染色方式为:使 $1, p, p^2, \cdots, p^\alpha$ 颜色互不相同,且使对每个 $i (0 \leqslant i \leqslant \alpha - 1)$ 都有 $p^i q$ 和 p^i, p^{i+1}, $\cdots$, p^α 颜色不同的染色方式.

故当 $N = pq$ 时,对 N 共有 $4 \times 3 \times 2 \times 4 = 96$(种) 好的染色方式;当 $N = p^2 q$ 时,共有 $4 \times 3 \times 2 \times 1 \times 2 \times 4 = 192$(种) 好的染色方式.这里计数时先考虑 $1, p, p^2, \cdots, p^\alpha$ 的颜色,再考虑 q, pq, $\cdots$, $p^\alpha q$ 的颜色.

因此答案为 192. $\square$

评析 本题可以先猜出当 N 的质因子或者质因子幂次很大的时候,没有好的染色方式.而在讨论的过程中则需要大胆一些.对于那些偏向于使用几何直观思考问题的人而言,可以通过将 N 的所有因数排成一个立方体来将问题看的更清晰(此处易证 N 有不超过 3 个不同质因子,所以立方体也不超过三维).本题如果将四种颜色更改为五种或更多的话,思考的难度和讨论的复杂程度将会大大增加.

题 4　一只羊在四维空间中行走.它从原点出发,每一分钟,它从位置(a_1, a_2, a_3, a_4)走到某个位置(x_1, x_2, x_3, x_4)均是整数,且

$$(x_1 - a_1)^2 + (x_2 - a_2)^2 + (x_3 - a_3)^2 + (x_4 - a_4)^2 = 4,$$

$$|(x_1 + x_2 + x_3 + x_4) - (a_1 + a_2 + a_3 + a_4)| = 2.$$

若这只羊在 40 分钟后到达$(10, 10, 10, 10)$.问:共有多少种不同的路径?

解　归纳易证该羊每步移动后的位置的四个坐标都是整数.因此易证它每一步移动过的向量为$(2, 0, 0, 0)$、$(1, 1, 1, -1)$及其负向量和(在四个维度的坐标上的)置换.

考虑如下坐标变换:$(x_1, x_2, x_3, x_4) \to$

$$\left(\frac{1}{2}(x_1 + x_2 + x_3 + x_4), \frac{1}{2}(x_1 + x_2 - x_3 - x_4), \frac{1}{2}(x_1 - x_2 + x_3 - x_4), \frac{1}{2}(x_1 - x_2 - x_3 + x_4)\right)$$

则它是 $\mathbf{R}^4 \to \mathbf{R}^4$ 的一一映射.

该变换将该羊每一步所走过的向量变为$(\pm 1, \pm 1, \pm 1, \pm 1)$(四个正负号任取),且将起点$(0, 0, 0, 0)$变为$(0, 0, 0, 0)$,终点$(10, 10, 10, 10)$变为$(20, 0, 0, 0)$.

在进行这个坐标变换后,该羊所在位置的第一、二、三、四个坐标在 40 步内应该分别增加 30、20、20、20 次而减少 10、20、20、20 次,并可在该前提下随意从$\{-1, 1\}$中选择四个坐标中每一个的变化量.因此该羊共有$\dbinom{40}{10}\dbinom{40}{20}^3$种走法.　　　□

评析　因为本题是在四维上讨论的,所以一般的几何感觉不能用于处理这道题.我们只能猜测这只羊移动的方式有一个很好的化简办法.此时注意到这只羊每步有 16 种走法,所以可以猜测这些走法是否经过变换后能够得到一个超立方体的 16 个顶点,而除非观察出原先题目中给出的 16 个方向向量的端点本身构成一个超立方体(从而找出上面答案中的全等变换),否则很难找出所想要的坐标变换.因此本题实际难度很大.

Ⅲ. 个人赛:几何

题 5　平面上,六个单位圆盘C_1、C_2、C_3、C_4、C_5、C_6两两不相交,且C_i与C_{i+1}相切$(1 \leqslant i \leqslant 6)$,其中$C_7 = C_1$.令$C$表示包含这六个圆盘面积最小的圆盘,设$r$为$C$可能的最小半径,$R$是$C$可能的最大半径.求$R - r$.

解　先证$r = 3$.

若存在一个半径小于 3 的圆盘 C 包含 C_1、C_2、C_3、C_4、C_5、C_6，则记 C 的圆心为 O，并记 C_i 的圆心为 $O_i(1 \leqslant i \leqslant 6)$. 以 O 为中心，作三条直线，将平面分为六个区域，其中任两条直线的夹角为 $\frac{\pi}{3}$（六个区域均含其边界）. 此时 O_1、O_2、O_3、O_4、O_5、O_6 中必有两个在同一区域中，记为 O_{j_1}、O_{j_2}，则

$$|O_{j_1}O_{j_2}| \geqslant 2, \ |OO_{j_1}| < 2, \ |OO_{j_2}| < 2,$$

且

$$\angle O_{j_1}OO_{j_2} \leqslant \frac{\pi}{3}.$$

由大边对大角知 $\angle O_{j_1}OO_{j_2}$ 是 $\triangle OO_{j_1}O_{j_2}$ 唯一的最大内角，故 $\angle O_{j_1}OO_{j_2} > \frac{\pi}{3}$，与 $\angle O_{j_1}OO_{j_2} < \frac{\pi}{3}$ 矛盾！故 $r \geqslant 3$.

而当 O_1、O_2、O_3、O_4、O_5、O_6 分别是一个边长为 2 的正六边形顺次的六个顶点时，取 O 为该六边形中心，而 C 的半径为 3，则 C 包含 C_1、C_2、C_3、C_4、C_5、C_6. 因此 $r \leqslant 3$，故 $r = 3$.

再证 $R = 2 + \sqrt{3}$. 仍记 C_i 的圆心为 $O_i(1 \leqslant i \leqslant 6)$ 且 C 的圆心为 O.

取 O_1、O_2、O_4、O_5 分别为边长为 2 的正方形的顺次的四个顶点，而 O_3、O_6 在 $O_1O_2O_4O_5$ 外且使得 $\triangle O_2O_3O_4$ 和 $\triangle O_5O_6O_1$ 都是边长为 2 的正三角形，则 $|O_3O_6| = 2 + 2\sqrt{3}$. 从而可以取出 C_3、C_6 上各一个点 A、B，使得

$$|AB| = 4 + 2\sqrt{3}.$$

因此 C 内（或边界上）两个点 A、B 使得 $|AB| = 4 + 2\sqrt{3}$. 故

$$2R \geqslant |AB| = 4 + 2\sqrt{3},$$

即 $R \geqslant 2 + \sqrt{3}$.

下证 $R \leqslant 2 + \sqrt{3}$. 为此只需对每种 C_1、C_2、C_3、C_4、C_5、C_6 可能的位置找一个半径为 $(2+\sqrt{3})$ 的圆盘 C' 包含 C_1、C_2、C_3、C_4、C_5、C_6. 直接取 C' 以 O_1O_4 中点 O' 为圆心 $(2+\sqrt{3})$ 为半径，如图所示. 则只需证明

$$|O'O_i| \leqslant 1 + \sqrt{3} \ (i = 1, 2, \cdots, 6).$$

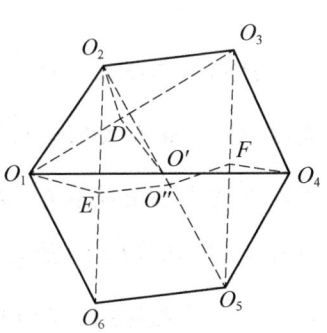

（第 5 题图）

下只需证

$$|O_1 O'| \leqslant 1+\sqrt{3}, \quad |O_2 O'| \leqslant 1+\sqrt{3}.$$

其余类似可证.

取 $O_1 O_3$ 中点 D. 由 $|O_1 O_2|=|O_2 O_3|=2$ 及 $|O_1 O_3| \geqslant 2$ 知 $O_2 D \perp O_1 O_3$, 故

$$|O_2 D|=\sqrt{O_1 O_2^2 - O_1 D^2} \leqslant \sqrt{2^2-1^2}=\sqrt{3}.$$

又可得 $O'D$ 是 $\triangle O_1 O_3 O_4$ 平行于 $O_3 O_4$ 的中位线,从而

$$|O'D|=\frac{1}{2}|O_3 O_4|=1.$$

故

$$|O' O_2| \leqslant |O'D|+|D O_2| \leqslant 1+\sqrt{3}.$$

又取 $O_2 O_5$ 中点 O'', $O_2 O_6$ 中点 E, $O_3 O_5$ 的中点 F,则同理

$$|O_1 E| \leqslant \sqrt{3}, \quad |O_4 F| \leqslant \sqrt{3}, \quad |O''E|=|O''F|=1.$$

因此

$$|O_1 O'|=\frac{1}{2}|O_1 O_4| \leqslant \frac{1}{2}(|O_1 E|+|E O''|+|O''F|+|F O_4|) \leqslant 1+\sqrt{3}.$$

类似可证 $|O' O_i| \leqslant 1+\sqrt{3}$ $(i=1, 2, \cdots, 6)$. 因此已得出 $R \leqslant 2+\sqrt{3}$. 故

$$R=2+\sqrt{3}.$$

故

$$R-r=(2+\sqrt{3})-3=\sqrt{3}-1. \qquad \square$$

评析 本题最难的部分之一在于猜答案. 将 R 与 r 的值猜出后 $r=3$ 是容易证出的,不用最大角也可以用余弦定理或几何直观得出 $\angle O_{j_1} O O_{j_2}$ 有关的矛盾. 而 $2+\sqrt{3}$ 则要难一些. 在相信 $R=2+\sqrt{3}$ 并相信直接取 $O_1 O_4$ 中点为 C 的圆心就可以时,是通过仔细分析题目条件(具体是在确定 $|O_1 O_3|$ 时让 $|O_2 O'|$ 最大)后能放出答案中所述的三角不等式,也可以通过投影(而不是巧妙地放三角不等式)得出 $|O_1 O_4| \leqslant 2+2\sqrt{3}$. 但是在没有对 O 的位置和 R 的大小有坚定的信念的情况下很难想到去放出这个三角不等式. 因此本题也很有难度.

Ⅳ. 团体赛

题 6 已知 $0 < \theta < \dfrac{\pi}{2}$. 证明：

$$0 < \sin\theta + \cos\theta + \tan\theta + \cot\theta - \sec\theta - \csc\theta < 1.$$

证法 1 记 $f(\theta) = \sin\theta + \cos\theta + \tan\theta + \cot\theta - \sec\theta - \csc\theta \left(0 < \theta < \dfrac{\pi}{2}\right)$，则

$$f'(\theta) = \cos\theta - \sin\theta + \frac{1}{\cos^2\theta} - \frac{1}{\sin^2\theta} - \frac{\sin\theta}{\cos^2\theta} + \frac{\cos\theta}{\sin^2\theta}$$

$$= (\cos\theta - \sin\theta)\left(1 - \frac{\cos\theta + \sin\theta}{\cos^2\theta\sin^2\theta} + \frac{\cos^2\theta + \cos\theta\sin\theta + \sin^2\theta}{\sin^2\theta\cos^2\theta}\right)$$

$$= (\cos\theta - \sin\theta)\left[\frac{-(\cos\theta + \sin\theta) + \left(\dfrac{1}{2} + \dfrac{1}{2}(\cos\theta + \sin\theta)^2\right)}{\sin^2\theta\cos^2\theta} + 1\right]$$

$$= (\cos\theta - \sin\theta)\left[\frac{(\cos\theta + \sin\theta - 1)^2}{2\sin^2\theta\cos^2\theta} + 1\right],$$

故 $f'(\theta)$ 与 $(\cos\theta - \sin\theta)$ 的符号相同. 因此

$$f'(\theta) \begin{cases} > 0, & 0 < \theta < \dfrac{\pi}{4}, \\[2mm] = 0, & \theta = \dfrac{\pi}{4}, \\[2mm] < 0, & \dfrac{\pi}{4} < \theta < \dfrac{\pi}{2}. \end{cases}$$

故对 $\theta \in \left(0, \dfrac{\pi}{2}\right)$，有

$$f(\theta) \leqslant f\left(\frac{\pi}{4}\right) = \frac{\sqrt{2}}{2} + \frac{\sqrt{2}}{2} + 1 + 1 - \sqrt{2} - \sqrt{2} = 2 - \sqrt{2} < 1.$$

证毕. □

证法 2 记 $X_1(\cos\theta, 0)$，$Y_1(0, \sin\theta)$，$O(0, 0)$，$X_2(\sec\theta, 0)$，$Y_2(0, \csc\theta)$，则

$$|X_1Y_1| = 1, \ |X_1X_2| = \sec\theta - \cos\theta, \ |Y_1Y_2| = \csc\theta - \sin\theta.$$

且

$$|X_2Y_2| = \sqrt{\sec^2\theta + \csc^2\theta} = \frac{1}{\sin\theta\cos\theta} = \tan\theta + \cot\theta.$$

因此

$$\sin\theta + \cos\theta + \tan\theta + \cot\theta - \sec\theta - \csc\theta$$
$$= -|Y_1Y_2| - |X_1X_2| + |X_2Y_2| \leqslant |X_1Y_1| = 1.$$

因为 X_1、Y_1、X_2、Y_2 不共线,所以上式等号不成立.证毕. □

评析 证法 1 是常规的做法,而证法 2 则是在标准答案(记 $Z(\cos\theta, \sin\theta)$,并作 Z 在 x 轴、y 轴上的投影 X_1、Y_1,再过 Z 作单位圆的切线交 x 轴、y 轴分别于 X_2、Y_2,并按证法 2 使用三角不等式)的基础上整理得到.

题 7 如图,不等边三角形 ABC 满足 $\angle BAC = 60°$,点 O、H、I 分别是 $\triangle ABC$ 的外心、垂心、内心,点 D 是直线 BC 与 $\angle A$ 的内角平分线的交点,点 X 在 $\triangle IHO$ 的外接圆上,点 T 是直线 BC 与 $\angle A$ 邻补角角平分线的交点,且满足 $HX \parallel AI$.证明:$OD \perp TX$.

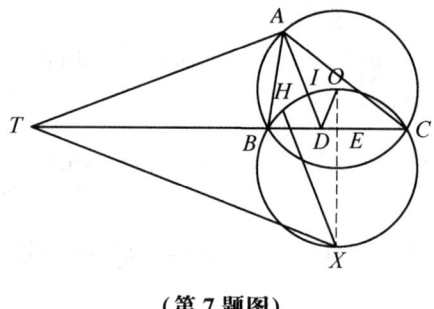

证明 下只说明 $\triangle ABC$ 为锐角三角形的情况.其余情况类似可证.

(第 7 题图)

由题易证

$$\angle BHC = \pi - \angle BAC = \frac{2\pi}{3},$$

$$\angle BIC = \frac{\pi}{2} + \frac{1}{2}\angle BAC = \frac{2\pi}{3},$$

$$\angle BOC = 2\angle BAC = \frac{2\pi}{3},$$

故点 B、H、I、O、C 共圆.

由熟知的结论知 IB 平分 $\angle OBH$,故 $HI = IO$.又易知 AI 与 $\odot(ABC)$ 的另一交点为 $\odot(BIC)$ 的圆心.结合 $HI = IO$ 及垂径定理知 $AI \perp OH$.故由 $AI \parallel HX$ 知 $HX \perp OH$.故 OX 是 $\odot(BHIOC)$ 的直径.故由 $BO = OC$ 知 $OX \perp BC$.

记 OX 交 BC 于 E,则 E 为 BC 的中点,由 AB、AC、AD、AT 构成调和线束知 B、C、D、T

构成调和点列. 因此由调和点列的性质知

$$ED \cdot ET = EB^2 = EB \cdot EC = EO \cdot EX.$$

故 $\dfrac{ED}{EO} = \dfrac{EX}{ET}$. 结合 $\angle OED = \angle TEX = \dfrac{\pi}{2}$ 知

$$\triangle DEO \backsim \triangle XET.$$

故

$$\angle DOX + \angle OXT = \angle DOE + \angle EXT = \angle DOE + \angle EDO = \frac{\pi}{2}.$$

故 $OD \perp TX$. 证毕! $\qquad\qquad\qquad\qquad\qquad\qquad\qquad\qquad\qquad\qquad$ □

评析 熟知当 $\angle BAC = \dfrac{\pi}{3}$, 点 B、H、I、O、C 共圆, 且 $AI \perp OH$, 且画图可猜到 X、O 是 $\odot(BOC)$ 的一对对径点, 因此题中结论 $OD \perp TX$ 可以转化为相对容易处理的对象(如直线 BC, 点 D、T 在 BC 的位置关系)更接近的命题"点 D 是 $\triangle OTX$"的垂心, 此时它又能转化为 $EO \cdot EX = ED \cdot ET$, 即 $EB^2 = ED \cdot ET$, 而这是点 B、C、D、T 构成调和点列的推论.

题 8 令 $\mathbf{N}_+ = \{1, 2, 3, \cdots\}$ 表示正整数集, f 是 $\mathbf{N}_+$ 到 $\mathbf{N}_+$ 的双射, 是否存在正整数 n, 使得 $(f(1), f(2), \cdots, f(n))$ 是 $(1, 2, 3, \cdots, n)$ 的一个排列?

解 不一定存在.

取 $T = \{2^{2^i} \mid i \in \mathbf{N}_+\}$, $U = \mathbf{N}_+ \backslash T$. 对 $i \in \mathbf{N}_+$, 记 a_i 为 U 中第 i 小的数. 取 f 如下:

$$f(a_i) = 2^{2^i}, \ f(2^{2^i}) = a_i, \ i \in \mathbf{N}_+.$$

则由 $T = \{2^{2^i} \mid i \in \mathbf{N}_+\}$, $U = \{a_i \mid i \in \mathbf{N}_+\}$ 是 $\mathbf{N}_+$ 的一个划分知 f 是 $\mathbf{N}_+ \to \mathbf{N}_+$ 的一个双射, 且

$$\{f(u) \mid u \in U\} = T, \ \{f(t) \mid t \in T\} = U.$$

故若存在 $n \in \mathbf{N}_+$ 使 $(f(1), f(2), \cdots, f(n))$ 是 $(1, 2, 3, \cdots, n)$ 的一个排列, 则记 $[n] = \{1, 2, 3, \cdots, n\}$, 则

$$\{f(u) \mid u \in U \cap [n]\} = T \cap [n],$$
$$\{f(t) \mid t \in T \cap [n]\} = U \cap [n].$$

因此 $|T \cap [n]| = |U \cap [n]|$. 所以

$$|T \cap [n]| = \frac{n}{2}.$$

故

$$2^{2^{\frac{n}{2}}} = \max_{t \in T \cap [n]} \{t\} \leqslant n.$$

这不可能.故不一定存在这样的 n. $\square$

评析 上述做法应该来说已经成为一种套路了.对处理这种看似苛刻的限制时,利用无限集可以充分向外延伸这一特点,构造映射往往有神奇的效果.通常的处理方式是对每个 n,在充分远处找一个数 m,使得 $f(n) = m$,再从"更远"的地方找一个数 m_2,使得 $f(m_2) = n$.因为对无穷集合,在每个"更远"之外还有更远的地方,所以不会产生矛盾.类似的题有今年中国集训队选拔考二阶段第一天的第 3 题"找出一个集合 $A \subset \mathbf{Z}$,使每个 $m \in \mathbf{Z}$ 都有唯一一对 a_m, $b_m \in A$ 使 $m = 2a_m + 3b_m$".另外,官方答案中给出的映射 f 是:

$$f(n) = \begin{cases} 2n, & n=1, 2, \\ n+3, & n \geqslant 3, 2 \nmid n, \\ n-3, & n \leqslant 4, 2 \mid n. \end{cases}$$

题 9 一个平面上的凸多边形叫做宽的,如果它在任意直线上的投影的长度均不小于 1.证明:任一宽的凸多边形都包含一个半径为 $\frac{1}{3}$ 的圆.

证法 1 对每个宽的多边形 A.考虑该多边形内含的圆中最大的一个,记为 ω(容易证明所有 A 内含的圆的半径构成的集合是闭集,因此它有最大元),则 ω 必与 T 的三条边相切.

记 T 的所有与 ω 相切的边与 ω 的切点的集合为 B.若 B 中任三点构成钝角三角形,则任取 B 中一点 b 并作 ω 的过 b 的直径,对 B 在该直径两侧的点中到 b 的距离最远的点(共 2 个)讨论可知必有一条直径 l 使 b 和这两个点在 l 的同侧(且不在 l 上).此时可知 B 中所有点都在 l 的该侧(且不在 l 上).

因此将 ω 的圆心向 l 的另一侧稍作移动(移动方向与 l 垂直)则可将 ω 的半径稍作增加,而保证 ω 内含于 A,与 ω 半径最大性矛盾.

故 B 中有三点 a、b、c 构成非钝角三角形.

记 T 与 ω 切于 a、b、c 的边分别为 l_a、l_b、l_c,则若 a、b、c 中有两个点是 ω 的对径点,记为 x、y,则 A 包含于 l_x、l_y 所在直线之间的带状区域中(此处 $l_x \parallel l_y$).

因此 A 在垂直于 l_x 的直线上投影的长度为 ω 的半径的两倍,故 ω 的半径不小于 $\frac{1}{2}$. 若 a、b、c 没有两个点是 ω 的对径点,则 l_a、l_b、l_c 围成三角形 C,且 ω 是 C 的内切圆,且 T 内含于 C. 而记 ω 的半径为 r,C 的三边长分别为 a、b、c,面积为 S,则 T 在垂直于 C 三边的直线上的投影的长度分别不大于 $\frac{2S}{a}$、$\frac{2S}{b}$、$\frac{2S}{c}$. 故

$$\frac{2S}{a} \geqslant 1, \quad \frac{2S}{b} \geqslant 1, \quad \frac{2S}{c} \geqslant 1.$$

而注意到 $2S = r(a+b+c)$,因此

$$r = \cfrac{1}{\cfrac{1}{r}\left(\cfrac{a}{a+b+c} + \cfrac{b}{a+b+c} + \cfrac{c}{a+b+c}\right)}$$

$$= \cfrac{1}{\cfrac{a}{2S} + \cfrac{b}{2S} + \cfrac{c}{2S}} \geqslant \cfrac{1}{\cfrac{1}{1} + \cfrac{1}{1} + \cfrac{1}{1}} = \frac{1}{3}.$$

因此 ω 的半径不小于 $\frac{1}{3}$,证毕. □

证法 2 对每个宽的多边形 A,取 A 的重心为 G_A. 下证以 G_A 为圆心的,$\frac{1}{3}$ 为半径的圆包含于 A.

若否,则存在 A 的边界上一点 P 使得 $|G_A P| \leqslant \frac{1}{3}$. 过点 P 作直线 l_1,使 A 在 l_1 的某侧. 再过 G_A 作 $l_2 \parallel l_1$ 交 A 于两点 B、C. 再作另一条平行于 l_1 的与 A 的边界接触的直线 l_3,使 A 在 l_3 的某侧(其中 $l_3 \neq l_1$).

记 l_3 与 A 的边界的一个公共点为 D,DB 与 DC 分别交 l 于点 E、F,则 $\triangle DEF$ 比 A 多了 l_1、l_2 间的几块区域,且比 A 少了 l_2、l_3 间的几块区域.

因此 $\triangle DEF$ 的重心 G 比 G_A 到 l_1 的距离更短,故 G_A 到 l_1 的距离小于 $\frac{1}{3}$,而点 D 到 l_1(即 EF)的距离为点 G 到 l_1 的距离的三倍.

因此 l_3 到 l_1(即 D 到 l_1)的距离小于 1. 故 A 在垂直于 l_1 的直线上的投影长度小于 1,与 A 是宽的矛盾.

故以点 G_A 为圆心的,$\frac{1}{3}$ 为半径的圆包含于 A. 证毕. □

评析 这两个证明都整理自标准答案.它们一个是去证明有一点 P 到 C 的所有边距离不大于 $\frac{1}{3}$.另一个是稍稍加强了一些,去证有一点在每条夹住多边形的"带子"中间 $\frac{1}{3}$ 的地方(其中"带子"指两条直线之间的带状区域).而这两件事情都可以用海莱定理进行证明,有兴趣的读者可以自己进行尝试,而标准答案比用海莱定理的叙述简单.

本题供题人是 2015 年 CMO 第一名,2016 年 IMO 金牌得主张盛桐.

题 10 证明:对任意正整数 n,多项式 $P(x) = (2n)x^{2n} + (2n-1)x^{2n-1} + \cdots + (n+1)x^{n+1} + nx^n + (n+1)x^{n-1} + \cdots + (2n-1)x + (2n)$ 的所有复根的模长都为 1.

证明 易证 0 和 1 都不是 $P(x)$ 的根,故

$$P(x) = (2n+1)\left(\sum_{i=0}^{2n} x^i\right) - \left(\sum_{i=0}^{n}(i+1)x^i + \sum_{i=n+1}^{2n}(2n+1-i)x^i\right)$$

$$= (2n+1)\frac{x^{2n+1}-1}{x-1} - \left(\sum_{i=0}^{n} x^i\right)^2$$

$$= (2n+1)\frac{x^{2n+1}-1}{x-1} - \left(\frac{x^{n+1}-1}{x-1}\right)^2.$$

因此

$$P(x) = 0 \Leftrightarrow (2n+1)\left(\frac{x^{2n+1}-1}{x-1}\right) - \left(\frac{x^{n+1}-1}{x-1}\right)^2 = 0$$

$$\Leftrightarrow (2n+1)(x^{2n+1}-1)(x-1) = (x^{n+1}-1)^2.$$

下证 $P(x)$ 有 $2n$ 个根在单位圆上(这样 $P(x)$ 的根都在单位圆上).则只需在单位圆上找出 $2n$ 个不为 1 的且满足

$$(2n+1)(x^{2n+1}-1)(x-1) = (x^{n+1}-1)^2$$

的 $2n$ 个复数.

注意到 x 在单位圆上且 $x \neq 1$ 时,记 $x = \cos\theta + \mathrm{i}\sin\theta$,则

$$x - 1 = 2\sin\frac{\theta}{2}\left(-\sin\frac{\theta}{2} + \mathrm{i}\cos\frac{\theta}{2}\right),$$

$$x^{n+1} - 1 = 2\sin\frac{(n+1)\theta}{2}\left(-\sin\frac{(n+1)\theta}{2} + \mathrm{i}\cos\frac{(n+1)\theta}{2}\right),$$

$$x^{2n+1} - 1 = 2\sin\frac{(2n+1)\theta}{2}\left(-\sin\frac{(2n+1)\theta}{2} + \mathrm{i}\cos\frac{(2n+1)\theta}{2}\right).$$

因此

$$(x-1)(x^{2n+1}-1)=2\sin\frac{\theta}{2}\cdot e^{i\left(\frac{\theta}{2}+\frac{\pi}{2}\right)}\cdot 2\sin\frac{(2n+1)\theta}{2}e^{i\left(\frac{(2n+1)\theta}{2}+\frac{\pi}{2}\right)}$$

$$=4\sin\frac{\theta}{2}\sin\frac{(2n+1)\theta}{2}e^{i((n+1)\theta+\pi)},$$

$$(x^{n+1}-1)^2=\left(2\sin\frac{(n+1)\theta}{2}e^{i\left(\frac{(n+1)\theta}{2}+\frac{\pi}{2}\right)}\right)^2$$

$$=4\sin^2\frac{(n+1)\theta}{2}e^{i((n+1)\theta+\pi)}.$$

故

$$(2n+1)(x-1)(x^{2n+1}-1)=(x^{n+1}-1)^2$$

$$\Leftrightarrow (2n+1)\sin\frac{\theta}{2}\sin\frac{(2n+1)\theta}{2}=\sin^2\frac{(n+1)\theta}{2}$$

$$\Leftrightarrow (2n+1)\cdot\frac{1}{2}\left[\cos(n\theta)-\cos(n+1)\theta\right]=\frac{1}{2}\left[1-\cos(n+1)\theta\right]$$

$$\Leftrightarrow 2n\cos(n+1)\theta+1-(2n+1)\cos n\theta=0.$$

记

$$f(\theta)=2n\cos(n+1)\theta+1-(2n+1)\cos n\theta,\theta\in[0,2\pi].$$

则只需证明 $f(\theta)=0$ 在 $(0,2\pi)$ 中有不少于 $2n$ 个根 θ. 注意到 $f(\theta)$ 是 $[0,2\pi]$ 上的连续函数,而对奇数 i $(1\leqslant i\leqslant 2n-1)$,有

$$f\left(\frac{i\pi}{n}\right)=2n\cos\frac{i(n+1)\pi}{n}+1+(2n+1)>0.$$

对偶数 i $(2\leqslant i\leqslant 2n-2)$,有

$$f\left(\frac{i\pi}{n}\right)=2n\cos\frac{i(n+1)\pi}{n}+1-(2n+1)<0.$$

(若 $f\left(\frac{i\pi}{n}\right)=0$,则 $\cos\frac{i(n+1)\pi}{n}=1$. 故 $2n\mid i(n+1)$. 故 $n\mid i$. 结合 $2\leqslant i\leqslant 2n-2$ 知 $i=n$. 故 $2\mid n+1$,这与 $2\mid i$ 矛盾.)且

$$\cos\frac{\pi}{2(n+1)}=1-(2n+1)\cos\frac{n\pi}{2(n+1)}=1-(2n+1)\sin\frac{\pi}{2(n+1)}<0.$$

这是因为记

$$g(x) = \frac{2}{\pi}x - \sin x \ \left(0 \leqslant x \leqslant \frac{\pi}{2}\right),$$

则 $g'(x) = \frac{2}{\pi} - \cos x$，故

$$g'(x) \begin{cases} > 0, & \arccos \dfrac{2}{\pi} < x \leqslant \dfrac{\pi}{2}, \\[2mm] = 0, & x = \arccos \dfrac{2}{\pi}, \\[2mm] < 0, & 0 \leqslant x < \arccos \dfrac{2}{\pi}. \end{cases}$$

而 $g\left(\dfrac{\pi}{2}\right) = g(0) = 0$，则

$$g(x) \leqslant 0 \ \left(0 \leqslant x \leqslant \frac{\pi}{2}\right).$$

故由 $g\left(\dfrac{\pi}{2(n+1)}\right) \leqslant 0$ 知

$$\sin \frac{\pi}{2(n+1)} \geqslant \frac{1}{n+1} > \frac{1}{2n+1}.$$

故

$$1 - (2n+1)\sin \frac{\pi}{2n+1} < 0,$$

及

$$f\left(\frac{(4n+1)\pi}{2(n+1)}\right) = f\left(\frac{\pi}{2(n+1)}\right) < 0.$$

而

$$\frac{\pi}{2n+1} < \frac{\pi}{n} < \frac{2\pi}{n} < \cdots < \frac{(2n-1)\pi}{n} < \frac{(4n+1)\pi}{2(n+1)}$$

和连续函数的介值原理知 $f(\theta) = 0$ 在 $\left(\dfrac{\pi}{2n+1}, \dfrac{\pi}{n}\right)$，$\left(\dfrac{\pi}{n}, \dfrac{2\pi}{n}\right)$，$\cdots$，$\left(\dfrac{(2n-1)\pi}{n}, \dfrac{(4n+1)\pi}{2(n+1)}\right)$ 中的每个区间中都有根.

因此 $f(\theta)=0$ 有不少于 $2n$ 个在 $(0,2\pi)$ 上的根 θ.

故原题证毕. □

评析 在对 P 进行代数变形后不容易直接证出原题结论,此时需要有灵活的思维(即"脑洞大开"),想到直接找出 P 的 $2n$ 个根,这是利用单位圆的几何性质将问题转化为找出一个 $\mathbf{R}\to\mathbf{R}$ 的函数

$$f(\theta)=2n\cos(n+1)\theta+1-(2n+1)\cos n\theta$$

的一些零点,考虑图像知此时使用介值原理会更为方便. 官方答案是先证明

$$Q(x)=\frac{P(x)}{x^n}=\frac{2n}{x^n}\cdot\frac{x^{2n+1}-1}{x-1}-\frac{x}{x^n}\left(\frac{x^n-1}{x-1}\right)^2$$

在单位圆上值为实数,再证明 $Q(x)$ 在 $2n$ 个 $2n$ 次单位根上取值正负交替,巧妙地避开了对 $f(\theta)$ 在 $\theta=0$ 附近取值的讨论,并叙述得更简洁.

V. 附加赛

题 11 鲍勃将 $\{(x,y)\mid 1\leqslant x,y\leqslant 5\}$ 中的五个点染成蓝色. 求可能染色方式的数目,使得任两个蓝色点间的距离不是整数.

解 注意到这样的染色法中任两个不同蓝点不能在同一行或者同一列中. 因此下面考虑所有使每行每列各有一个蓝点的染色方法. 记所有这样的染色方法构成的集合为 A,则 $|A|=120$. 记 $T=\{(1,1),(1,5),(5,1),(5,5)\}$. 对 $t\in T$,恰有两个其他 $\{(x,y)\mid 1\leqslant x,y\leqslant 5\}$ 中的格点到它的距离为 5,记为 t_1、t_2.

对 $t\in T$,$i\in\{1,2\}$,记 $A_{t,i}=\{a\mid a\in A,$ 在 a 中 t 和 t_i 都是蓝色的$\}$. 容易证明全体符合原题条件的染法构成的集合为

$$B:=A\setminus\left(\bigcup_{t\in T,i\in\{1,2\}}A_{t,i}\right),\quad i\in\{1,2\}.$$

且对 $t\in T$,有 $|A_{t,i}|=3!=6$,$|A_{t,1}\cap A_{t,2}|=2!=2$.

对 $t_1,t_2\in T$,$i_1,i_2\in\{1,2\}$. 若 $t_1\neq t_2$,则 $A_{t_1,i_1}\cap A_{t_2,i_2}=\varnothing$.

故由容斥原理,记 $S=\{A_{t,i}\mid t\in T,i\in 1,2\}$,则

$$|B|=|A|+\sum_{C\subseteq S,C\neq\varnothing}(-1)^{|C|}\left|\bigcap_{A'\in c}A'\right|$$

$$=|A|+(-1)\cdot\sum_{t\in T,i\in\{1,2\}}|A_{t,i}|+1\cdot\sum_{t\in T}|A_{t,1}\cap A_{t,2}|$$

$$=120-8\cdot 6+4\cdot 2=80.$$

故所求答案为 80.

评析 本题需要注意的主要有：讨论时不要漏情况和计算时不要算错.

题 12 求最小的正整数 n，使得

$$\underbrace{2^{2^{\cdot^{\cdot^{\cdot^2}}}}}_{n \text{个} 2} > \underbrace{((\cdots((100!\ )!\ )!\ \cdots)!\ )!}_{100 \text{个阶乘}}.$$

解 所求最小的正整数 n 为 104.

对 $n \in \mathbf{N}$，记 $a_n = \underbrace{2^{2^{\cdot^{\cdot^{\cdot^2}}}}}_{n \text{个} 2}$，$b_n = \underbrace{((\cdots((100!\ )!\ )!\ \cdots)!\ )!}_{n \text{个阶乘}}$，则 $a_0 = 1$，$b_0 = 100$，且对 $n \in \mathbf{N}$，有

$$a_{n+1} = 2^{a_n}, \quad b_{n+1} = b_n!.$$

则易证 $n \geqslant 2$ 时，

$$a_n \geqslant 4, \quad a_n = 2^{a_{n-1}} \geqslant a_{n-1}^2, \quad b_n \geqslant 100.$$

下面对 n 归纳证明

$$a_{n+3} < b_n < \frac{a_{n+4}}{a_{n+3}}. \tag{*}$$

当 $n = 0$ 时，式 $(*)$ 显然成立.

若 $n \leqslant n'$ 时，式 $(*)$ 成立 $(n' \in \mathbf{N})$，则 $n = n' + 1$ 时，由归纳假设，

$$a_{n+3} = 2^{a_{n+2}} = \prod_{i=1}^{a_{n+2}} 2 \leqslant \prod_{i=1}^{a_{n+2}} i < \prod_{i=1}^{b_{n-1}} i = b_{n-1}! = b_n.$$

$$b_n = b_{n-1}! < \left(\frac{a_{n+3}}{a_{n+2}}\right)! < \left(\frac{a_{n+3}}{a_{n+2}}\right)^{\frac{a_{n+3}}{a_{n+2}}}$$

$$= (2^{a_{n+2} - a_{n+1}})^{\frac{a_{n+3}}{a_{n+2}}} = 2^{a_{n+3} - \frac{a_{n+1} a_{n+3}}{a_{n+2}}}$$

$$< 2^{a_{n+3} - \frac{a_{n+2}^2}{a_{n+2}}} = 2^{a_{n+3} - a_{n+2}} = \frac{2^{a_{n+3}}}{2^{a_{n+2}}} = \frac{a_{n+4}}{a_{n+3}}.$$

故 $n = n' + 1$ 时，式 $(*)$ 也成立. 因此由数学归纳法知：对 $n \in \mathbf{N}$ 均有

$$a_{n+3} < b_n < \frac{a_{n+4}}{a_{n+3}} < a_{n+4}.$$

因此所求最小的正整数 n 为 104. 因为

$$a_{103} = \underbrace{2^{2^{\cdot^{\cdot^{\cdot^{2}}}}}}_{103 \text{个} 2} < \underbrace{((\cdots((100!\,)!\,)!\,\cdots)!\,)!}_{100 \text{个阶乘}} = b_{100} < \underbrace{2^{2^{\cdot^{\cdot^{\cdot^{2}}}}}}_{104 \text{个} 2}.$$

评析　可以猜测 $a_{n+3} < b_n < a_{n+4}$ $(n \in \mathbf{N})$，且也可以感觉出用归纳法从 n 证到 $n+1$ 时，将 b_{n+1} 的下界放成 2^{b_n}，上界放成 $b_n^{b_n}$. 这时就可以考虑加强 b_n 的上界，因此只要通过稍微加强就能通过用 $b_n^{b_n}$ 这一归纳步骤将对 b_{n+1} 的上界加强很多，就能顺利的完成归纳的步骤. 官方的步骤是直接归纳证明 $a_{n+3} < b_n < \sqrt{a_{n+4}}$.

题 13　已知复数 a、b、c 构成复平面上一个边长为 18 的等边三角形，若 $|a+b+c| = 36$. 求 $|bc+ca+ab|$.

解　记

$$\frac{a+b+c}{3} = \alpha, \quad \omega = -\frac{1}{2} + \frac{\sqrt{3}}{2}\mathrm{i}$$

（其中 i 为虚数单位）为三次单位根，则

$$|\alpha| = \frac{1}{3}|a+b+c| = 12.$$

不妨设存在模长为 $6\sqrt{3}$ 的复数 β，使得

$$a = \alpha + \beta\omega, \quad b = \alpha + \beta\omega^2, \quad c = \alpha + \beta.$$

因此

$$
\begin{aligned}
|bc+ca+ab| &= |(\alpha+\beta\omega^2)(\alpha+\beta) + (\alpha+\beta)(\alpha+\beta\omega) + (\alpha+\beta\omega)(\alpha+\beta\omega^2)| \\
&= |[\alpha^2 + \alpha\beta(1+\omega^2) + \beta^2\omega^2] + [\alpha^2 + \alpha\beta(\omega+1) + \beta^2\omega] + \alpha^2 + \alpha\beta(\omega^2+\omega) + \beta^2| \\
&= |3\alpha^2| = 3|\alpha|^2 = 3 \cdot 12^2 = 432.
\end{aligned}
$$

评析　$|bc+ca+ab|$ 其实与等边三角形的边长没有关系. 本题的关键在于不要算错.

题 14　对两个互质的正整数 a、b，令 $\mathrm{ord}_b(a)$ 表示最小的正整数 k，使得 $b \mid a^k - 1$. 令 $\varphi(a)$ 表示小于或等于 a 的正整数中与 a 互质的个数. 求最小的正整数 n，使得 $\mathrm{ord}_n(m) < \dfrac{\varphi(n)}{10}$ 对所有与 n 互质的正整数 m 成立.

解 对质数 p 和正整数 α，定义

$$\lambda(p^\alpha) = \begin{cases} p^{\alpha-1}(p-1) = \varphi(p^\alpha), & p \neq 2, \\ 2^{\alpha-1} = \varphi(2^\alpha), & p = 2 \text{ 且 } \alpha \leqslant 2, \\ 2^{\alpha-2} = \dfrac{1}{2}\varphi(2^\alpha), & p = 2 \text{ 且 } \alpha \geqslant 3. \end{cases}$$

则由欧拉定理及原根的性质可知

(1) 对 $m \in \mathbf{Z}(p \nmid m)$，有 $m^{\lambda(p^\alpha)} \equiv 1 (\bmod\ p^\alpha)$；

(2) 存在 $g_p \in \mathbf{N}_+$，使得 $\mathrm{ord}_{p^\alpha}(g_p) = \lambda(p^\alpha)$.

再定义

$$\lambda(n) = \mathrm{lcm}(\lambda(p_1^{\alpha_1}), \lambda(p_2^{\alpha_2}), \cdots, \lambda(p_t^{\alpha_t})),$$

其中 $n = \prod\limits_{i=1}^{t} p_i^{\alpha_i}$ 是 n 的标准分解，则考虑数 $g_n \in \mathbf{N}_+$（对 $1 \leqslant i \leqslant t$ 有 $g_n \equiv g_{p_i}^{\alpha_i} (\bmod\ p_i^{\alpha_i})$），可知 $\mathrm{ord}_n(g_n) = \lambda(n)$. 因此易证

$$\max_{\substack{m \in \mathbf{N}_+ \\ \gcd(m,\,n)=1}} \{\mathrm{ord}_n(m)\} = \lambda(n),$$

故即求最小的正整数 n，使 $\lambda(n) < \dfrac{\varphi(n)}{10}$. 易证 $\lambda(n) \mid \varphi(n)$，且

$$\lambda(240) = 4 < \frac{64}{10} = \frac{\varphi(240)}{10}.$$

下证若 $\lambda(n) < \dfrac{\varphi(n)}{10}$，则 $n \geqslant 240$.

(i) 若存在质数 $p \neq 2$，使 $p \left| \dfrac{\varphi(n)}{\lambda(n)} \right.$，则必存在 $p_1^{\alpha_1}$，$p_2^{\alpha_2}$，$\cdots$，$p_t^{\alpha_t}$ 中的两个（记为 n_1、n_2），使得 $\varphi(n_1)$、$\varphi(n_2)$ 必被 p 整除（此处 $n = \prod\limits_{i=1}^{t} p_i^{\alpha_i}$ 是 n 的标准分解）. 此时 n_1、n_2 要么被 p^2 整除，要么被模 p 与 1 同余的质数整除，且 $\gcd(n_1, n_2) = 1$，$n_1 n_2 \mid n$. 因此

$$n \geqslant \min(p^2(2p+1),\ (2p+1)(4p+1)),$$

因为模 p 与 1 同余的最小的两个质数至少为 $(2p+1)$ 和 $(4p+1)$.

若 $p \geqslant 5$，则易证 n 必须大于 240，故 $p = 3$. 这意味着 7、9、13、19、31、37 中的两个数被 n 整除. 由 $7 \times 37 > 240$ 知我们可以前述序列中去掉大于 31 的质数. 在剩下的可能性中，由 $\lambda(9) = \lambda(7) = 6$，$\lambda(19) = 18$，$\lambda(31) = 30$ 易证，若 n 为 9、7、13、19、31 中两个数的乘积，则

$$\frac{\varphi(n)}{\lambda(n)} \leqslant 6.$$

又因为 $2 \nmid n$ 时，

$$\varphi(2n) = \varphi(n), \lambda(2n) = \lambda(n),$$

所以由 $\frac{\varphi(n)}{\lambda(n)} > 10$ 知 n 为一个不小于 3 的数乘以 9、7、13、19、31 中其中两个数.

当 $n < 240$ 时，n 只能为 $3 \times 9 \times 7 = 189$，但容易验证 $\frac{\varphi(189)}{\lambda(189)} = 4 < 10$. 矛盾.

(ii) $\frac{\varphi(n)}{\lambda(n)}$ 为 2 的幂.

易证，当 $n \nmid 24$ 时，$\lambda(n) \geqslant 4$，而当 $n \mid 24$ 时，$\varphi(n) \leqslant 8$. 因此当 $n \mid 24$ 时，

$$\frac{\varphi(n)}{\lambda(n)} < 10.$$

故 $n \nmid 24$，此时 $\lambda(n) \geqslant 4$，当 $\lambda(n) = 4$ 时 $\varphi(n) \geqslant 4 \cdot 2^4 = 64$ 且 $32 \nmid n$（否则 $\lambda(n) \geqslant \lambda(32) = 8$）. 这样的唯一正整数 n 为 $2^4 \cdot 3 \cdot 5 = 240$.

不难证明，当 $\lambda(n) \geqslant 5$ 时，为使

$$\frac{\varphi(n)}{\lambda(n)} \geqslant 2^4,$$

n 不可能不大于 240（否则 $\lambda(n) \leqslant 15$，由此 n 不被任何不小于 17 且不为 32 的质数或质数幂整除，故 n 是 2、4、8、16、32、3、9、5、7、11、13 中一些数的乘积，此时容易验证 $n \geqslant 240$）.

综上所求的最小正整数 n 为 240.　□

评析　上述解答选自官方解答，对 $\frac{\varphi(n)}{\lambda(n)}$ 的值的讨论在该解答中较为简洁和巧妙. 若 10 改为更大的数，恐怕就没有这么简洁的做法了.

第 15 届沙雷金几何奥林匹克试题评析

甘润知[1]，陈昱达[2]，张冠宇[3]，陈奕宸[4]，马飞雁[1]

（1. 华东师范大学第二附属中学，201203；2. 天津市第四中学，300210；

3. 天津市第一中学，300054；4. 天津市南开中学，300100）

炎热的七月，第 15 届沙雷金（Sharygin）几何奥林匹克在俄罗斯举行. 沙雷金几何奥林匹克是为了纪念俄国数学家沙雷金，从 2005 年开始每年举办一次的几何竞赛. 其包括两轮比赛：通讯赛和决赛.

通讯赛没有确切的考试时间，要求在 2018 年 12 月 1 日至 2019 年 3 月 1 日期间提交至相关网站，参赛选手分为 8、9、10、11 四个年级，通过通讯赛的选手将受邀参加决赛. 决赛于 2019 年 7 月 30 日至 2019 年 7 月 31 日举行，每一天考试时间都为 4 小时（8：00—12：00），每一天考试有 4 个题，参赛选手分为 8、9、10 三个年级.

下面我们给出 8、9、10 年级决赛与 11 年级通讯赛的解答，解答人姓名随解答给出. 同时感谢来自北京质心教育科技有限公司的杨丕业，在我们撰写解答时提供宝贵的建议.

1. 决赛

题 8-1 一个以 AB、CD 为底的梯形内接于 $\odot O$，过点 A 作切线 AP、AQ 分别切 $\triangle CDO$ 的外接圆于点 P、Q. 求证：$\triangle APQ$ 的外接圆经过 AB 的中点.

解（甘润知）　设 M 为 AB 的中点，则我们只需要证明 $\angle AMO' = 90°$，其中 O' 是 $\triangle CDO$ 的外心. 显然，$OO' \perp CD$，则由 $AB // CD$ 可得 $OO' \perp AB$. 注意到 $OM \perp AB$，则 $O'M \perp AB$.　□

题 8-2 如图，点 M 位于 $\triangle ABC$ 内，且 $AM = \dfrac{AB}{2}$，$CM = \dfrac{BC}{2}$. 点 C_0 和 A_0 分别在 AB 和 CB 上，且 $BC_0 : AC_0 = BA_0 : CA_0 =$

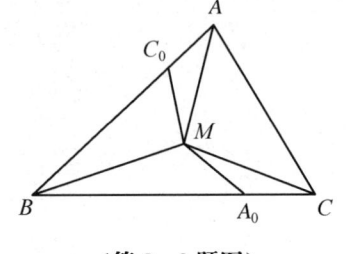

（第 8-2 题图）

3. 求证：$MC_0 = MA_0$.

证法 1（甘润知）　注意到 $AM^2 = AC_0 \cdot AB$，即 $\dfrac{AM}{AB} = \dfrac{AC_0}{AM}$，而 $\angle BAM = \angle MAC_0$，则

$\triangle AMC_0 \backsim \triangle ABM$，从而有 $\dfrac{MC_0}{BM} = \dfrac{AM}{AB}$，即 $MC_0 = \dfrac{1}{2}BM$.

同理
$$MA_0 = \frac{1}{2}BM,$$

则
$$MC_0 = MA_0.$$

证法 2（张冠宇）　对 $\triangle AMB$ 使用斯特瓦尔特（Stewart）定理，得到

$$AM^2 \cdot BC_0 + BM^2 \cdot AC_0 - C_0M^2 \cdot AB = AC_0 \cdot BC_0 \cdot AB,$$
$$3AM^2 + BM^2 - 4C_0M^2 = 12AC_0^2.$$

又

$$AM = \frac{AB}{2} = 2AC_0,$$

则

$$C_0M = \frac{BM}{2}.$$

类似地对 $\triangle BMC$ 使用斯特瓦尔特定理，得到 $A_0M = \dfrac{BM}{2}$，则 $A_0M = C_0M$.　□

　　题 8 - 3　使用一块正方形板作一个正三角形.（你可以使用正方形板在距离不大于该正方形边长的两点间作一直线，可以从一点向与其距离不超过该正方形边长的一条直线作垂线，也可以在已作出的直线上取长度等于该正方形边长或对角线的线段.）

　　解（陈昱达）　如图①，用正方形板（图中大正方形）作出一个边长为它一半的小正方形（图①中加粗的小正方形）. 如②图，可用小正方形作出一个边长为正方形板边长的等边三角形.（注：图①先作出中间的正方形，再作出两侧的正方形；图②先作出水平的正方形，再作出右侧竖立的正方形，然后作出倾斜的正方形.）　□

　　评析　本题是一个较有趣也较简单的作图题，结合勾股定理和三角函数可以轻松地想出其中的边角关系.

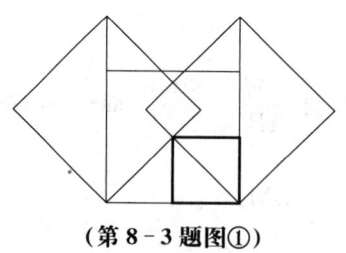
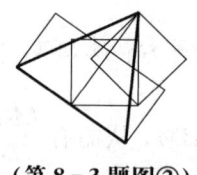

(第8-3题图①)　　　　　　　　　**(第8-3题图②)**

题8-4　锐角△ABC 的外心和垂心分别为点 O、H,且 $AB < AC$,K 是 AH 的中点,过 K 作 OK 的垂线交 AB 于 X,与△ABC 的外接圆过点 A 的切线交于点 Y. 求证:$\angle XOY = \angle AOB$.

证明(甘润知)　设 BC 的中点是 M. 由于 $\angle OAY = \angle OKY = 90°$,则 A、K、O、Y 四点共圆,可知若

$$\angle XKH = \angle BOX,$$

则

$$\angle AOY = \angle AKY = \angle XKH = \angle BOX,$$

则

$$\angle XOY = \angle AOB.$$

又知

$$HM \parallel OK, OM \parallel AH,$$

所以只需证明

$$\triangle BOX \backsim \triangle BMH,$$

也就等价于证明

$$BX \cdot BM = BH \cdot BO.$$

注意到

$$\angle XKA = \angle HMC, \angle XAH = \angle HCM,$$

又 K 为 AH 的中点,则

$$\triangle AKX \backsim \triangle CMH,$$

所以

$$AX = \frac{AK \cdot HC}{MC} = AB \cot A \cot C,$$

得

$$BX = (1 - \cot A \cot C)AB = \cot B(\cot A + \cot C)AB,$$

即

$$\sum_{cyc} \cot A \cot B = 1.$$

所以再需证明 $AH \cdot AB + CH \cdot BC = 2AC \cdot BO$（即 $AH = BC \cot A$），也就是证明

$$2S_{\triangle AOC} = S_{ABCH},$$

即

$$AB \sin\angle ABH + BC \sin\angle CBH = AC$$

（也就是 BH 为 O 到 AC 距离的 2 倍），而这是显然的.　　□

评析　本题是中等难度的几何题,笔者用的计算法比较简单直接,思路也较为自然,本题也可以用纯几何法做,一个关键点是证明 $\triangle OKX \backsim \triangle CMO$,在此不多解释,读者可以自证.

题 8-5　一个有 $45°$ 角的三角形已在正方形格纸中作出,求其他角的度数.

解（张冠宇）　如图,设 $\angle ABD = \alpha$, $\angle CBD = \beta$, $BD = x$, 则

$$\tan\alpha = \frac{1}{2+x}, \ \tan\beta = \frac{1}{x}, \ \alpha + \beta = 45°,$$

则

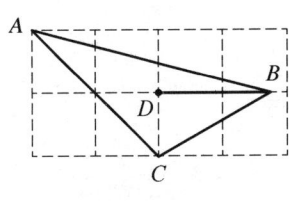

（第 8-5 题图）

$$\tan(\alpha+\beta) = \frac{\tan\alpha + \tan\beta}{1 - \tan\alpha\tan\beta} = 1,$$

从而有

$$\frac{1}{2+x} + \frac{1}{x} = 1 - \frac{1}{(2+x)x},$$

解得 $x = \sqrt{3}$,所以 $\tan\alpha = 2 - \sqrt{3}$, $\tan\beta = \frac{\sqrt{3}}{3}$.而 $\angle A = 45° - \alpha$.

则

$$\tan\angle A = \tan(45° - \alpha) = \frac{1 - (2 - \sqrt{3})}{1 + 2 - \sqrt{3}} = \frac{\sqrt{3} - 1}{3 - \sqrt{3}} = \frac{\sqrt{3}}{3},$$

所以

$$\angle A = 30°, \quad \angle C = 105°.$$

□

题 8 - 6　如图,点 H 位于正五边形 $ABCDE$ 的边 AB 上,以 HE 为半径的 $\odot H$ 分别交线段 DE、CD 于点 G、F. 已知 $DG = AH$. 求证: $CF = AH$.

证明(甘润知)　容易知道有且只有一个 F 满足题目条件,于是可以重新定义 F 为线段 CD 上一点,满足 $CF = DG = AH$,那么由 $ABCDE$ 是正五边形,我们可以得到

$$\triangle CFB \cong \triangle AHE,$$

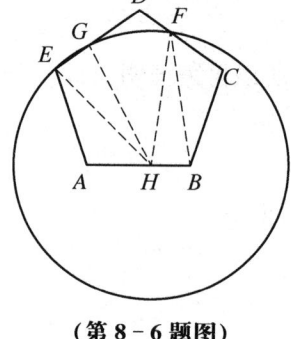

(第 8 - 6 题图)

那么

$$HE = BF, \quad \angle CBF = \angle AEH.$$

由 $\angle AED = \angle ABC$,于是 $\angle FBH = \angle HEG$,又由正五边形边长相等可以得到 $FD = EG = BH$,结合 $HE = BF$,$\angle FBH = \angle HEG$,可知:

$$\triangle HBF \cong \triangle GEH,$$

故

$$HF = HG = HE,$$

即点 F 与原题的点 F 重合.

□

评析　本题不难,原题中的点 F 很难处理,所以很自然的一个想法就是重新定义点 F 的位置,然后由正五边形的一些角相等,结合全等三角形,便可得到结论.

题 8 - 7　如图①,点 M、N 分别位于 $\triangle ABC$ 的边 AB 和 BC 上,且 $MN \parallel AC$,点 M' 和 N' 分别为 M 和 N 关于 BC 和 AB 的对称点,$M'A$ 与 BC 交于 X,$N'C$ 与 AB 交于 Y. 求证:点 A、C、X、Y 共圆.

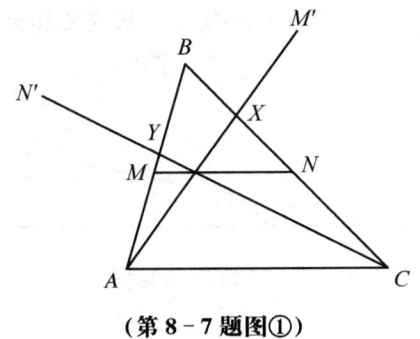

（第 8 - 7 题图①）

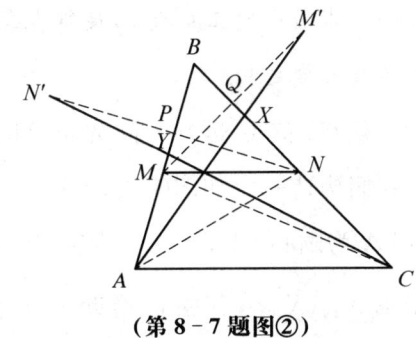

（第 8 - 7 题图②）

证明（陈昱达）　如图②，设 NN' 交 AB 于点 P，MM' 交 BC 于点 Q. 本题需证明 $\angle BAX = \angle BCY$. 连结 AN、CM. 由于 $MN \parallel AC$，则 $S_{\triangle ACN} = S_{\triangle ACM}$，从而有

$$S_{\triangle ABN} = S_{\triangle ABC} - S_{\triangle ACN} = S_{\triangle ABC} - S_{\triangle ACM} = S_{\triangle CBM},$$

则

$$AB \cdot NN' = CB \cdot MM',$$

所以

$$\frac{MM'}{NN'} = \frac{AB}{CB} = \frac{AM}{CN}.$$

而 $\angle PMQ = \angle PNQ$，则

$$\angle M'MA = \angle N'NC,$$

又

$$\frac{MM'}{NN'} = \frac{AM}{CN},$$

则

$$\triangle MM'A \backsim \triangle NN'C,$$

可知

$$\angle BAX = \angle BCY.$$

所以点 A、C、X、Y 共圆.　　　　　　　　　　　　　　　　　□

评析　本题比较简单，本题通过观察即可发现四点共圆与三角形的相似，而通过简单的导角便可以证明出结果.

题8-8 求最小的正整数 k,使得在每个凸 1001 边形中,任意 k 条对角线长度之和大于等于剩下的对角线长度之和.

解(陈奕宸、陈昱达) 首先我们说明 $k \geqslant$ 499 000. 我们构造一个如图①的凸 1001 边形. 取一顶点 A,以 A 为圆心,$AX_1 = 1$ 为半径,作一个圆心角为 θ 的扇形 X_1AX_{1000},其中 θ 趋近于 0,在 $\overparen{X_1X_{1000}}$

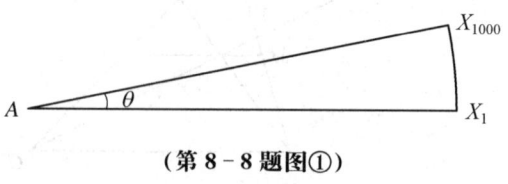

(第 8-8 题图①)

上任取 998 个点 X_2,X_3,X_4,$\cdots$,X_{999},构成凸 1001 边形 $AX_1X_2\cdots X_{1000}$. 在该 1001 边形中,共 $\dfrac{1001 \times 998}{2} = 499\,499$(条)对角线,若 $k \leqslant 498\,999$,则可以取以下的 498 999 条对角线:AX_i($i = 2$, 3, $\cdots$, 499)与 X_iX_j($1 \leqslant i < j \leqslant 1000$ 且 $j - i \geqslant 2$),这些对角线长度之和为 $498 + \varepsilon$,其中 ε 可以无限小,而剩余对角线为 AX_i($i = 500$, 501, $\cdots$, 999),其长度之和为 500,与题设矛盾,故 $k \geqslant 499\,000$.

下证 $k = 499\,000$ 符合题意.

我们将剩余的 499 条对角线染为绿色,下面依次对这 499 条对角线执行操作 P:对于一条对角线 AB,我们找到两条未染色的对角线使其满足下列两个条件之一,如图②:(i) 这两条对角线有一个公共顶点 C,设为 AC 和 BC;(ii) 这两条对角线为 AD 和 BE,其中 D、E 为两个不同顶点,且 AD 与 BE 相交,AE、BD 均为凸 1001 边形的边,我们将这两条对角线染为红色.

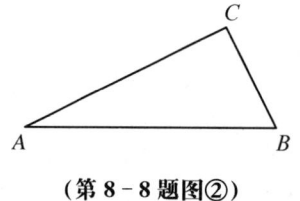

(第 8-8 题图②)

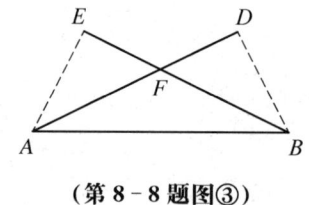

(第 8-8 题图③)

显然进行完操作 P 后,新染红的两条对角线长度和 $AC + CB > AB$ 或 $AD + BE > AF + BF > AB$,故对对角线 AB 进行操作后,新染红的两条对角线长度之和必定大于 AB. 若该操作对这 499 条对角线均进行后,我们得到了 998 条互不相同的红色对角线,即这 998 条红色对角线的长度之和大于 499 条绿色对角线的长度之和,则 $k = 499\,000$ 合题.

下面我们证明操作 P 可对全部的 499 条对角线进行,假设我们已经对 i($0 \leqslant i \leqslant 498$)条对角线执行了此操作,我们设下一条将要被操作的对角线为 A_iB_i,我们考虑一个由对角线构成的集合是 M_i,M_i 为以 A_i 或 B_i 为一个端点且不为 A_iB_i 的所有对角线构成的集合. 由于点 A_i、B_i

各引出 $1001-3=998$(条) 对角线,故 $|M_i|=2\times(998-1)=1994$. 我们考察 M_i 中已被染色的对角线的条数,首先对于已操作的对角线 $A_kB_k(0\leqslant k\leqslant i-1)$,在 A_kB_k 和对 A_kB_k 进行的操作染红的对角线中,至多有两条属于 M_i,这是因为,在 M_i 中的三角形必包含边 A_iB_i,故不存在边 A_kB_k、A_kC_k、B_kC_k 构成的三角形,而 M_i 中除 A_i、B_i 外每点的度至多为 2,若这三条对角线为 A_kB_k、A_kD_k、B_kE_k,则 A_kB_k 必以 A_iB_i 之一为端点,不妨设 $A_k=A_i$,则 $B_k\neq B_i$,设 $B_k=B_j$,因为 B_j 在 M_i 中仅连出了边 B_jA_i、B_jB_i,又 $E_k\neq A_i$(否则 $E_k=B_k$),故 $E_k=B_i$,则 $A_kE_k=A_iB_i$ 为一条对角线,这与 A_kE_k 为一条凸 1001 边形的边矛盾,其次还有 $499-(i+1)=498-i$(条) 未进行操作的绿色对角线,故 M_i 中至多有 $2i+[499-(i+1)]=i+498$(条) 已被染色的对角线,故 M_i 中至少有 $1994-(498+i)=1496-i$(条) 未被染色的对角线.

当 $i\leqslant 498$ 时,有 $1496-i\geqslant 998$,故 M_i 中至少有 998 条未被染色的对角线,设其构成的集合为 N_i,有 $|N_i|\geqslant 998$,因为 M_i 中除点 A_i、B_i 外有 999 个不同的点,若 N_i 中有两条线段具有除点 A_i、B_i 外的端点 C_i,则可将 A_iC_i、B_iC_i 染红,若 N_i 中任两条线段除点 A_i、B_i 外均无公共端点,此时记 N_i 为 E_i,我们分如图③④两种情况考虑.

如图④,若 A_iB_i 的两侧有边 A_iP_i、A_iQ_i、B_iR_i、B_iS_i,因为在 M_i 中点 P_i、Q_i、R_i、S_i 均仅有一条对角线引出,因为 $|E_i|=998$,故要么 B_iP_i、A_iR_i 均属于 E_i,要么 A_iS_i、B_iQ_i 均属于 E_i,可将 B_iP_i、A_iR_i 染红,或 A_iS_i、B_iQ_i 染红,此操作可进行.

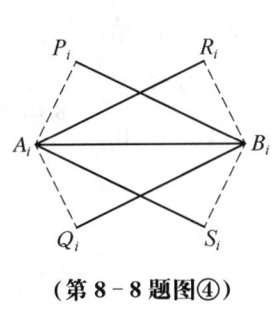

(第 8-8 题图④)

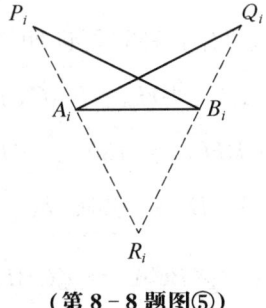

(第 8-8 题图⑤)

如图⑤,若 A_iB_i 两侧存在同一点 R_i,R_iA_i、R_iB_i 为边,则 M_i 的边中仅包含除 R_i 外的 1000 个顶点,故 E_i 中包含从除了点 A_i、B_i、R_i 外所有的点,故 $P_iB_i,A_iQ_i\in E_i$,可将这两条染红,此操作可进行. 故对于任意 $0\leqslant i\leqslant 498$,均可对 A_iB_i 进行操作 P,即 $k=499\,000$ 符合题意. □

评析 本题的难度较高,考查了平面几何知识与组合知识的综合运用. 本题答案是易猜的,只需考虑极端情况,这种题的极端情况,无非是正 1001 边形与对角线长度相差悬殊的凸 1001 边形,稍微试验即可猜得 k 的值为 499 000. 而论述的过程较为繁琐,笔者首先对凸 5、7、9 边形等边数较小的多边形进行试验,从而发现了利用三角不等式的关键思路. 便可顺理成章的想出要对剩余的 499 条对角线进行了类似于与一些选出的对角线匹配的过程,当然本题的论述还是较为繁琐的. 事实上本题是由巴尔干组合问题 6(Balkan Combinatorial Problem 6)改编而来的.

题 9-1 如图,在一个以 O 为顶点的直角内部有一 $\triangle OAB$,且 $\angle BAO = 90°$,过点 A 作 $\triangle OAB$ 的高并将它反向延长,交 $\angle O$ 的一条边于点 M,点 M 和点 B 与 $\angle O$ 另一条边的距离分别等于 2 和 1. 求 OA 的长度.

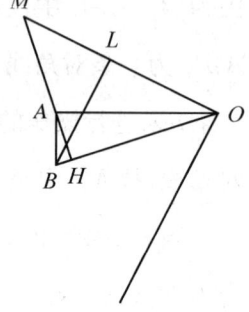

解(甘润知) 设高线交 OB 于点 H,点 L 为点 B 在直线 OM 上的投影,则 B、H、L、M 四点共圆. 所以

$$OA^2 = OH \cdot OB = OL \cdot OM = 1 \times 2 = 2,$$

则 $OA = \sqrt{2}$.

(第 9-1 题图)

题 9-2 已知点 P 在 $\triangle ABC$ 的外接圆上,点 A_1 为 $\triangle PBC$ 的垂心关于 BC 垂直平分线的对称点. 类似地,定义点 B_1 和 C_1. 求证:点 A_1、B_1、C_1 共线.

证明(甘润知) 如图,设 $\triangle ABC$ 的垂心为点 H,$\triangle PBC$、$\triangle PAB$ 的垂心分别为 H_A、H_C,只需要证明点 H、A_1、C_1 共线即可. 连结 BH、HC、BA_1、A_1C、BH_A、H_AC,则 $\angle BHC = 180° - \angle BAC = \angle BPC = 180° - \angle BH_AC = 180° - \angle BA_1C$,故点 H、B、A_1、C 共圆. 类似地,点 H、A、B、C_1 共圆. 故

$$\angle BHA_1 = \angle BCA_1 = \angle CBH_A = 90° - \angle BCP,$$

$\angle BHC_1 = 180° - \angle BAC_1 = 180° - \angle ABH_C = 90° + \angle BAP = 90° + \angle BCP$,故

$$\angle BHA_1 + \angle BHC_1 = 180°.$$

(第 9-2 题图)

即点 A_1、H、C_1 共线. 故进一步可知点 A_1、B_1、C_1、H 共线.

评析 证明三点共线的一个常用方法就是找到第四个点与这三点共线,在本题中,注意到本题的诸多垂心,由对称性可以想到构造 $\triangle ABC$ 的垂心,于是本题便可不攻自破了.

题 9-3　在圆内接四边形 $ABCD$ 中，$AD=BD=AC$，点 P 是 $ABCD$ 外接圆 ω 上的一个动点，直线 AP 和 DP 分别交 CD 和 AB 的延长线于点 E、F，直线 BE 和 CF 交于点 Q. 求点 Q 的轨迹.

解（甘润知）　如图所示，假设点 P 在 $\overset{\frown}{BC}$ 上，在其他位置类似，注意到 $AD=AC=BD$ 及四边形 $ABCD$ 是等腰梯形，则

$$\angle DAB=\angle DBA=\angle DCA.$$

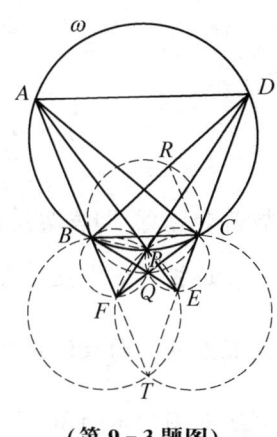

设 AB 交 CD 于点 T，R 是线段 BD 上一点，使得 $BC=BR$，我们来证明点 Q 在 $\triangle BRC$ 的外接圆上. 连结 BP，则

$$\angle APB=\angle ADB=180°-2\angle BAD$$
$$=180°-\angle BAD-\angle ADC=\angle T,$$

于是 B、P、E、T 四点共圆，同理可得 C、P、F、T 四点也共圆，则点 P 是完全四边形 $FTECQB$ 的密克点，那么 B、Q、P、F 四点共圆，连结 RC，则

（第 9-3 题图）

$$\angle FQB=\angle FPB=\angle BAD=\angle BRC,$$

即点 Q 在 $\triangle BRC$ 的外接圆上. 最后一步是因为等腰 $\triangle DAB$ 与等腰 $\triangle BRC$ 相似. 故是点 Q 的轨迹是 $\triangle BRC$ 的外接圆. □

评析　本题的一个关键是联想到完全四边形的密克点，事实上，通过命题的转化，我们就知道最后要证明的就是 $\angle BRC$ 是定值，定值的大小很容易猜到是 $\angle DCA$，这又等价于证明 B、Q、P、F 四点共圆，最后通过密克点便可得到这个重要结论. 本题不简单，也不难，但想法有些巧妙，放在 9 年级的第 3 题是恰如其分的.

题 9-4　一艘船试图在雾天靠岸. 船员们不知道海岸的方向. 他们在一个小岛上看到一座灯塔，他们知道到灯塔的距离不超过 10 km（不知道确切的距离）. 从灯塔到海岸的距离等于 10 km. 灯塔被礁石包围，所以船不能靠近它. 则船能否在航行不超过 75 km 的条件下靠岸？（海岸是一条直线，船必须在航行开始前给出路线，然后自动驾驶仪根据路线航行.）

解（甘润知）　答案是肯定的，接下来阐述构造. 设 S 是船现在所在地，S' 是海洋上一点，设灯塔在线段 SS' 上，且 $SS'=10$ km. 分别以 S 和 S' 为圆心作半径为 10 km 的圆，CD 是外公切线，如图所示，点 E 是射线 SS' 与 $\odot S'$ 的另一个交点，点 A' 是点 C 的关于 $\odot S$ 的对径点. 直线

AA' 与 $\odot S'$ 和 $\odot S$ 均相切且 $\angle SAA' = 60°$，AB 是 $\odot S$ 的另一条切线(不同于 AA'). F 是射线 AA' 上的一点满足 $EF \perp AA'$，显然曲线 $SABCDEF$ 符合题意. 其长度为

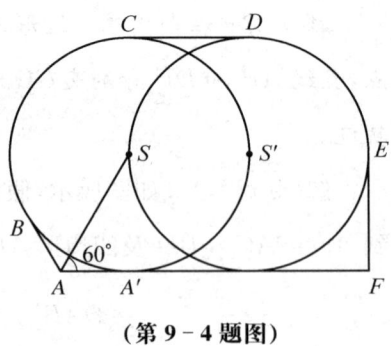

$$l = \frac{10\sqrt{3}}{3} + \frac{20\sqrt{3}}{3} + \frac{20\pi}{3} + 10 + \frac{20\pi}{4} + 10$$

$$< 10 \times 1.74 + 20 + 3.2 \times 20 \times \frac{7}{12} < 75.$$

(第9-4题图)

故符合题意. 即答案是肯定的.   □

评析　这个题目是一个有一些难度的题，很容易想到要先往外走 10 km，但不知道往哪里走，按照最简单的放缩就是远离灯塔往后退 10 km 再画一个 $\frac{2}{3}$ 圆，这样一算明显大于 75 km，之后想到了如图所示的图，很多人第一个思路是曲线 $SA'BCDEF$，这样算出来答案是 77 km，之后才会想到曲线 $SABCDEF$，问题就被解决了. 本题的构造不简单，放在 9 年级第 4 题是很恰当的.

题 9-5　已知圆外切四边形 $ABCD$ 内切圆的半径为 R，h_1 和 h_2 分别为点 A 到 BC 和 CD 的距离，点 h_3 和 h_4 分别为点 C 到 AB 和 AD 的距离. 求证：

$$\frac{h_1 + h_2 - 2R}{h_1 h_2} = \frac{h_3 + h_4 - 2R}{h_3 h_4}.$$

证明(甘润知)　如图，设内切圆切 AB、BC、CD、DA 于点 E、F、G、H，$AE = AH = a$，$BE = BF = b$，$CF = CG = c$，$DG = DH = d$，则

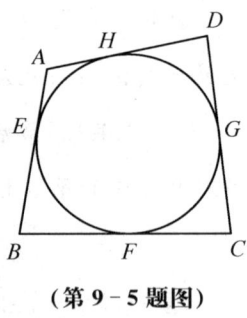

$$h_1(b+c) + h_2(c+d) = 2S_{ABCD} = h_3(a+b) + h_4(a+d)$$
$$= 2R(a+b+c+d),$$

从而有

(第9-5题图)

$$\frac{h_1(b+c) + h_2(c+d)}{a+b+c+d} = \frac{h_3(a+b) + h_4(a+d)}{a+b+c+d} = 2R,$$

代入待证式中，则只需要证明

$$\frac{h_1(a+d) + h_2(a+b)}{h_1 h_2} = \frac{h_3(c+d) + h_4(b+c)}{h_3 h_4},$$

即证

$$\frac{AD}{h_2} + \frac{AB}{h_1} = \frac{CD}{h_4} + \frac{CB}{h_3},$$

即证

$$\csc \angle D + \csc \angle B = \csc \angle D + \csc \angle B.$$

而这是显然的. □

评析 四边形的内切圆半径与三角形内切圆半径类似,都可以用面积与边长表示,注意到 S 可以用 $h_1 h_2$ 或 $h_3 h_4$ 乘以四边长来表示,否则 R 就很难被表示清晰,接下来便可以迎刃而解了.

题 9-6 一个非凸多边形中每三个连续顶点均可构成一个直角三角形,则这个多边形是否总有一个角等于 90°或 270°?

解(甘润知) 答案是否定的.令

$$\angle ACB = \angle CBD = \angle CED = \angle EDF = \angle GEF = \angle AFG = \angle GAB = 90°,$$

$$AB = CD = EF = \sqrt{2}, \ FD = ED = 1, \ GF = \sqrt{10}, \ AG = 2\sqrt{5}, \ EG = 2\sqrt{2}.$$

构成如图所示的七边形.显然这个七边形 $ABCDEFG$ 符合题设.但任意一个角不为 90°或 270°.故答案是否定的. □

评析 本题是一个偏易难度的题,特殊角若不为 90°就会想到使某些角为 45°、60°的想法,先用使某些角变为 45°的想法,尝试一下便可以得到图示的想法,本题唯一的考点就是构造与论证.

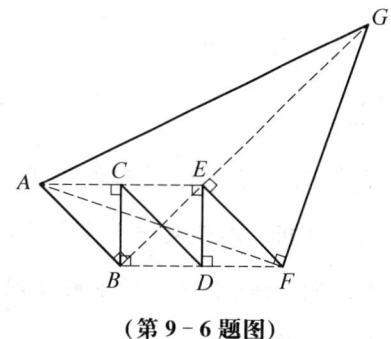

(第 9-6 题图)

题 9-7 设 $\triangle ABC$ 的内切圆 ω 分别切 AC 和 AB 于点 E 和 F,点 X、Y 位于圆上,且 $\angle BXC = \angle BYC = 90°$. 求证:$EF$ 和 XY 交于 $\triangle ABC$ 的一条中位线上.

证明(甘润知) 如图,设 AB、AC 的中点分别是点 M、N,BC 的中点为 A_0,$\triangle ABC$ 内心为 I,BI、CI 交以 BC 为直径的 $\odot A_0$ 于点 Q、P,连结 IE、QC,则

$$\angle IQC = \angle IEC = 90°,$$

从而有 I、E、Q、C 四点共圆.则

$$\angle QEA = \angle QIC = 90° - \frac{\angle A}{2} = \angle AEF,$$

可得点 E、F、Q 共线.

类似地,点 E、F、P 共线.设 Z 为 EF 和 MN 的交点,则只需要证明

$$ZE \cdot ZF = ZP \cdot ZQ$$

即可.注意到

$$\angle QA_0C = 2\angle QBC = \angle ABC = \angle NA_0C,$$

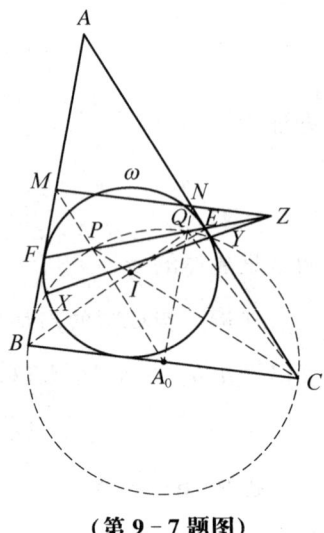

(第 9-7 题图)

可得点 Q、N、A_0 共线.

类似地,点 P、M、A_0 共线.故 $\angle PFM = \angle AFE = \angle AEF = \angle MPF$(中位线 $MA_0 /\!/ AC$).于是 $PM = MF$.类似地,$EN = NQ$.故由

$$MA_0 /\!/ AC, \quad NA_0 /\!/ AB,$$

知

$$\frac{ZP}{ZE} = \frac{PM}{EN} = \frac{MF}{QN} = \frac{ZF}{ZQ},$$

即

$$ZP \cdot ZQ = ZE \cdot ZF.$$

则 Z 在 ω 与 $\odot A_0$ 的根轴上,即点 Z、X、Y 共线. □

评析 本题是一个中等难度的题,注意到对称性,Z 肯定在平行于 BC 的中位线上,之后必然用同一法,显然 XY 不好处理,但 XY 是根轴,故可以设 EF 与中位线 MN 交于点 Z,之后便可以顺水推舟了.

题 9-8 六边形 $A_1A_2A_3A_4A_5A_6$ 任意四个顶点均不共圆,且对角线 A_1A_4、A_2A_5、A_3A_6 共点.l_i 为圆 $A_iA_{i-1}A_{i+2}$ 和圆 $A_iA_{i+1}A_{i-2}$ 的根轴(A_i 即为 A_{i+6}).求证:l_i 共点,$i = 1, 2, \cdots, 6$.

证明 只需证明 l_1、l_2、l_3 共点即可.将 A_i 的坐标记为 (x_i, y_i),将过 $A_iA_jA_k$ 的圆的圆心记作 O_{ijk},其坐标记作 (x_{ijk}, y_{ijk}).

我们先固定 A_1、A_2、A_3、A_4、A_5.记 $A_1A_4 \bigcap A_2A_5 = B$,则 A_6 在直线 A_3B 上.于是我们可用一个参数 t 来标定 A_6 的坐标,且 $x_6(t)$、$y_6(t)$ 都是一次函数.(比如,我们可设 $B = (0, 0)$,$A_3 = (-1, 0)$,那么 A_6 就可设为 $(t, 0)$.)

由于点 A_1、A_3 是固定的,于是 A_1A_3 的中垂线是固定的,而 A_3A_6 的中垂线方程是一个带

线性参数 t 的一次函数,所以 O_{136} 的坐标关于 t 是一个一次函数,即 $x_{136}(t)$、$y_{136}(t)$ 都是一次函数.

由于点 A_1、A_2、A_5 是固定的,则 O_{125} 是固定的,那么 $O_{125}O_{136}$ 的斜率

$$k = \frac{y_{136}(t) - y_{125}}{x_{136}(t) - x_{125}}$$

是一个一次分式函数.而 l_1 的斜率

$$k_1 = -\frac{1}{k},$$

且 l_1 过定点 A_1,则 l_1 是一根带线性参数 t 的直线,即

$$(x - x_1)(x_{136}(t) - x_{125}) + (y - y_1)(y_{136}(t) - y_{125}) = 0.$$

同理,l_2 也是一根带线性参数 t 的直线,则 $l_1 l_2$ 的交点 P 的坐标 $(x_p(t), y_p(t))$ 应该是一个关于 t 的二次分式函数.

由于现在点 A_1、A_2、A_3、A_4、A_5 都是固定的,所以 l_3 是固定的.不妨设 l_3 的方程为 $ax + by + c = 0$,那么我们考虑函数

$$f(t) = ax_p(t) + by_p(t) + c,$$

这个函数也是一个二次分式,所以我们只需证明在五个不同的 t 值上 $f(t)$ 都是零,即可证明这就是一个零多项式,即点 P 在 l_3 上.

当 $t \to \pm\infty$ 时,$\odot O_{136}$ 退化为 $A_1 A_3$,则 l_1 退化为 $A_1 A_3$.

同理 l_2 退化为 $A_2 A_3$,所以 $P = A_3$,即 $f(t) = 0$.

当点 A_2、A_3、A_5、A_6 共圆时,由于 l_1 是 $\odot O_{125}$ 和 $\odot O_{136}$ 的根轴,而 $A_2 A_5$ 是 $\odot O_{125}$ 和 $\odot O_{2356}$ 的根轴,$A_3 A_6$ 是 $\odot O_{136}$ 和 $\odot O_{2356}$ 的根轴,所以由根心定理,l_1、$A_2 A_5$、$A_3 A_6$ 共点,即 $l_1 = A_1 B = A_1 A_4$.

而另一方面由于 l_2 是 $\odot O_{2356}$ 和 $\odot O_{124}$ 的根轴,l_3 是 $\odot O_{2356}$ 和 $\odot O_{134}$ 的根轴,而 $A_1 A_4$ 是 $\odot O_{124}$ 和 $\odot O_{134}$ 的根轴,所以在由根心定理,l_2、l_3、$A_1 A_4$ 共点,即 l_1、l_2、l_3 共点,所以 $f(t) = 0$.

当点 A_1、A_3、A_4、A_6 共圆时,同理也有 $f(t) = 0$.

当点 A_1、A_2、A_3、A_6 共圆时,显然 l_1、l_2 都与 $A_1 A_2$ 重合,所以 l_1、l_2、l_3 交于一点.

由于 A_1、A_2、A_3、A_4、A_5 任意四点不共圆,所以上面分类讨论的三种情况中的 t 不同.故我们证明了 $f(t) \equiv 0$,即 l_1、l_2、l_3 共点. $\qquad\Box$

评析　本题是一道较难的题,参考答案中给出的方法是射影几何,但笔者认为该方法不易想到,故将几何和代数结合,得出结论.

题 10-1　给定 $\triangle ABC$,且 $\angle A = 45°$,点 A' 为 $\triangle ABC$ 外接圆上点 A 的对径点.点 E 和 F 分别在线段 AB 和 AC 上,且 $A'B = BE$,$A'C = CF$,K 为 $\triangle AEF$ 外接圆和 $\triangle ABC$ 外接圆的另一交点. 求证:EF 平分 $A'K$.

证明(甘润知、陈昱达)　由已知得 $\angle A'FC = \angle A'EB = 45°$,所以 $A'F /\!/ AB$,$A'E /\!/ AC$,则 $\angle FA'E = \angle CAB = 45°$.

由于 K、F、E、A 四点共圆,则 $\angle BAF = \angle EKF$,而点 A、B、C、K 共圆,则 $\angle ABK = \angle ACK$,$\angle BAC = \angle BKC$,而 $\angle BKC = \angle BKF + \angle FKC$,$\angle EKF = \angle EKB + \angle BKF$,则 $\angle FKC = \angle EKB$,所以 $\triangle KFC \backsim \triangle KEB$. 又由于 $\triangle A'CF$ 和 $\triangle A'EB$ 均为等腰直角三角形,得出

$$\frac{KF}{KE} = \frac{FC}{EB} = \frac{FA'}{EA'},$$

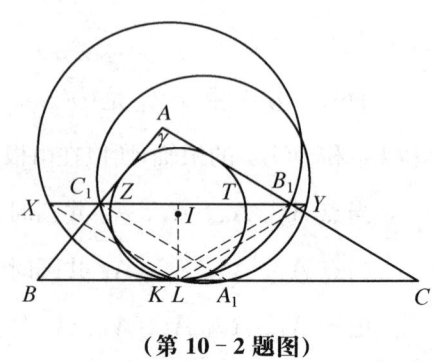

（第 10-1 题图）

再注意到

$$\angle FKE = \angle CAB = \angle FA'E,$$

则

$$\triangle KFE \backsim \triangle A'FE,$$

又 $EF = EF$,于是 $A'F = KF$,$KE = A'E$,则 EF 平分 $A'K$. □

题 10-2　设点 A_1、B_1、C_1 分别为 $\triangle ABC$ 边 BC、AC、AB 的中点,AK 为它的高,其内切圆 γ 与 BC 切于点 L. $\triangle LKB_1$ 的外接圆和 $\triangle A_1LC_1$ 的外接圆与直线 B_1C_1 的另一交点分别为 X 和 Y,且 γ 交直线 B_1C_1 于 Z 和 T. 求证:$XZ = YT$.

证明(甘润知)　如图,设 $\triangle ABC$ 的内心为 I.而点 A_1、B_1、C_1 是 $\triangle ABC$ 各边中点,则

（第 10-2 题图）

$$B_1C_1 \parallel BC, \; C_1A_1 \parallel CA.$$

由 $AK \perp BC$，B_1 是 AC 的中点得 $B_1K = B_1C$. 从而可得

$$\angle BA_1C_1 = \angle C = \angle B_1KC.$$

注意到点 A_1、C_1、Y、L 共圆，点 B_1、K、L、X 共圆，故

$$\angle LXY = \angle B_1KC = \angle BA_1C_1 = \angle LYX,$$

则 $LX = LY$. 又 $IL \perp BC$，$BC \parallel B_1C_1$，故 $IL \perp XY$. 结合 $LX = LY$ 可得 IL 平分 XY. 又 γ 交 B_1C_1 于点 Z、T. 由 $ZI = IT$，$IL \perp BC$，$BC \parallel B_1C_1$，可得 $IL \perp ZT$，则 IL 平分 ZT. 结合 IL 平分 XY，易知 $XZ = YT$. □

评析　本题是一个简单题，比预期的高一第 2 题要简单，这题抛去那些繁琐的证明，可以用一句话概括本题的思路，就是：*由对称性，易证*.

题 10-3　设 P 和 Q 为 $\triangle ABC$ 内的等角共轭点，$\triangle ABC$ 的外接圆为 ω. 设 A_1 为 ω 的 $\overset{\frown}{BC}$ 上一点，且 $\angle BA_1P = \angle CA_1Q$. 类似地定义点 B_1 和 C_1. 求证：AA_1、BB_1、CC_1 共点.

证明（甘润知）　如图，设 BQ、CP 交于点 R，$\triangle BPR$、$\triangle CQR$ 的外接圆的另一交点为点 A_2. 由点 P、Q 是等角共轭点得

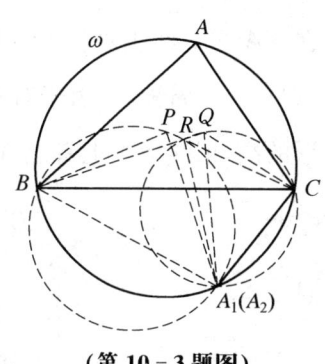

$$\angle BA_2C = \angle BA_2R + \angle CA_2R$$
$$= (180° - \angle BPC) + (180° - \angle BQC),$$
$$\angle BA_2C = \angle ABC + \angle ACB = 180° - \angle A.$$

故点 A、B、C、A_2 共圆且

$$\angle BA_2P = \angle BRP = \angle CRQ = \angle CA_2Q.$$

（第 10-3 题图）

若点 A_1 在圆 ω 的 $\overset{\frown}{BA_2}$（不含点 B、A_2）上，则

$$\angle BA_1P > \angle BA_2P = \angle CA_2Q > \angle CA_1Q,$$

矛盾. 类似地，可知点 A_1 不在弧 CA_2（不含点 C、A_2）上. 故 A_2 与 A_1 重合.

这是由于 $\angle A_1BQ = \angle A_1PC$，$\angle BQA_1 = \angle PCA_1$，则

$$\triangle A_1BQ \backsim \triangle A_1PC.$$

故

$$\frac{BA_1}{A_1C} = \frac{BA_1}{A_1P} \cdot \frac{A_1P}{A_1C} = \frac{BQ}{PC} \cdot \frac{BP}{CQ}.$$

类似地得到三式,将三式相乘可知

$$\frac{BA_1}{A_1C} \cdot \frac{CB_1}{B_1A} \cdot \frac{AC_1}{C_1B} = 1.$$

由角元塞瓦(Ceva)定理知 AA_1、BB_1、CC_1 共点. □

评析 这个题是一个中等偏难题,首先要注意到点 A_1、B、P、R 共圆,点 A_1、C、Q、R 共圆. 熟悉密克点的同学会较快发现,但利用同一法也不是很容易证明. 接着要证明 A_1 的唯一性,这一部分主要用到圆内、圆周、圆外的性质. 最后一个导比例是常规操作,总结来说,要做对本题,需要熟悉许多性质,而且又要注意书写规范,是一个容易被扣分的题.

题 10-4 求证:任意两条奈格尔(Nagel)线长度之和大于该三角形的半周长.(三角形顶点与对应边与旁切圆切点连接的线段为奈格尔线.)

证明 设△ABC 的内切圆分别切 BC、CA、AB 于点 A'、B'、C',对应旁切圆与对应边的切点分别为点 A''、B''、C'',点 P 为点 C 在∠A 平分线上的投影,所以,点 P 在线段 $A'C'$ 上. 先证明 $BB'' + CC'' >$ 半周长 p. 由于对称性不妨设 ∠$ABC \leqslant$ ∠ACB,CH 为三角形的高,射线 BA 上有点 A_1,使得 $BA_1 = p$. 则

$$AB'' = AA_1 = p - AB,$$

且

$$p < BB'' + B''A_1.$$

由

$$B''A_1 < CH,$$

可得

$$p < BB'' + CH < BB'' + CC''.$$

由于

$$A_1B'' = 2(p-c)\cos\frac{A}{2}, \quad CH = AC\sin A = 2AC\sin\frac{A}{2}\cos\frac{A}{2},$$

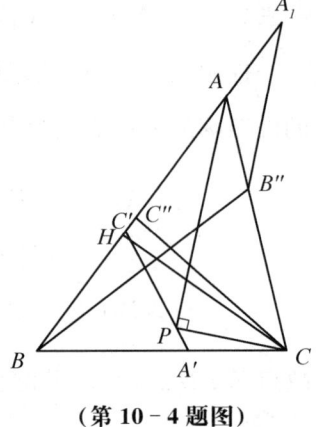

(第 10-4 题图)

则还需证明

$$AC\sin\frac{A}{2}>p-c.$$

由于 $\angle ACB\geqslant\angle ABC$, 又

$$PC=AC\sin\frac{A}{2},\ A'C=p-c$$

且

$$\angle PA'C=\frac{\pi+\angle B}{2}.$$

则 CP 是 $\triangle A'CP$ 的最长边, 命题得证. □

评析 这个题是一个较难的几何(不等式)题. 要能够想到 $B''A_1\leqslant CH$ 是需要比较强的观察力, 之后的点 P 在 A_1C_1 上也是需要对内切圆结构有较为透彻的了解才能够联想到的. 事实上本题也可设 $\angle A\leqslant\angle B\leqslant\angle C$ 而推出 $AA''\geqslant BB''\geqslant CC''$ 的结论, 如证明

$$\frac{-a^3+2b^3+2c^3-2b^2c-2bc^2+3b^2a+3c^2a-2abc}{4a}$$

$$\geqslant\frac{-b^3+2a^3+2c^3-2ac^2-2a^2c+3bc^2+3a^2b-2abc}{4b}$$

$$\geqslant\frac{-c^3+2a^3+2b^3-2ab^2-2a^2b+3a^2c+3b^2c-2abc}{4c}$$

即可证明该结论. 则本题的证明将简单一些, 但这并不太容易. 本题也可以用三角形 ABC 的三边长 a、b、c 计算, 但是计算量十分之大, 并且想要证明这个不等式也基本没有竞赛做法, 在此也不推荐用三边将命题转化为不等式问题的做法.

题 10 - 5 设 AA_1、BB_1、CC_1 分别为 $\triangle ABC$ 的三条高, A_0 和 C_0 分别为 $\triangle A_1BC_1$ 外接圆与直线 A_1B_1 和 C_1B_1 的交点. 求证: AA_0 和 CC_0 交于 $\triangle ABC$ 的一条中线上, 或都平行于它.

证明(甘润知) 我们证明: AA_0 交 CC_0 于 BM 上, M 是边 AC 的中点.

事实上只需要证明: 若 BM 交 $\triangle A_1BC_1$ 的外接圆(记为 ω)于点 R, 则点 A、R、A_0 三点共线. 事实上, 由 B、R、A_0、A_1 四点共圆,

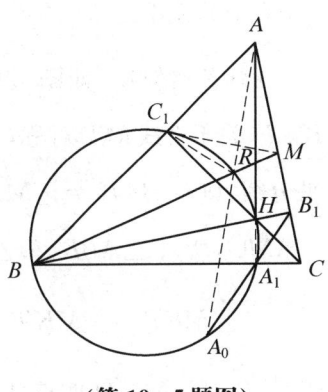

(第 10 - 5 题图)

A_1、C、B_1、H 四点共圆知 $\angle HA_1B_1 = \angle HCB_1$,而 $\angle HA_1B_1 + \angle B_1A_1C = 90°$,$\angle HCB_1 + \angle BAC = 90°$,则有

$$\angle A_0RB = \angle A_0A_1B = \angle B_1A_1C = \angle BAC,$$

则只需要证明

$$\angle ARM = \angle BAC.$$

注意到

$$\angle BRC_1 = \angle BHC_1 = \angle B_1HC = \angle B_1A_1C_1 = \angle BAC = \angle AC_1M,$$

则 MC_1 是 ω 的切线,由 M 是直角 $\triangle AC_1C$ 斜边上的中点和圆幂定理知

$$MA^2 = MC_1^2 = MR \cdot MB,$$

即

$$\frac{MA}{MB} = \frac{MR}{MA},$$

而

$$\angle AMR = \angle BMA,$$

故

$$\triangle MAR \backsim \triangle MBA,$$

从而有

$$\angle ARM = \angle BAC,$$

所以,点 A、R、A_0 三点共线.类似地,点 C、R、C_0 三点共线,故 AA_0 交 CC_0 于 BM 上.   □

评析   由对称性可以猜到 AA_0 交 CC_0 于 AC 边的中线,如果准确绘图,可以知道这个点还在 ω 上,之后只要证一半,但通过导角便可轻松得到结论.本题是一个简单题.

题 10 - 6   在锐角 $\triangle ABC$ 中,$AC > AB$,且 AK 和 AT 分别为它的角平分线和中线,直线 AT 交 $\triangle ABC$ 的外接圆于点 D,点 F 是点 K 关于点 T 的对称点.已知 $\triangle ABC$ 各内角大小,求 $\angle FDA$ 的大小.

解(甘润知)   如图,设 AK 交 $\overparen{BC}$ 于点 M.注意到对称性:点 K、F 关于直线 MT 对称,连结 MD、MC.由于 AK 为 $\angle BAC$ 的角平分线,则 $\angle BAK = \angle MAC$.而点 A、B、M、C 共圆,则 $\angle B = \angle AMC$,所以 $\triangle ABK \backsim \triangle AMC$,从而有 $\angle AKB = \angle ACM$.则

$$\angle MFT = \angle MKT = \angle AKB = \angle ACM = \angle ADM.$$

于是 T、F、M、D 四点共圆.故

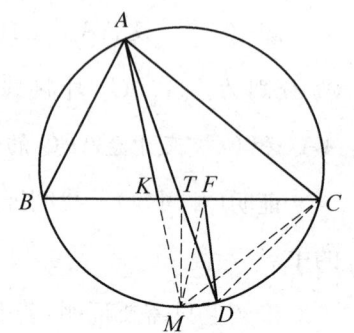

(第 10 - 6 题图)

$$\angle ADF = \angle TMF = \angle AMT = 90° - \angle AKB$$

$$= 90° - \left(\frac{\angle A}{2} + \angle ACB\right) = \frac{\angle B - \angle ACB}{2}. \qquad \square$$

评析 这个题目放在此位置实在是有点简单,唯一的要点就是发现一个共圆的条件,之后便是导角常规操作了.

题 10-7 设 P 为 $\triangle ABC$ 的边 BC 上任意一点,K 为 $\triangle PAB$ 的内心,$\triangle PAC$ 的内切圆切 BC 于 I,点 G 在 CK 上,且 $FG \parallel PK$. 求点 G 的轨迹.

解(张冠宇、马飞雁) 先证以下引理.

引理 如图①,在 $\triangle ABC$ 中,P 为 BC 上任意一点,作 $\triangle ABP$ 与 $\triangle ACP$ 的内切圆,则两内切圆的内公切线过 $\triangle ABC$ 内切圆与 BC 的切点 E.

引理证明: 如图①,设 $KM = x$,$ML = y$,$LE = z$,$PH = w$,$AG = AN = b$,$CJ = CI = a$,$BG = BH = c$,则 $KE = x + y + z$,$PE = x + y + z - w$,$AO = b - x - y = AJ$,$AC = b - x - y + a$,$AB = b + c$,$BC = c + w + (x + y + z - w) + z + a = a + c + x + y + 2z$. 由于

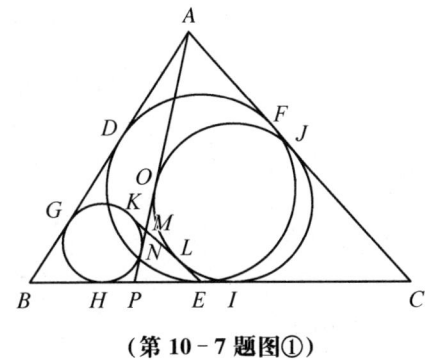

（第 10-7 题图①）

$$C_{\triangle ABC} = \frac{2b + 2(a + c) + 2z}{2} = a + b + c + z,$$

$$\frac{AC + BC - AB}{2} = \frac{a + b + a + c + 2z - b - c}{2} = a + z = CE,$$

则 E 为 $\triangle ABC$ 内切圆的切点.

回到原题. 如图②,设 $\triangle PAC$ 内切圆为 $\odot J$,B 点对应的旁切圆为 $\odot I_B$,C 点对应的旁切圆为 $\odot I_C$,直线 BC 切 $\odot I_B$ 于点 T. 过点 T 作 $l \parallel BI_C$,过点 T 作 $TR \perp l$ 交直线 PI_B 于点 R.

当点 P 靠近点 B 时点 G 靠近点 N,当点 P 靠近点 C 时点 G 靠近点 X. 则

$$\frac{TQ}{BI_C} = \frac{TP}{PB} = \frac{TR}{BI_B}.$$

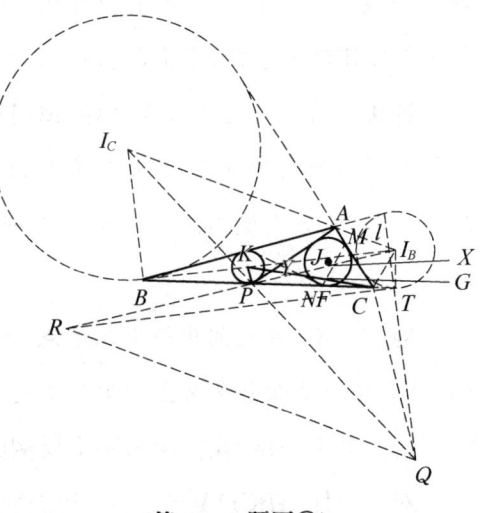

（第 10-7 题图②）

由点 B、I_B、I_C、C 共圆得

$$\frac{TQ}{TR}=\frac{BI_C}{BI_B}=\frac{TC}{TI_B}.$$

从而有

$$\triangle CTI_B \backsim \triangle QTR,$$

所以

$$\frac{CT}{QT}=\frac{TI_B}{TR},$$

从而有

$$\frac{CT}{TI_B}=\frac{QT}{TR}.$$

又

$$\angle RTI_B=\angle CTQ=90°+\angle CTR,$$

因此

$$\triangle CTQ \backsim \triangle I_BTR.$$

又由于

$$CT \perp I_BT,$$

则

$$CQ \perp PI_B.$$

作点 C 关于 $\triangle ABC$ 内切圆的极线 MN. 取 MN 中点 X，NX 即为所求轨迹. 作 $\odot K$ 与 $\odot J$ 内公切线交 AP 于点 Y. 由引理可知 $\odot K$ 与 $\odot J$ 的内公切线过点 N. 对 $\triangle PNY$ 与其旁切圆 $\odot K$ 与 $\odot J$ 使用同上思路，不难证明 $CJ \perp NG$，则点 G 在 NX 上.　　□

评析　这是一道有难度的题，证明过程的前后两部分内容是大体相似的，究其原因，就在于同一个圆的两重身份，既是大三角形的内切圆，又是小三角形的旁切圆，内切圆和旁切圆同时出现时，就可能会出现相似甚至位似，这便是本题的精髓所在.

题 10-8　在空间中给定几个点和平面. 已知对于任意两个点，都恰好有两个平面包含着它们，并且每个平面包含着至少四个给定的点，则是否所有给定的点都共线？

解　并不一定. 我们给出一个反例的构造：

对正方体 $ABCDA'B'C'D'$，我们取其 12 条棱的中点. 每一条棱都与另外四条棱相连，我们取

这四条棱的中点所决定的平面(比如,与 BB' 相连的 AB、BC、$A'B'$、$B'C'$ 这四条棱的中点就可以决定这样一个平面),这一类平面称为 A 类面.

另外再取过正方体中心,并垂直于对角线的平面,一共四个平面,这一类平面称为 B 类面. A 类面和 B 类面总计 16 个平面.接下来我们证明这 12 个点和 16 个平面满足题设要求,这 12 个点显然不共线,则证明这是一个反例.很明显每一个 B 类面会与不与对角线端点相连的六条棱交在中点上,即这四个 B 类面每个上面都有六个点,所以每个平面上至少有四个点.

另外,这十二个点的位置关系可以被分为以下四种(如图所示),每一种位置关系的两个点都恰好属于两个平面.所以这 12 个点和 16 个面满足题设. □

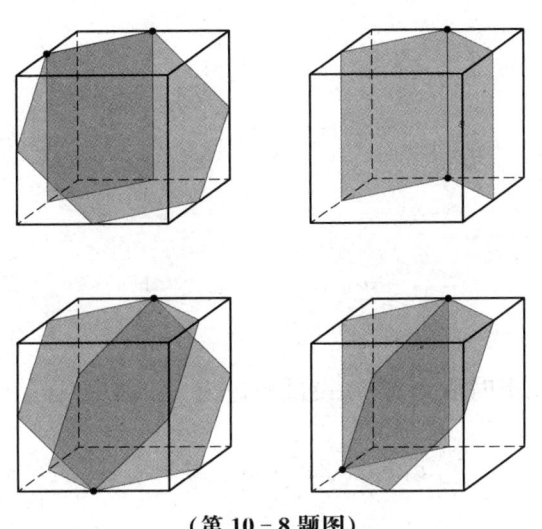

(第 10 - 8 题图)

评析 本题是一道很难的立体几何题,首先能够想到答案是否定的,问题就变成一个构造题,其难点主要是想到要构造一个正方体以及棱的中点.之后在论述与证明方面,还有不少的细节需要注意.本题是一个很难得分的难题.

2. 通讯赛

题 11 - 1 已知单位圆 $\odot O$ 中内接了一锐角 $\triangle A_1 A_2 A_3$,三条线段 $A_i O$ 交对边于 $B_i (i = 1, 2, 3)$.

(1) 求 $B_i O$ 中最长线段长度的最小值.

(2) 求 $B_i O$ 中最短线段长度的最大值.

解(甘润知) 设 $B_i O = x_i$,$i = 1, 2, 3$. 由面积法,我们容易得到

$$\sum_{i=1}^{3} \frac{x_i}{x_i+1} = 1$$

$\left(\text{由于} \dfrac{x_i}{x_i+1} = \dfrac{x_i}{x_i+OA_i} = \dfrac{S_{\triangle OA_{i+1}A_{i+2}}}{S_{\triangle A_1 A_2 A_3}}, \text{三式相加和为 } 1\right)$. 则

$$\sum_{\text{cyc}} x_1 x_2 + 2x_1 x_2 x_3 = 1,$$

故

$$1 = \sum_{\text{cyc}} x_1 x_2 + 2x_1 x_2 x_3 \leqslant \frac{(x_1 + x_2 + x_3)^2}{3} + \frac{2(x_1 + x_2 + x_3)^3}{27},$$

则

$$x_1 + x_2 + x_3 \geqslant \frac{3}{2}.$$

故最长的长度

$$1 \geqslant \frac{x_1 + x_2 + x_3}{3} \geqslant \frac{1}{2}.$$

当 $\triangle A_1 A_2 A_3$ 为正三角形时取到等号. 设最短边为 x_1, 则

$$1 = \sum_{\text{cyc}} x_1 x_2 + 2x_1 x_2 x_3 \geqslant 3x_1^2 + 2x_1^3,$$

从而有

$$x_1 \leqslant \frac{1}{2}.$$

当 $\triangle A_1 A_2 A_3$ 为正三角形时取到等号.

综上所述,最长边的最小值是 $\dfrac{1}{2}$,最短边的最大值是 $\dfrac{1}{2}$,当 $\triangle A_1 A_2 A_3$ 为正三角形时取到等号.   □

题 11-2 设 $\triangle ABC$ 的边 AC 分别切其内切圆和对应旁切圆于点 K 和 L. 设点 P 为 $\triangle ABC$ 内心在 AC 垂直平分线上的投影. 已知 $\triangle BKL$ 外接圆过点 K 和 L 的两条切线交点在 $\triangle ABC$ 的外接圆上. 求证:直线 AB 和 BC 都与 $\triangle PKL$ 的外接圆相切.

证明(陈奕宸)

引理　如图①,在△ABC 中,D 是 AB 上一点,MA、M'A 为△ABC 的中线和陪位中线. 若 DN=NC,则 △ACD∽△ABC.

引理的证明:对△BCD 和截线 M'NA 使用梅涅劳斯定理:

$$\frac{CM'}{M'B} \cdot \frac{BA}{AD} \cdot \frac{DN}{NC} = 1.$$

从而可得

$$\frac{CM'}{M'B} = \frac{AD}{AB}.$$

对△BCD 和截线 MN'A 使用梅涅劳斯定理:

$$\frac{CM}{MB} \cdot \frac{BA}{AD} \cdot \frac{DN'}{N'C} = 1,$$

从而可得

$$\frac{DN'}{N'C} = \frac{AD}{AB}.$$

由陪位中线的性质,得

$$\frac{AD}{AB} = \frac{CM'}{M'B} = \frac{AC^2}{AB^2},$$

$$\frac{AD}{AB} = \frac{DN'}{N'C} = \frac{AD^2}{AC^2},$$

则

$$\frac{AD}{AC} = \frac{AC}{AB}.$$

又∠BAC 为公共角,故

$$△DAC ∽ △CAB.$$

回到原题,如图②,设 N 为△ABC 外切圆中 $\overset{\frown}{BAC}$ 的中点. 因为点 K 为内切圆切点,点 L 为旁切圆切点,则点 K 与 L 关于 AC 中点 M 对称. 设 LW、KW 为△BKL 外接圆的两条切线,则 LW=KW,点 W 在直线 MN 上. 又点 W 在△ABC 的外接圆上,则点 W 为 MN 与△ABC 的外接圆的交点. 作点 K

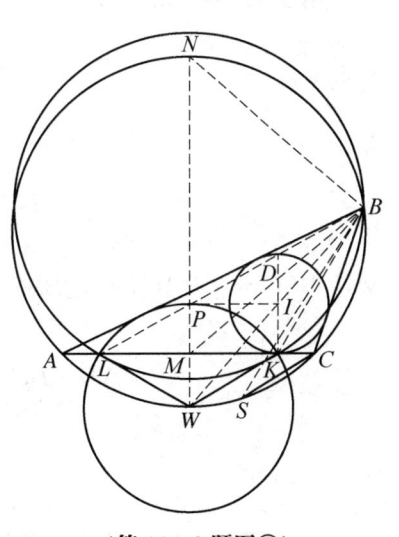

（第 11 - 2 题图①）

（第 11 - 2 题图②）

的对径点 D,有 B、D、L 三点共线.

由于 $MN \parallel DK$,$IP \perp MN$,则 $IP \perp DK$.又 $LK \perp DK$,则 $IP \parallel KL$.又四边形 $IPMK$ 为矩形,则 $IP \parallel MK$,且 $IP = MK = \dfrac{KL}{2}$.

又由于 $IP \parallel KL$,于是点 P 落在直线 BDL 上.因 WL、WK 为 $\triangle BLK$ 的外接圆切线,则 BW 为 $\triangle BLK$ 的陪位中线.又由于 $LM = MK$,$DI = IK$,由引理,有 $\triangle BDK \backsim \triangle BKL$.又因为在 $\triangle BDK$、$\triangle BKL$ 中,I、M 为对应点,故

$$\triangle BDI \backsim \triangle BKM,$$

则

$$\angle BID = \angle BMK.$$

又因为 $\angle BID = \angle KIW = \angle BWM$,故 $\angle BMK = \angle BWM$,故

$$90° - \angle BMK = 90° - \angle BWM,$$

即

$$\angle BMN = \angle BNM.$$

所以 $BM = BN$.

在 $\overset{\frown}{WC}$ 上取一点 S,使得 $BS = BN = BM$.因 $\angle BCS = \overset{\frown}{BAS}$ 所对圆周角,$\angle BMA = \angle BMN + 90° = \angle BNM + 90° = \overset{\frown}{BW}$ 所对圆周角 $+ \overset{\frown}{WAN}$ 所对圆周角 $= \overset{\frown}{BAN}$ 所对圆周角.

由于 $BN = BS$,则

$$\overset{\frown}{BAS} = \overset{\frown}{BAN}.$$

即

$$\angle BCS = \angle BMA.$$

又 $\angle BSC = \angle BAC$,则 $\triangle BSC \backsim \triangle BAM$.由中线长公式可得

$$AB \cdot BC = BM \cdot BS = BM^2 = \dfrac{AB^2}{2} + \dfrac{BC^2}{2} - \dfrac{AC^2}{4},$$

则

$$AC^2 = 2AB^2 + 2BC^2 - 4AB \cdot BC = 2(AB - BC)^2,$$

从而有

$$AC = \sqrt{2}\,|AB - BC|,$$

即 $AC = \sqrt{2}\,KL$. 由于 $WK^2 - MK^2 = WM^2 = WC^2 - CM^2$(勾股定理),则由鸡爪定理得

$$WK^2 = WC^2 - CM^2 + MK^2 = WI^2 - (AM^2 - MK^2)$$

$$= WI^2 - [(\sqrt{2}MK)^2 - MK^2] = WI^2 - MK^2$$

$$= WI^2 - PI^2 = WP^2,$$

则 $WK = WP$,即 $\triangle LPK$ 的外心为点 W. 而点 W 到直线 AB 的距离为

$$BW\sin\angle ABW = BW\sin\frac{B}{2} = 2R\cos\frac{C-A}{2}\sin\frac{B}{2} = R(\cos A + \cos C),$$

则由卡诺(Carnot)定理得 $R + r = R(\cos A + \cos B + \cos C)$.

所以,点 W 到直线 AB 的距离为 $R(1 - \cos B) + r = WM + MP = WP = \triangle PKL$ 的外接圆半径.

故 AB 与 $\triangle PKL$ 外接圆相切,同理,BC 也与 $\triangle PKL$ 外接圆相切. □

评析 这是一道难度较高的几何题,前半部分以角的计算为主,后半部分以边的计算为主,考查平面几何的综合能力. 在作出一个准确的图后,不难发现许多易证得的性质,比如点 W 落在 MN 上,点 B、D、P、L 共线等. 此题的第一个难点是观察并证明出 $\triangle BDK \backsim \triangle BKL$,这要求对陪位中线的性质掌握,而第二个难点便在于点 S 的构造,在构造出点 S 后,便是一些常规的计算,证明点到直线的距离等于圆的半径,问题便迎刃而解了.

卡诺定理的证明:

$$2S_{\triangle ABC} = (a + b + c)r = a \cdot OD + b \cdot OE + C \cdot OF,$$

其中点 D、E、F 分别是点 O 在 BC、CA、AB 上的投影. 因为 A、E、O、F 四点共圆,则由托勒密(Ptolemy)定理,有 $AO \cdot EF = AE \cdot OF + AF \cdot OE$,即 $\dfrac{a \cdot R}{2} = \dfrac{b \cdot OF}{2} + \dfrac{c \cdot OE}{2}$.

所以,

$$2S_{\triangle ABC} = (a + b + c)r = a \cdot OD + b \cdot OE + c \cdot OF,$$

$$a \cdot R = b \cdot OF + c \cdot OE,$$

$$b \cdot R = a \cdot OF + c \cdot OD,$$

$$c \cdot R = b \cdot OD + a \cdot OE.$$

上面四式相加得

$$(a+b+c)(R+r)=(a+b+c)(OD+OE+OF),$$

则 $R+r=OD+OE+OF$,即

$$R+r=R(\cos A+\cos B+\cos C).$$

题 11-3 如图①,设 $\triangle ABC$ 的内切圆 ω 分别切边 BC、CA、AB 于点 D、F、E,过点 E 的 DF 垂线交 BC 的延长线于点 X,过点 F 的 DE 垂线交 BC 于点 Y,线段 AD 与 ω 的另一交点为点 Z. 求证:$\triangle XYZ$ 的外接圆与 ω 相切.

证明(陈昱达) 如图②,由于 FY 与 $\angle B$ 的角平分线平行,EX 与 $\angle C$ 的角平分线平行,则

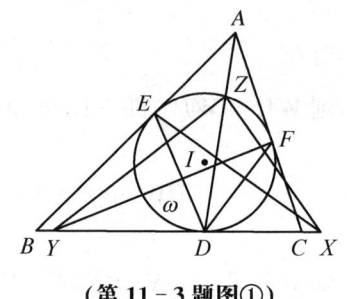

(第 11-3 题图①)

$$\angle FEX=\angle AFE-\angle ACI$$

$$=90°-\frac{\angle A}{2}-\frac{\angle C}{2}=\frac{\angle B}{2}=\angle FYC,$$

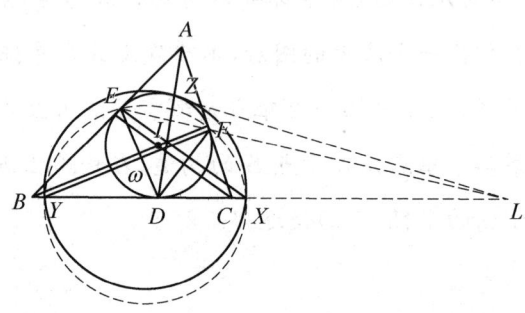

(第 11-3 题图②)

那么点 E、F、X、Y 共圆. 设 YX 与 EF 交于点 L,再过 L 作 ω 的切线,设与 ω 交点是 R. 则由 $LR^2=LE \cdot LF$,$LE \cdot LF=LX \cdot LY$ 可得 $LR^2=LX \cdot LY$. 即得两圆相切. □

评析 本题不难,结合圆幂定理进行导角与导边,便可顺利得出结论.

题 11-4 如图①,设 AH_1 和 BH_2 分别为 $\triangle ABC$ 的高,且其外接圆过点 A 的切线交 BC 于点 S_1,过点 B 的切线交 AC 于点 S_2,T_1 和 T_2 分别为 AS_1 和 BS_2 的中点. 求证:T_1T_2、AB、H_1H_2 共点.

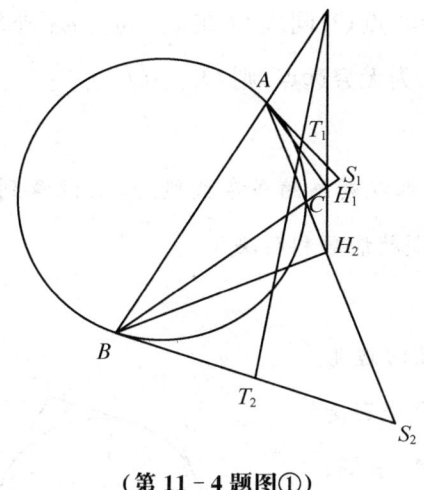

（第 11 - 4 题图①）

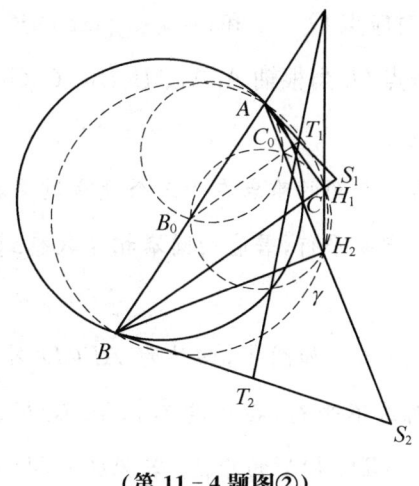

（第 11 - 4 题图②）

证明（陈昱达） 如图②，由于 $\angle AH_1B = \angle AH_2B = 90°$，则 A、B、H_1、H_2 四点共圆，将该圆称为垂足圆.

由于 AB 在垂足圆与 $\triangle ABC$ 外接圆的根轴上，又点 S_1 在 BC 上，T_1 是 AS_1 的中点，所以点 T_1 在平行于 BC 的中位线 B_0C_0 上. 又 AT_1 与过点 A、B_0、C_0 的圆相切，则 $T_1A^2 = T_1B_0 \cdot T_1C_0$. 由于 T_1A 与 $\triangle ABC$ 的外接圆相切，且 B_0 和 C_0 都在 $\triangle ABC$ 的九点圆上，又点 T_1 到外接圆和九点圆的幂相等，所以点 T_1 在外接圆和九点圆的根轴上. 类似地，点 T_2 也在此根轴上. 又知 H_1H_2 在九点圆和垂足圆的根轴上，由根心定理得三条根轴共点，即 T_1T_2、AB、H_1H_2 共点.

□

评析 本题小有难度，难点主要在于需考虑到九点圆. 考虑到九点圆后，结合根心定理便可成功解出.

题 11 - 5 给定三个圆 ω_1、ω_2、ω_3，ω_1 和 ω_2 交于 A_0 和 A_1，ω_1 和 ω_3 交于 B_0 和 B_1，ω_3 和 ω_2 交于 C_0 和 C_1. 设 $O_{i,j,k}$ 为 $\triangle A_iB_jC_k$ 的外心. 求证：有着 $O_{i,j,k}O_{1-j,1-i,1-k}$ 形式的四条线共点或平行.

证明（马飞雁） 如图，设 ω_1、ω_2、ω_3 的根心为 O，O 到三个圆的圆幂 $A_0O \cdot A_1O = C_0O \cdot C_1O = B_0O \cdot B_1O = R^2$. 假设 O 在 ω_1、ω_2、ω_3 的内部，以 O 为反演中心，R 作为半径作三个圆的反演变换 $\rho(O, R)$. 易知 ω_1、ω_2、ω_3 三圆反演不变，且 $A_0 \overset{\rho(O, R)}{\leftrightarrow} A_1$，$B_0 \overset{\rho(O, R)}{\leftrightarrow} B_1$，$C_0 \overset{\rho(O, R)}{\leftrightarrow} C_1$. 则有 $\triangle A_iB_jC_k$ 的外接圆 $\overset{\rho(O, R)}{\leftrightarrow} \triangle A_{1-i}B_{1-j}C_{1-k}$ 的外

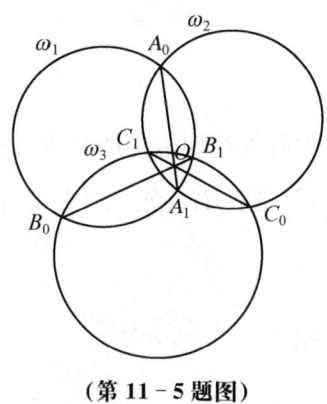

（第 11 - 5 题图）

接圆,即对应点 $O_{i,j,k}$ 和 $O_{1-i,1-j,1-k}$ 的连线过反演中心点 O. 同理 O 在 ω_1、ω_2、ω_3 外部时,四线共点于点 O. 当根轴 A_0A_1、B_0B_1、C_0C_1 平行时,O 为无穷远点,则 $O_{i,j,k}O_{1-j,1-i,1-k}$ 四线共点或平行. □

评析 本题的难点在于三个没有过多描述的圆与难以刻画的多条线段. 容易注意到三条根轴交于一点或平行,若能由圆幂相等联想到反演,则问题就能顺利解决了.

题 11-6 如图①,四边形 $ABCD$ 外切于 $\odot I$,且四边形 $ABCD$ 对边不平行,各边均不相等. 设 K、L、M、N 分别是 AB、BC、CD、DA 的中点. 若 $AB \cdot CD = 4IK \cdot IM$,求证:$BC \cdot AD = 4IL \cdot IN$.

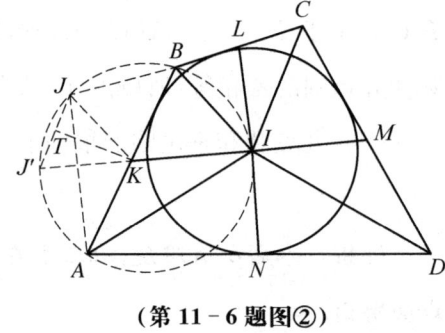

(第 11-6 题图①)

证明(甘润知) 如图②,构造点 J,使点 J、I 在 AB 异侧且满足 $\triangle BJA \backsim \triangle CID$,则 K、M 是相似对应点,从而有

$$\triangle CMI \backsim \triangle BKJ,$$

则 $\dfrac{MI}{CM} = \dfrac{JK}{BK}$,从而有

$$\frac{MI}{CD} = \frac{JK}{AB}.$$

又

$$\frac{MI}{CD} \cdot \frac{IK}{AB} = \frac{1}{4},$$

故

$$JK \cdot IK = \frac{AB^2}{4} = KA^2 = KB^2.$$

由圆外切四边形的性质,得 $\angle CID + \angle BIA = 180°$,结合 $\triangle BJA \backsim \triangle CID$,故点 B、J、A、I 共圆. 延长 IK 交 $\triangle BIA$ 的外接圆于 J'. 由相交弦定理,得

$$BK \cdot KA = IK \cdot KJ',$$

则

$$KJ = KJ'.$$

设 $\triangle BIA$ 外心是 O，JJ' 中点是 T，则

$$KT \perp JJ', OT \perp JJ'.$$

故点 O、K、T 共线. 由

$$OK \perp AB, OKT \perp JJ',$$

得

$$AB \parallel JJ'.$$

故

$$\angle IKB = \angle J'KA = \angle KJ'J = \angle JKB,$$

又

$$KB^2 = JK \cdot IK,$$

则

$$\triangle JKB \backsim \triangle BKI,$$

又由于

$$\triangle BJA \backsim \triangle CID,$$

故

$$\angle MCI = \angle KBJ.$$

而 I 为四边形 $ABCD$ 内切圆的圆心，则

$$\angle ICM = \angle ICB, \angle IBC = \angle IBA.$$

又

$$\triangle KBI \backsim \triangle KJB \backsim \triangle MIC,$$

则

$$\triangle KBI \backsim \triangle KJB \backsim \triangle MIC \backsim \triangle IBC.$$

从而有

$$\angle AID = 180° - \angle BIC = 180° - \angle BKI = \angle AKI,$$

而

$$\angle KAI = \angle IAD,$$

则

$$\triangle AKI \backsim \triangle AID.$$

从而有

$$\frac{AI}{AD} = \frac{AK}{AI},$$

故

$$AI^2 = AK \cdot AD = AN \cdot AB,$$

即 $\dfrac{AI}{AB} = \dfrac{AN}{AI}$，而 $\angle BAI = \angle NAI$，则

$$\triangle ANI \backsim \triangle AIB,$$

所以

$$\angle IND = 180° - \angle ANI = 180° - \angle AIB = \angle AJB = \angle CID.$$

由 $\angle IDC = \angle IDN$，则

$$\triangle CDI \backsim \triangle IDN.$$

类似地 $\triangle CID \backsim \triangle CLI$. 故

$$\triangle CLI \backsim \triangle CID \backsim \triangle IND,$$

则

$$\frac{CL}{LI} = \frac{IN}{ND}.$$

故

$$CL \cdot ND = LI \cdot IN.$$

又 L、N 分别为 BC、AD 的中点，故

$$BC \cdot AD = 4IL \cdot IN.$$

题 11－7　设 AL_a、BL_b、CL_c 为 $\triangle ABC$ 的三条角平分线,过点 B 和点 C 的 $\triangle ABC$ 外接圆切线交于点 K_a,类似地定义点 K_b、K_c. 求证:直线 K_aL_a、K_bL_b、K_cL_c 共点.

证明(陈昱达)　如图,由于

$$\angle K_aCL_a = \angle K_aBL_a,$$

则

$$\frac{L_aC}{\sin\angle L_aK_aC} = \frac{L_aK_a}{\sin\angle K_aCL_a} = \frac{L_aK_a}{\sin\angle K_aBL_a} = \frac{L_aB}{\sin\angle L_aK_aB},$$

所以

$$\frac{L_aC}{L_aB} = \frac{\sin\angle L_aK_aC}{\sin\angle L_aK_aB}.$$

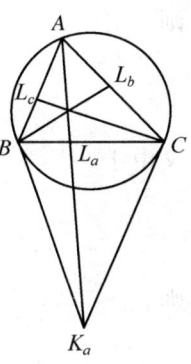

（第 11－7 题图）

类似地

$$\frac{L_cB}{L_cA} = \frac{\sin\angle L_cK_cB}{\sin\angle L_cK_cA}, \frac{L_bA}{L_bC} = \frac{\sin\angle L_bK_bA}{\sin\angle L_bK_bC}.$$

此时

$$\frac{L_aC}{L_aB} \cdot \frac{L_cB}{L_cA} \cdot \frac{L_bA}{L_bC} = 1,$$

由角元塞瓦定理的逆定理可知,K_aL_a、K_bL_b、K_cL_c 共点.　□

评析　本题相较于前面几道来说十分简单,使用正弦定理和塞瓦定理便可轻松解出.

题 11－8　设 O 为 $\triangle ABC$ 的外心,H 为它的垂心,M 为 AB 的中点,直线 MH 交过点 O 的 AB 平行线于点 K,且点 K 位于 $\triangle ABC$ 的外接圆上. 设点 P 为点 K 在 AC 上的投影. 求证:$PH /\!/ BC$.

证明(张冠宇)　先证明以下引理.

引理　若 M、N 关于 $\triangle ABC$ 的西姆松(Simson)线分别为 XQ、XP,则

$$\angle PXQ = \frac{\angle MON}{2}.$$

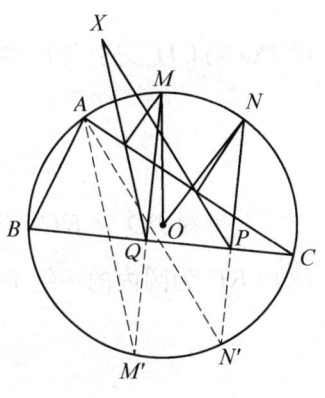

（第 11－8 题图①）

引理证明:如图①,延长 NP 交 $\odot O$ 于点 N',延长 MQ 交 $\odot O$

于点 M'. 易知

$$AN' \parallel XP,\ AM' \parallel XQ.$$

则

$$\angle PXQ = \angle M'AN'.$$

又由于

$$NN' \parallel MM',$$

则

$$\overset{\frown}{MN} = \overset{\frown}{M'N'},$$

可得

$$\angle PXQ = \frac{\angle MON}{2}.$$

即引理得证.

回到原题. 如图②, 延长 HM 至点 D 使 $HM=DM$, 则 $AH \parallel BD$ 且 $AH=BD$, C 和 D 为一组对径点. 连结 CK, 则 $CK \perp DK$. 作 $KQ \perp BC$ 于点 Q, 连结 HQ.

由斯坦纳(Steiner)定理可得 PQ 平分 HK. 连结 CH 并将其延长交圆于点 F. 再连结 FK, 可知 OK 垂直平分 CF, 则

$$\angle KFC = \angle KCF = \frac{\angle COK}{2}.$$

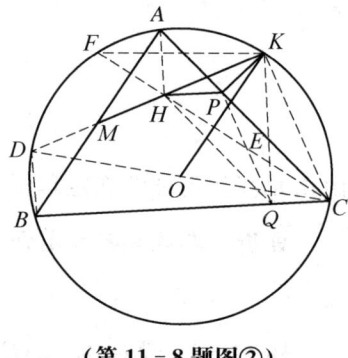

(第 11 - 8 题图②)

设 PQ 与 CH 交于点 E, 由于 CH、PQ 分别为 C、K 关于 $\triangle ABC$ 的西姆松线, 由引理可知

$$\angle CEQ = \frac{\angle COK}{2} = \angle KCF.$$

又可知 $PQ \parallel KC$, $PQ \perp KH$, 于是 PQ 垂直平分 KH. 又因为点 P、Q、C、K 共圆, 且 PQ、KC 为圆内的一组平行弦, 故

$$PK = QC,\ PC = KQ,$$

则

$$PH = PK = CQ,\ PC = KQ = HQ.$$

所以,四边形 $PHQC$ 为平行四边形,故 $PH \parallel QC$,即 $PH \parallel BC$.

评析　本题是一个有些难度的题,主要的难点在于题目条件的适当转化,垂心性质的熟练运用,以及对于西姆松定理及其相关推论的了解,若将这些一一攻克,便可使此题化繁为简.

题 11-9　给定一个椭圆 Γ 及一条给定的弦 AB. 求内接于 Γ 的 $\triangle ABC$ 垂心的轨迹.

解(陈奕宸、甘润知)　先证以下引理.

引理　设 BE、CF 是 $\triangle ABC$ 的两条高,AS、AT 为以 BC 为直径的圆的切线,则点 S、H、T 共线.

引理的证明:如图①,易知点 B、C、E、F 共于该圆上,则 A、H 关于此圆共轭(布拉卡特(Brocard)定理).

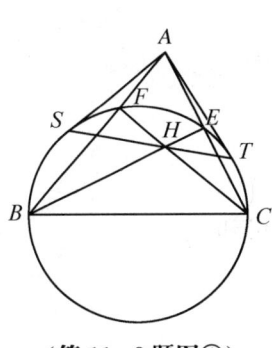

(第 11-9 题图①)

又点 A 关于该圆极线为 ST,则点 S、H、T 共线.引理即证.

我们固定 A、B,设 $A(1,0)$,$B(-1,0)$,以 AB 为直径的圆 $\odot O$:$x^2 + y^2 = 1$,则过 A、B 的椭圆可表示为 $(x-1)(x+1) + (Bxy + Cy^2 + Ey) = 0$(其中 B、C、E 为三个常数.)

因为 $x^2 + Bxy + Cy^2 + Ey - 1 = 0$ 为椭圆 Γ 的方程,则

$$\Delta = B^2 - 4C < 0.$$

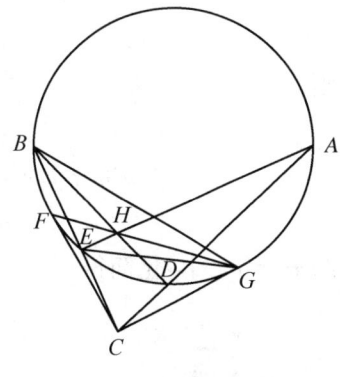

(第 11-9 题图②)

我们取点 $C(x_0, y_0)$ 为 Γ 上一点,连结 BC 交 $\odot O$ 于点 E. 过点 C 引两切线,切点为点 F、G. 我们下面证明 BD、AE、FG 共点,即

$$\frac{\sin\angle BGF}{\sin\angle FGE} \cdot \frac{\sin\angle GEA}{\sin\angle AEB} \cdot \frac{\sin\angle EBD}{\sin\angle DBG} = 1.$$

即

$$\frac{BF}{FE} \cdot \frac{AG}{AB} \cdot \frac{ED}{DG} = 1.$$

由三角形的相似,有

$$\frac{BF}{FE} = \frac{CF}{CE}, \frac{AG}{DG} = \frac{CA}{CG}, \frac{ED}{AB} = \frac{CE}{CA}.$$

所以

$$\frac{BF}{FE} \cdot \frac{AG}{AB} \cdot \frac{ED}{DG} = \frac{CF}{CE} \cdot \frac{CA}{CG} \cdot \frac{CE}{CA} = 1.$$

于是 BD、AE、FG 共点,设交点为 H. 由于 $BD \perp AC$,$AE \perp BC$,故 H 为 $\triangle ABC$ 垂心(证明共点也可以使用引理). 由 $\odot O$:$x^2 + y^2 = 1$,$C(x_0, y_0)$ 得切点弦 FG 的方程为 $x_0 x + y_0 y = 1$. 又 $CH \perp AB$,则 $x_H = x_0$.

由于 $CH \perp AB$,则

$$H\left(x_0, \frac{1 - x_H^2}{y_H}\right).$$

由

$$x_H = x_0, \quad y_H = \frac{1 - x_0^2}{y_0},$$

可知

$$x_0 = x_H, \quad y_0 = \frac{1 - x_H^2}{y_H}.$$

又因为点 C 在椭圆上,故

$$x_0^2 + B x_0 y_0 + C y_0^2 + E y_0 - 1 = 0,$$

则

$$x_H^2 + B x_H \cdot \frac{1 - x_H^2}{y_H} + C \cdot \frac{(1 - x_H^2)^2}{y_H^2} + E \cdot \frac{1 - x_H^2}{y_H} - 1 = 0,$$

约去 $x_H^2 - 1$,化简得

$$1 - B \cdot \frac{x_H}{y_H} + C \cdot \frac{x_H^2 - 1}{y_H^2} - \frac{E}{y_H} = 0,$$

即

$$y_H^2 - B x_H y_H + C x_H^2 - E y_H - C = 0.$$

则点 H 的轨迹方程为:

$$C x^2 - B x y + y^2 - E y - C = 0.$$

由于 $\Delta = (-B)^2 - 4C = B^2 - 4C < 0$,则点 H 的轨迹为椭圆. 又因为点 C 与点 A、B 不能重合,故点 H 的轨迹方程为:

$$C x^2 - B x y + y^2 - E y - C = 0 \ (y \neq 0),$$

即除去 A、B 两点的一个椭圆.

评析 这是一道不算很常规的解析几何题,考查了发散思维能力,若以椭圆的标准方程建立坐标系,则计算量异常繁琐,但如果跳出这个思路,思考到垂心会带来四点共圆,将视角转变为固定 AB,而让椭圆动起来,这样便可利用平面几何知识,计算出点 A 坐标,后面便是常规的使用相关点法求轨迹方程了.而且,此题还可以衍生出一些美妙的性质,例如参数 $C=1$ 时,点 H 的轨迹与椭圆 Γ 关于 x 轴对称.本题最后说明两个椭圆相似(离心率相等)的命题可用高等知识更为快捷地证明.

题 11-10 等腰 $\triangle ABC$($AB=AC$)的高是 AA_0,以 AA_0 的中点为圆心的圆 γ 与 AB 和 AC 相切,X 为直线 BC 上任意一点.求证:过点 X 向 γ 作的两条切线在直线 AB 和 AC 上所截的线段相等.

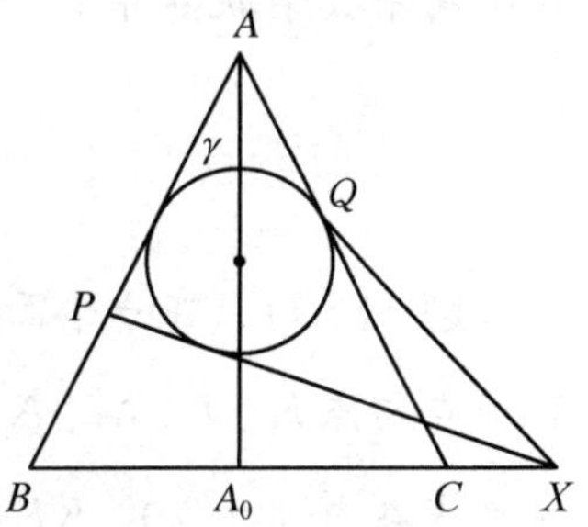

证明(甘润知) 设两条切线分别交 AB、AC 于点 P、Q,如图所示.以 A_0 为坐标原点,A_0C 为 x 轴正方向,A_0A 为 y 轴正方向建立平面直角坐标系.

(第 11-10 题图)

设 $B(-1,0)$,$C(1,0)$,$A(0,2a)$,则圆 γ 的方程为

$$x^2+(y-a)^2=\frac{a^2}{4a^2+1}.$$

设 $X(d,0)$,$XP:x_1=d+k_1y$,$XQ:x_2=d+k_2y$(k_1、k_2 存在),则代入 $x=d+ky$ 于圆方程中知 $\Delta=0$,即

$$4a^4k^2+2ad(1+4a^2)k+d^2(1+4a^2)-a^2=0,$$

该式的两个根分别为 k_1 和 k_2.

由对称性,只要证明 $BP=AQ$ 即可.易知 $AB:y_1=2a+2ax$,$AC:y_2=2a-2ax$.先算 P,$x=d+k_1y=d+k_1(2a+2ax)$,则

$$x_P=\frac{2ak_1+d}{1-2ak_1}.$$

类似地算 Q:$x=d+k_2y=d+k_2(2a-2ax)$,则

$$x_Q=\frac{2ak_2+d}{1+2ak_2}.$$

又需证 $AQ=BP$,即 $1+x_P=x_Q$,即

$$\frac{d+1}{1-2ak_1}=\frac{d+2ak_2}{1+2ak_2},$$

即

$$2ad(k_1+k_2)+1=-4a^2k_1k_2,$$

亦即

$$-\frac{a^2d^2(1+4a^2)}{a^4}+1=-\frac{a^2d^2(1+4a^2)-a^4}{a^4},$$

这是显然的,故 $AQ=BP$. 进而得结论成立. □

评析 本题可以用调和或者导比例的方法证明,是一个中等难度题,笔者给的证法是一个大家可能第一眼想到的做法:解析几何,本题因直角,切线,等腰三角形等因素,很容易想到解析,但在做高中数学联赛中的平面几何题,尽量不要用解析几何的方法,因为可能会导致不必要的扣分.

题 11-11 在一平面内,有 a、b 为两条封闭折线(可能自交)与 K、L、M、N 四个点. a、b 的顶点与点 K、L、M、N 的位置关系是平凡的(即这些点既没有三点共线,也没有以它们为端点的直线在内部共点). KL 和 MN 与 a 均有偶数个交点,LM 和 NK 与 a 均有奇数个交点. 相反,KL 和 MN 与 b 均有奇数个交点,LM 和 NK 与 b 均有偶数个交点. 求证:a 和 b 相交.

证明 设折线 a 的顶点在平面内任意位置,图中折线将平面分为多个部分,将这些部分用黑色或白色表示(即相邻部分的颜色不同). 平面靠外的部分均为白色. 对与 a 自相交的任意点 O,截取线段 $OA=OB=OC=OD=\varepsilon$,则 $ABCD$ 为矩形. 如果 ε 足够小,那么 a 与 b 的公共点与线段 KL、LM、MN、NK 都位于矩形 $ABCD$ 的外部. 如果将所有自交点构造成这样的矩形并将其以白色表示,那么平面的黑色部分将是若干不相交的多边形的并集. 接下来,将部分矩形重新着色,可以得到一个黑色多边形,受非自相交折线 a' 的约束(可以得到一个被非自相交折线 a' 约束的黑色多边形). 以同样的方式构造非自相交折线 b'. 通过这种构造,折线 a'、b' 彼此相交并且与线段 KL、LM、MN、NK 的交点与折线 a、b 的交点相同. 假设 a' 和 b' 不相交,则他们将平面分为三个部分,因此点 K、L、M、N 中的两点位于同一部分中. 但这是不可能的,因为 a' 将点 K 和 L 与点 M 和 N 分开,而 b' 将点 K 和 N 与点 M 和 L 分开,则 a' 和 b' 相交,因此给定的折线也相交. □

评析 这个组合几何题是一个中等难度题,这里面的构造与染色的思路还是比较自然的,是一个比较不错的联赛训练题.

题 11 - 12　两个单位正方体的中心相同. 是否总能将每个正方体的顶点从 1 到 8 编号,使得每一对编号相同的顶点间距离不超过 $\frac{4}{5}$? 能否不超过 $\frac{13}{16}$ 呢?

解　令 $k=A_1A_2\cdots A_8$ 是其中一个正方体($A_1A_2A_3A_4$ 是单位正方形,并且对于所有 i, A_i 都与 A_{i+4} 相邻),d_1、d_2、d_3、d_4 是 k 的空间对角线,令 λ 是另一个正方体,e_1、e_2、e_3、e_4 是 λ 的空间对角线. 令 O 为两个正方体的共同中心,s 为它们的共同外接球,μ 为不超过 s 直径的正实数,α 为长度为 μ 的弦的中心角.

令 e_j 的集合为 S_i,其中 e_j 满足与 d_i 的夹角不超过 α. 假设对于所有 $1\leqslant k\leqslant 4$,集合 S_i 中任意 k 个子集的并集都至少包含 k 个元素,则根据霍尔(Hall)定理,我们可以从每个 S_i 中选择一个代表 e_i',使其与所有其他四个代表各不相同,并用这种方式将每个 d_i 的端点与其对应的 e_i' 的端点配对,使得每对端点中两个顶点之间的距离最大为 μ.

下面我们观察一下 k 的可能取值以及 μ 的范围. 当 $k=4$ 时,由平面 $A_1A_2A_3A_4$ 截取外接球 s 的球冠,令点 P 为球冠的中心(也就是说,P 是 s 上的点,$PA_1=PA_2=PA_3=PA_4$,并且 $A_1A_2A_3A_4$ 将点 O 与点 P 分离). 我们要实现以 A_i 为中心,以 α 为半径的八个球冠的并集包含 λ 的所有顶点,即覆盖 s. 当 $\mu\geqslant PA_1$ 时,即成立;μ_4 表示 PA_1 的长度.

当 $k=3$ 时,令 Q 为球 s 上的劣弧 $\overparen{A_1A_3}$ 上的一个点,使得 $A_2Q=A_4Q=\mu$ 且 $A_1Q\leqslant QA_3$. 以此方式在劣弧 $\overparen{A_1A_6}$ 和 $\overparen{A_1A_8}$ 上选择 R 和 S.

不失一般性,我们需要确保以 A_2、A_4、A_5、A_3、A_6 和 A_8 为中心,以 α 为半径的六个球冠的并集至少包含正方体 λ 的六个顶点. 等价地,我们需要确保该并集对 s 的补集最多包含 λ 的两个顶点. 其中补集由两个连接的部分组成,它们相对于点 O 是对称的. 因此,有必要确保每个部分最多包含 λ 的一个顶点. 由于每个部分都包含在等边球形三角形 QRS 中,但又包含任意接近 Q、R、S 的点,因此必须保证 $QR\leqslant 1$ 或 $\mu\geqslant\mu_3$ 是充分必要的,其中 μ_3 是使等式成立的 μ 的值. 显然 $\mu_3>\mu_4$.

对于 $k=2$ 和 $k=1$,令 d_j 的集合为 T_i,其中 d_j 满足与 e_i 之间的夹角不超过 α.

当 $k=2$ 时,不失一般性,假设 $S_1\bigcup S_2$ 不包含 e_1、e_2、e_3. 那么 $T_1\bigcup T_2\bigcup T_3$ 不包含 d_1 和 d_2. 从 $k=3$ 的情况我们知道,只要 $\mu\geqslant\mu_3$,就可以避免这种情况.

当 $k=1$ 时,假设不失一般性,S_1 不包含任何 e_i. 那么所有 T_i 的并集不包含 d_1. 从 $k=4$ 的情况我们知道,只要 $\mu\geqslant\mu_4$,就可以避免这种情况.

因此 $\mu \geqslant \mu_3$ 始终成立. 为了使 $\mu < \mu_3$ 不成立, 让 λ 为中心为 O 且棱为 QR 的正方体, 如在 $k=3$ 的情况下, λ 的顶点 Q 和 R 中至多有一个与 A_1 配对; 无论我们将 k 的哪个顶点与另一个顶点配对, 它们之间的距离都大于等于 μ_3. 因此, 满足问题条件的最短距离 μ 为 $\mu_3 =$ $\sqrt{\dfrac{9 - 2\sqrt{2} - \sqrt{5}}{6}}$. 由于 $\dfrac{4}{5} < \mu < \dfrac{13}{16}$, 因此问题第一部分的答案为否定, 问题的第二部分的答案为肯定. $\square$

评析 这个立体几何、组合几何结合图论的题相对来说难度上升了不少, 能够比较容易地猜到答案, 但是论证与构造方面需要比较多的灵感与知识背景. 本题用到了霍尔定理.

霍尔定理: 二部图 G 中的两部分顶点组成的集合分别为 X、Y, $X = \{X_1, X_2, \cdots, X_m\}$, $Y = \{Y_1, Y_2, \cdots, Y_n\}$, G 中有一组无公共点的边, 一端恰好为组成 X 的点的充分必要条件是: X 中的任意 k 个点至少与 Y 中的 k 个点相邻 $(1 \leqslant k \leqslant m)$.

第 84 届圣彼得堡数学竞赛组合题解析

羊明亮[1]　　吴尉迟[2]

(1. 浙江省乐清市知临中学,325600；2. 上海大学,200444)

在国家和地区的数学竞赛中,圣彼得堡的数学竞赛可能是公认难度最大的,特别是其中的组合题,题面新颖. 我们选取了 2018 年的圣彼得堡数学竞赛八道组合题,其中第 1、2 题是九年级竞赛题,第 3、4、5、6 题是十年级竞赛题,第 7、8 题是十一年级竞赛题.

在所选的八个题中,第 1、3、4、7、8 题是联赛二试难度的题；第 2、5、6 题是冬令营中等难度的题. 总体而言,今年的组合题难度比去年简单些,去年的题目及解答可以参见数学新星网教师专栏的《2017 年第 83 届圣彼得堡数学竞赛组合题解析》一文.

题 1　一个圆项链有 $n > 3$ 个珠子,每颗珠子染为红色或蓝色. 如果一颗珠子相邻两侧的珠子同色,则它可被重新染为另一种颜色(从红色到蓝色或从蓝色到红色). 求所有满足以下性质的 n：若 n 个珠子无论开始如何染色,总可以重新染色,使所有的珠子均是同一颜色.

解法 1(天津实验中学解尧平)　所求的 n 为所有大于 3 的奇数.

先证明 n 为偶数时,不满足条件.

当 $n \equiv 0 \pmod{4}$,取珠子的染色方式为"红红蓝蓝红红……蓝蓝"时,则每个珠子都无法重新染色. 故此时不能重新染色,使所有珠子均为同一颜色.

当 $n \equiv 2 \pmod{4}$,取珠子的染色方式为"红红红红蓝蓝红红……蓝蓝"时,只将其中两个红色能重新染为蓝色,注意到珠子为圆排列,故重新染色后的染色方式为"蓝蓝蓝蓝红红蓝蓝……红红",如此往复,故不能重新染色使得所有珠子同色.

下证 n 为奇数时,满足条件.

反证法. 假设存在一种初始的染色方式,使得无法通过重新染色使所有珠子同色. 设 n_0 是最大的正整数,满足：可对初始染色方式重新染色,使得存在 n_0 个连续珠子同色.

不妨设这 n_0 个珠子均为红色. 下面对 n_0 分奇偶讨论.

① 若 n_0 为奇数,则存在 n_0+2 个连续的珠子,其颜色为:蓝红红$\cdots\cdots$红蓝.我们可以依次对
$\underbrace{\qquad\qquad}_{n_0个}$

连续 n_0 个红色珠子中的第 $2,1,4,3,\cdots,n_0$ 个珠子进行重新染色.这样便可以得到连续 n_0+2 个同色的珠子.这与 n_0 的最大值矛盾.

② 若 n_0 为偶数,则存在 n_0+2 个连续的珠子,其颜色为蓝红红$\underbrace{\cdots\cdots}_{n_0个}$红蓝.由 n_0 的最大性知,

存在 n_0+4 个连续的珠子,其颜色为:蓝蓝红红$\underbrace{\cdots\cdots}_{n_0个}$红蓝蓝.我们可以依次对连续 n_0 个红色珠子

中的第 $2,1,4,3,\cdots,n_0-2,n_0-3$ 个红色珠子进行重新染色.这样得到在 n_0+4 个连续的珠

子,其颜色为$\underbrace{蓝蓝\cdots\cdots蓝}_{n_0个}$红红蓝蓝.

由 n_0 的最大性,上述 n_0+4 个珠子的左侧两个珠子均为红色.依次类推,其他珠子的颜色为:
红红蓝蓝$\cdots\cdots$,这与 n 为奇数矛盾. □

解法 2(浙江省知临中学胡子晗) 所求的 n 为大于 3 的奇数.此证明中,B 表示蓝色,R 表示
红色.

先证 n 为偶数时,不符合条件.

若 $4\mid n$.取珠子颜色依次为 RRBBRRBB$\cdots$RRBB,则不存在珠子,其两侧珠子同色,故无法重
新染色使得所有珠子同色.

若 $4\nmid n$,取珠子颜色依次为 RRBBRRBB$\cdots$RRBBRR,则只能对第一个或最后一个珠子操作,
由对称性不妨设对第一个珠子操作,颜色变为 BRBBRRBB$\cdots$RRBBRR,此时又只能对第二个珠
子操作,颜色变为 BBBBRRBB$\cdots$RRBBRR.注意到珠子为圆排列,故此时情况与初始情况相同,故
不能使所有珠子同色.

下证 n 为奇数时,满足条件.

当 n 为奇数时,若 n 个珠子不同色,则存在一段奇数个连续的同色珠子,且这段珠子相邻的
两个珠子的颜色与这段珠子颜色不同.不妨设这段珠子为蓝色,其个数为 $2k-1$,$k\in \mathbf{N}_+$.即这段
珠子及其相邻的珠子颜色为 R$\underbrace{BB\cdots B}_{2k-1个}$R.

若 $k=1$,RBR 可直接变为 RRR.

若 $k\geqslant 2$,可依次将它变为 RBR$\underbrace{B\cdots B}_{2k-3个}R,RRR\underbrace{B\cdots B}_{2k-3个}$R,$\cdots$,如此下去,这段珠子可全变为
蓝色.

这样的操作使得同色珠子的段数减少,因此此操作会在有限步后终止.即存在某个时刻,全
部珠子同色. □

评析　这是一道中等难度的组合题. 此题的难点是证明 n 为奇数时可行.

解法 1 借助反证法, 通过对连续同色珠子个数的最大值 n_0 的奇偶性分类讨论得到结论: n_0 为奇数的情形相对容易, 可直接对这 n_0 个珠子重新染色即得矛盾; n_0 是偶数的情形, 关键点是: 这 n_0 个珠子两侧的珠子的颜色是成对出现.

解法 2 更为轻巧, 通过对奇数个连续的同色珠子进行重新染色, 使同色珠子的段数不断减少, 进而论证 n 为奇数时可行.

题 2　在一个由 10×10 个边长为 1 方格构成的方格表中选取 n 方格. 在每个被选取的方格中, 画一条有向的对角线. 已知对于两个有向的对角线, 要么一条对角线的终点与另一条的起点相同, 要么两个终点的距离至少是 2. 求 n 的最大值.

解法 1(浙江省知临中学韩新淼)　$n_{\max} = 48$. 构造如图①所示.

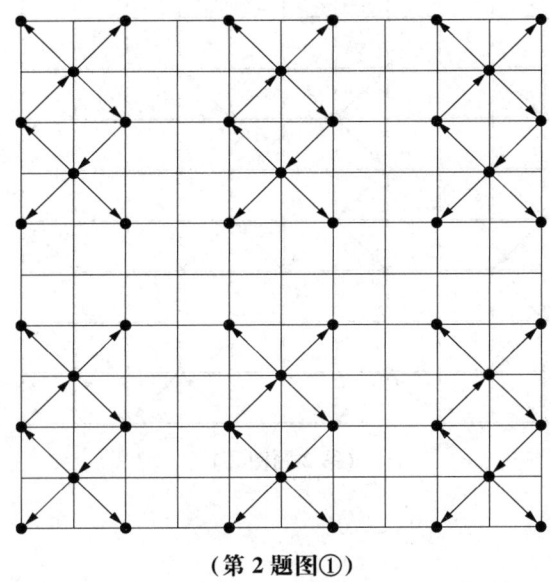

(第 2 题图①)

下证: $n \leqslant 48$.

将原 10×10 方格表向上、下、左、右各拓展一行或一列, 得到 12×12 方格表.

对每条有向对角线 $\vec{v}$, 设其所在的方格为 $T_{\vec{v}}$, 其终点为 $A_{\vec{v}}$. 记

$$S(\vec{v}) = \{12 \times 12 \text{ 方格表中包含点 } A_{\vec{v}} \text{ 且不是 } T_{\vec{v}} \text{ 的方格}\},$$

则 $|S(\vec{v})| = 3$. 若 $\vec{v}$ 如图②所示, 则 $S(\vec{v})$ 为除左下方格外的其余三个方格.

我们证明: 若 $\vec{v_1} \neq \vec{v_2}$, 则 $S(\vec{v_1}) \bigcap S(\vec{v_2}) = \varnothing$.　　　　（ * ）

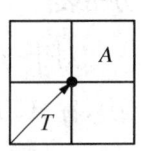

(第 2 题图②)

反证法. 设存在两条对角线 $\vec{a}$、$\vec{b}$,满足 $S(\vec{a}) \bigcap S(\vec{b}) \neq \varnothing$. 设 $S \in S(\vec{a}) \bigcap S(\vec{b})$,则 $\vec{a}$、$\vec{b}$ 终点的距离小于 2,且 $\vec{a}$、$\vec{b}$ 均不在方格 S 中.

故由条件知,$\vec{a}$、$\vec{b}$ 中必有一向量起点为另一向量的终点,不妨设 $\vec{a}$ 的起点是 $\vec{b}$ 的终点,则 $\vec{a}$ 的起点和终点均在 S 中,这与 $\vec{a}$、$\vec{b}$ 均不在 S 中矛盾. (*)得证.

由(*)知,有向对角线条数

$$n \leqslant \frac{12^2}{3} = 48.$$

综上,n 的最大值为 48.

解法 2(浙江省知临中学胡子晗) n 的最大值为 48. 构造如图③所示.

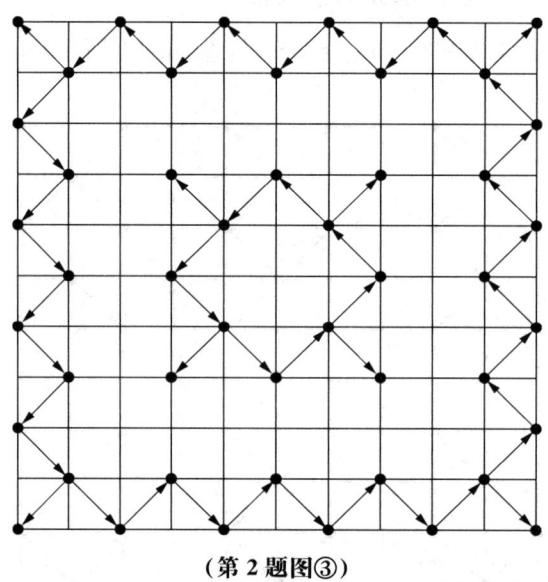

(第 2 题图③)

下证 $n \geqslant 48$.

把所有有向对角线的终点染成红色. 由题意,不存在终点重合的两条有向对角线,不存在两点红点距离为 1. 若存在两个距离为 $\sqrt{2}$ 的红点,则必存在一条有向对角线,其起点和终点均为红点.

我们证明:若有 k 个红点 $(k \geqslant 49)$,则距离为 $\sqrt{2}$ 的点对至少有 $k+1$ 对. (**)

事实上,我们把这 10×10 方格表向右、向下分别拓展一列、一行,得到 11×11 方格表.

对于一个红点 A,称它右方、下方、右下方的点 B、C、D 为它的附庸(如图④),称 A、B、C、D 这四个点为红点 A 的领土.

从而,两个红点距离为 $\sqrt{2}$ 等价于它们的领土有公共点.

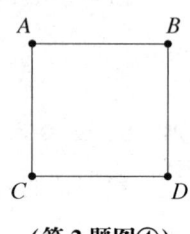

(第 2 题图④)

由于两个红点距离不为 1, 故不存在两个红点, 其领土有 2 个公共点, 且不存在一个点为三个红点的领土. 故由容斥原理知, 至少有 $4k-144$ 个点为两个红点的领土, 即至少有 $4k-144$ 个红点对之间距离为 $\sqrt{2}$. 又 $k \geqslant 49$, 从而 $4k-144 \geqslant k+1$. 故 ($**$) 成立.

因此若恰有 $k \geqslant 49$ 个方格满足条件, 则对应的红点有 k 个, 它们之间距离为 $\sqrt{2}$ 的点对不少于 $k+1$ 个, 则至少有 $k+1$ 条对角线, 则至少有 $k+1$ 个方格满足条件, 矛盾! 故 $n \leqslant 48$.

综上, n 的最大值为 48. $\qquad\square$

评析 此题难度较大. 解法 1 中论证部分的难点是: 通过将原表格拓展成 12×12 方格表, 建立有向对角线与其终点所在的三个方格对应. 构造的时候, 需要先构造 6×4 方格表的情形, 再将 6 个该表格拼成 12×12 方格表, 再删去四周的方格即可.

解法 2 建立有向对角线终点与其领土的关系, 利用任三领土无交和容斥原理得到终点个数的上界.

题 3 米莎来到一个有 n 个城市的国家. 每两个城市均有道路连通. 米莎要想游玩某些城市, 但是他不能游玩同一个城市两次. 每次, 当米莎从城市 A 到城市 B, 总统会破坏 k 条与城市 B 相通的道路 (不能破坏米莎正在走的道路, 且若没有足够的道路, 则破坏除米莎正在走的道路外的所有道路). 求米莎可以游玩的城市的个数的最大值, 无论总统以何种方式破坏道路.

解 (浙江省知临中学胡子晗) 所求的最大值为 $\begin{cases} 2, & n \leqslant k+2, \\ n-k, & n \geqslant k+3. \end{cases}$

当 $n \leqslant k+2$ 时, 米莎可以总从一个城市 A 出发到另一个城市 B. 而总统可以破坏与 B 相连的除 A 外的 $n-2$ 个城市. 故此时, 米莎可游玩的城市的最大值为 2.

当 $n \geqslant k+3$ 时, 当米莎到达第 i ($i < n-k$) 个城市时, 由于总统至多破坏 k 条与这个城市相连的道路, 此时存在一个未被游玩的城市, 其与第 i 个城市相连的道路未被破坏. 当米莎游玩到第 $n-k$ 个城市时, 总统可破坏从该城市出发到达未被游玩的 k 个城市的道路, 此时, 米莎无法继续游玩. 故米莎至多游玩 $n-k$ 个城市. $\qquad\square$

评析 这是一道简单的题, 只需讨论未被游玩的城市个数与 k 的大小即可.

题 4 将一个 2018 边形的顶点二染色, 使得相邻顶点颜色不同. 若一种颜色的顶点处的角度之和等于另一种颜色的顶点处的角度之和, 则称该多边形是 "有趣的". 对于一个凸 2019 边形, 标注一个顶点. 已知去掉任意一个未被标注的点, 得到的 2018 边形均是有趣的. 证明: 若去掉标注的顶点得到的 2018 边形也是有趣的.

证明(浙江省知临中学胡子晗)　记该 2019 边形为 $V_1V_2\cdots V_{2019}$.不妨设 V_1 是被标记的点.

记 $\alpha_i = \angle V_{i-1}V_iV_{i+1}$,$i = 1, 2, \cdots, 2019$,其中,$V_{2020} = V_1$,$V_0 = V_{2019}$.

因去掉 V_2 得到的 2018 边形是有趣的,故

$$\alpha_3 - \angle V_2V_3V_1 + \alpha_5 + \alpha_7 + \cdots + \alpha_{2019} = 1008\pi.$$

因去掉 V_3 得到的 2018 边形是有趣的,故

$$\alpha_2 - \angle V_3V_2V_4 + \alpha_5 + \alpha_7 + \cdots + \alpha_{2019} = 1008\pi.$$

由上两式知 $\alpha_3 - \angle V_2V_3V_1 = \alpha_2 - \angle V_3V_2V_4$,从而

$$\angle V_1V_3V_4 = \angle V_1V_2V_4,$$

即有 V_1、V_2、V_3、V_4 四点共圆.

同理,V_2、V_3、V_4、V_5 四点共圆,V_3、V_4、V_5、V_6 四点共圆,$\cdots\cdots$,V_{2017}、V_{2018}、V_{2019}、V_1 四点共圆,故 V_1,V_2,$\cdots$,V_{2019} 共圆.

于是,我们有 V_{2019}、V_1、V_2、V_3 共圆,则 $\angle V_{2019}V_1V_3 = \angle V_{2019}V_2V_3$,即

$$\alpha_1 - \angle V_2V_1V_3 = \alpha_2 - \angle V_1V_2V_{2019}, \tag{①}$$

而去掉 V_2 得到的 2018 边形是有趣的,故

$$\alpha_1 - \angle V_2V_1V_3 + \alpha_4 + \alpha_6 + \cdots + \alpha_{2018} = 1008\pi,$$

结合①知,

$$\alpha_2 - \angle V_1V_2V_{2019} + \alpha_4 + \alpha_6 + \cdots + \alpha_{2018} = 1008\pi,$$

即去掉 V_1 得到的 2018 边形是有趣的.　　　　　　　　□

评析　此题是较为容易的组合题.关键是发现该 2019 边形所有顶点共圆,进而得出角度关系.

题 5　n 枚硬币排在圆周上,每枚硬币正面或反面朝上,且圆周不能旋转.允许如下操作:若相邻两枚硬币均是正面朝上或反面朝上,则可将它们都翻面.如果两种硬币的分布方式可以通过有限次操作从一种变为另一种,则认为两种分布等价.问:共有多少种不等价的分布?

解(浙江省知临中学郑立瑜)　所求的值为 $\begin{cases} n+1, & 2 \mid n, \\ 2, & 2 \nmid n. \end{cases}$

在圆周上,依次记这些硬币为 V_1,V_2,$\cdots$,V_n.

一方面,当 $2 \mid n$ 时,设 $n = 2k$. 每次操作把一个下标为奇数的硬币和一个下标为偶数的硬币从同正变为同反,或从同反变为同正,因此 $V_1, V_3, \cdots, V_{2k-1}$ 中正面硬币数与 $V_2, V_4, \cdots, V_{2k}$ 中正面硬币数的差在操作中不变,而这个差值可取 $-k, -k+1, \cdots, k$,因此至少有 $2k + 1 = n + 1$(种).

当 $2 \nmid n$ 时,所有硬币正面向上的个数在每次操作中奇偶性不变,因此至少有 2 种.

另一方面,当 $2 \mid n$ 时,记一个分布 π 的特征量 $f(\pi)$ 为 $V_1, V_3, \cdots, V_{n-1}$ 中正面硬币数与 $V_2, V_4, \cdots, V_n$ 中正面硬币数的差.

我们对 n 归纳证明:对任意两种分布 π、π',若 $f(\pi) = f(\pi')$,则两种分布等价. （＊）

当 $n = 2$ 时,结论显然成立.

假设结论对 $n - 2$ 时成立,下证 n 时的情形.

若 $f(\pi) = \dfrac{n}{2}$ 或 $f(\pi) - \dfrac{n}{2}$,则此时,硬币正反相间分布,结论显然成立.

下考虑 $-\dfrac{n}{2} + 1 \leqslant f(\pi), f(\pi') \leqslant \dfrac{n}{2} - 1$,则 π、π' 均存在两个同正或同反的两个相邻硬币. 不妨设 π、π' 均存在两个同正相邻硬币. 易知我们可以将同正的相邻硬币通过操作往一个方向移动,故不妨设 π、π' 中 V_{n-1}、V_n 位置均为正面硬币.

注意到:

$$正反反正 \to 正正正正 \to 反反正正 \to 反反反反,$$
$$正正正正 \to 反反正正 \to 反反反反 \to 反正正反,$$
$$正反正正 \to 正反反反 \to 正正正反 \to 反反正反,$$

即若两个硬币状态相同,且间隔两个硬币,则我们可以通过几次操作,改变这两个硬币的状态,且不改变中间两个硬币的状态.

由于 π 中 V_{n-1}、V_n 的状态与 π' 中相同,故对 π 中 $V_1, V_2, \cdots, V_{n-2}$ 用归纳假设知,π 可经过若干次操作变为 π'.（＊）得证.

同理可证 $2 \nmid n$ 情形,即当 $2 \nmid n$,若两种分布中,所有硬币正面向上的个数在每次操作中奇偶性相同,则这两种分布等价. □

评析 此题难度较大.本题的关键是找到每次操作中的不变量,即每次被操作的两个硬币下标一奇一偶,然后可通过对 n 分奇偶猜测所求的值,然后再利用归纳法证明结论.

题 6 一个棋子从 100×100 的棋盘的左下角移动到右上角,且每步向上或向右移动一格. 记 a 为恰有 70 步落在从左下角到右上角的对角线下方的路径数, b 恰有 110 步落在从左下角到右上角的对角线下方的路径数. 试比较 a 和 b 的大小.

注:一步落在对角线的下方是指其起点和终点均位于对角线及其下方.

解(浙江省知临中学谢柏庭) 所求结果为: $a = b$.

记 $f_n(k)$ 为沿着格线从 $(0,0)$ 到 (n,n) 且路径上恰有 k 步落在 $y = x$ 下方的最短路径数,则所求的即为 $f_{100}(70)$ 与 $f_{100}(110)$ 大小关系.

$$f_n(0) = f_n(2) = \cdots = f_n(2n) = \frac{1}{n+1}\binom{2n}{n}, \ n \in \mathbf{N}_+. \qquad (*)$$

$$f_n(1) = f_n(3) = \cdots = f_n(2n-1) = 0$$

对 n 归纳证明. 当 $n = 0$ 时, $f_0(0) = 1$.

当 $n = 1$ 时, $f_1(0) = f_1(2) = 1 = \frac{1}{2}\binom{2}{1}$.

设 $n \leqslant l$ 时,结论成立. 当 $n = l+1$ 时,对路径与 $y = x$ 的第一个交点(除起点外)分类,可知:对 $k \geqslant 1$, 有

k 为偶数

$$f_{l+1}(k) = \sum_{t=1}^{n} \frac{1}{t}\binom{2t-2}{t-1}(f_{n-t}(k) + f_{n-t}(k-2t)).$$

结合上式,归纳假设和卡特兰(Catalan)数递推式知,

$$f_{l+1}(k) = \sum_{t=1}^{\left[n-\frac{k-1}{2}\right]} \frac{1}{t}\binom{2t-2}{t-1}\binom{2(n-t)}{n-t}\frac{1}{n-t+1}$$

$$+ \sum_{t=1}^{\left[\frac{k}{2}\right]} \frac{1}{t}\binom{2t-2}{t-1}\binom{2(n-t)}{n-t}\frac{1}{n-t+1}$$

$$= \sum_{t=1}^{n} \frac{1}{t}\binom{2t-2}{t-1}\binom{2(n-t)}{n-t}\frac{1}{n-t+1} = \frac{1}{n+1}\binom{2n}{n}.$$

且由于当 $k = 0$ 时, $f_{l+1}(k) = \frac{1}{n+1}\binom{2n}{n}$, 故

$$f_{l+1}(k)=\frac{1}{l+2}\binom{2l+2}{l+1}, 0\leqslant 2lk\leqslant 2l+2.$$

$$由\sum_{i=0}^{2n}f_0(i)=\binom{2n}{n}\Rightarrow f_n(1)=f_n(3)=\cdots=f_n(2n-1)=0.$$

（∗）得证. 从而 $f_{100}(70)=f_{100}(110)$.

评析 此题有一定难度.上面的解法需要熟悉卡特兰数的递推性质,利用归纳法得到结论. 感谢聂子佩老师指出了原翻译中的纰漏,感谢申强老师给予的帮助.

题 7 瓦西亚有 3 种颜色的正方形卡片共 100 张,且每种颜色的卡片不超过 50 张. 证明:他可以将卡片拼成 10×10 的方格表,且任两张同色卡片没有公共边.

证明（南京外国语学校张棱祥） 记 3 种颜色为 A、B、C. 设 A、B、C 三种卡片分别有 x、y、z 张.

不妨设 $x\leqslant y\leqslant z$,则由题设条件知:$y\geqslant 25$,$z\geqslant 33$. 将 10×10 方格表黑白间隔染色.

我们把 A、B、C 三种卡片按以下方式放到方格表中:

从第一列开始向右,在每列中按从上到下的顺序,把 B 卡片依次放置到方格表的黑格中,直到 B 卡片放完为止;

从最后一列开始向左,在每列中按从上到下的顺序,把 C 卡片依次放置到方格表的白格中,直到 C 卡片放完为止;

把 A 卡片放置于剩余的方格中.

由于每一列有 5 个白格,所以后 6 列的白格全是 C 卡片. 从而 A 卡片位于 1 至 4 列的白格和 6 到 10 列的黑格,所以任两张 A 卡片无公共边. 又任两张 B 卡片或任两张 C 卡片无公共边,所以任两张同色卡片无公共边.

评析 此题是一道容易的组合题.无公共边的问题可用黑白染色的方法处理,分别将张数多的两种卡片放置于左侧黑格和右侧白格,余下格放入剩余卡片.

题 8 将正六边形分成全等的菱形,且菱形的边与正六边形的边平行. 在正六边形的三条互不相邻的边上沿着六边形边界的逆时针方向标上箭头.然后在每个菱形的边上标上箭头,使得它与正六边形与其平行的边上标的箭头同向. 证明:沿着箭头没有封闭路径.

证明（浙江省知临中学胡子晗） 假设存在封闭路径.

不妨设所标方向如图①所示. 由于箭头每次转向只能转 120°,而不能转 60°,故所形成的封闭路径的内角只能为 60° 或 300°.

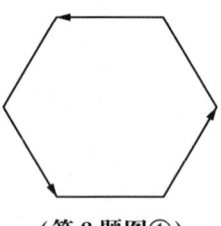

（第 8 题图①）

我们取这样的封闭路径中所围成的面积中最小的. 因为该封闭多边形的内角不能都是 300°,故必存在一个 60° 的内角 $\angle A$.

由于该封闭图形是由内角为 60°、120° 的菱形拼接而成的,故在 $\angle A$ 处必存在如图②所示的菱形 $ABCD$.

因 $CD \parallel AB$,$BC \parallel AD$,故沿着 DCB 也能构成封闭路径,且所围成的面积变小,这与面积的最小性矛盾!

故假设不成立,即原命题成立. □

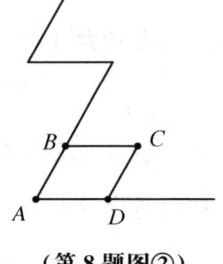

（第 8 题图②）

评析　此题是中等难度的组合题. 上面的解法的关键是发现封闭路径必存在 60° 的内角,再通过论证封闭路径内存在菱形,结合极端假设得出矛盾.

第三届国际大都市竞赛数学试题评析

罗振华[1]　羊明亮[2]

(1. 上海四季教育,200070;2. 浙江省乐清市知临中学,325600)

第三届国际大都市竞赛(IOM)于 2018 年 9 月 2 日至 9 月 7 日在莫斯科举行,此次比赛邀请了 30 多个国际知名的大都市参赛,其中中国仅上海参赛.比赛共分四个学科:数学、物理、化学、计算机.其中数学比赛采用标准 IMO 赛制,分两天,每天四个半小时三道题,每题 7 分.

比赛分金银铜牌,金牌线是 36 分,银牌线是 22 分,铜牌线是 15 分.全场唯一的满分是莫斯科选手奥列格·斯米尔诺夫(Oleg Smirnov),中国上海的两名选手分别是蒋天泽(上海中学)与金及凯(华东师范大学第二附属中学),两名选手均是 37 分排名并列第二并获得金牌.

综合往年的 IOM 试题来看,它的难度分配是一、四题比较简单(部分题目是初中竞赛难度),二、五题中等难度(联赛二试难度),三、六题比较困难(冬令营最后一题难度).题目风格是典型的俄罗斯竞赛风格,组合与几何的题目质量很高.

以下各题的解答均翻译整理自官方公布的标准答案,其中第三题与第六题收录了乐清市知临中学的胡子晗同学与郑立瑜同学的解法.

题 1　在实数范围内解下述方程组

$$\begin{cases} (x-1)(y-1)(z-1)=xyz-1, \\ (x-2)(y-2)(z-2)=xyz-2. \end{cases}$$

解　方程组可以化简为

$$\begin{cases} xy+yz+zx=x+y+z, \\ xy+yz+zx=2(x+y+z)-3, \end{cases}$$

可以解得

$$\begin{cases} x+y+z=3, \\ xy+yz+zx=3. \end{cases}$$

故

$$(x+y+z)^2 = 3(xy+yz+zx),$$

配方可得

$$(x-y)^2 + (y-z)^2 + (z-x)^2 = 0.$$

所以 $x = y = z$,从而

$$x = y = z = 1.$$

代入原方程,满足条件. 所以方程的解为 $\begin{cases} x=1, \\ y=1, \\ z=1. \end{cases}$ □

评析 这是一个简单的方程问题,在得到 $x+y+z=3$ 与 $xy+yz+zx=3$ 后结合两者之间的不等关系可以立即得到结论. 像这种变元个数多于方程个数的问题,一般都可以考虑使用不等式,利用不等式的取等条件得到方程的解.

题 2 已知凸四边形 $ABCD$ 外切于圆 ω,PQ 为圆 ω 的垂直于 AC 的直径. 设直线 BP 与 DQ 相交于点 X,直线 BQ 与 DP 相交于点 Y. 证明:点 X 和 Y 均在直线 AC 上.

证明 由于点 P 和 Q 地位对等,故不妨设点 P 在 $\triangle ACD$ 中,点 Q 在 $\triangle ABC$ 中,如图①所示.

第一步,我们证明点 X 在 AC 上.

记 $\triangle ABC$ 和 $\triangle ACD$ 的内切圆分别为 ω_1 和 ω_2,并记这两个内切圆分别与 AC 切于点 X_1、X_2. 下面我们证明 BP 经过 X_1,DQ 经过 X_2 并且 $X_1 = X_2$. 这样就说明 $X = X_1 = X_2$,且点 X 在 AC 上.

由三角形的切线长公式,有

$$AX_1 = \frac{1}{2}(AB + AC - BC),$$

$$AX_2 = \frac{1}{2}(AC + AD - CD).$$

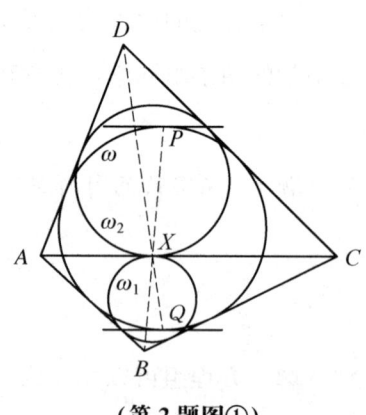

(第 2 题图①)

由于四边形 $ABCD$ 有内切圆,故 $AB + CD = BC + AD$,则有

$$AX_1 - AX_2 = \frac{1}{2}(AB - BC - AD + CD) = 0.$$

从而 $X_1 = X_2$.

而直线 BA 与 BC 是两圆 ω 和 ω_1 的外公切线,从而存在一个以 B 为位似中心的位似变换,把 ω 变为 ω_1.

由于点 X_1 关于 ω 的切线与点 P 关于 ω_1 的切线平行,则在上述位似变换下点 P 变为点 X_1.所以点 B、P、X_1 共线.

同理,点 D、Q、X_2 共线.

这就证明了点 X 在 AC 上.

第二步,我们证明点 Y 也在 AC 上.

如图②,记 $\triangle ABC$ 的 B -旁切圆与 $\triangle ACD$ 的 D -旁切圆分别为 γ_1 与 γ_2,并记这两个旁切圆分别与 AC 切于点 Y_1、Y_2.与第一步的证明类似,我们证明 BQ 经过点 Y_1,DP 经过点 Y_2 并且 $Y_1 = Y_2$.这样就说明 $Y = Y_1 = Y_2$,且点 Y 在 AC 上.

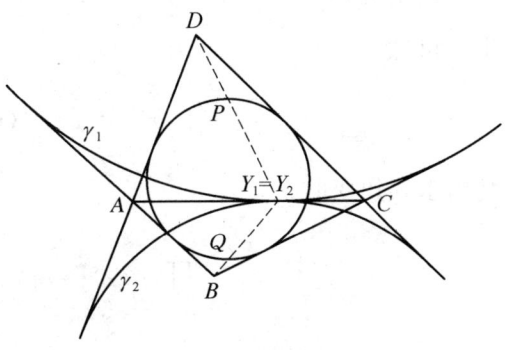

（第 2 题图②）

由三角形的切线长公式,

$$CY_1 = \frac{1}{2}(AB + AC - BC),$$

$$CY_2 = \frac{1}{2}(AC + AD - CD).$$

又由 $AB + CD = BC + AD$,知 $CY_1 = CY_2$,从而 $Y_1 = Y_2$.

可作一个以点 B 为位似中心的位似变换,把 ω 变为 γ_1.而 Q 关于 ω 的切线与 Y_1 关于 γ_1 的切线平行,故在此位似变换下,点 Q 变为点 Y_1,所以点 B、Q、Y_1 共线.

同理,点 D、P、Y_2 共线.

这就证明了点 Y 在 AC 上.

综上所述,命题获证. □

评析 这是一道图形优美且难度适中的几何题,解答的核心在于把四边形的内切圆位似变换到三角形的内切圆或旁切圆,利用内切圆或旁切圆的切点的性质导出结论.本题使用位似变换的手法与一道早年内切圆相关的 IMO 试题类似.

题3 设 k 为正整数,且满足 $p = 8k + 5$ 为质数.整数 $r_1, r_2, \cdots, r_{2k+1}$ 满足 $0, r_1^4, r_2^4, \cdots,$ r_{2k+1}^4 除以 p 所得的余数两两不同.证明:

$$\prod_{1 \leqslant i < j \leqslant 2k+1} (r_i^4 + r_j^4) \equiv (-1)^{\frac{k(k+1)}{2}} \pmod{p}.$$

证法1 取出模 p 的原根 g.由于 $p - 1$ 是 4 的倍数,可知模 p 的 4 次剩余有 $2k + 1$ 个,分别为 $1, g^4, g^8, \cdots, g^{8k}$,从而 $r_1^4, r_2^4, \cdots, r_{2k+1}^4$ 在模 p 意义下是上述 $2k + 1$ 个数的一个排列.

定义从 $\{0, 1, \cdots, 2k\}$ 到 $\{0, 1, \cdots, 2k\}$ 的映射 f 为:对任意 $j \in \{0, 1, \cdots, 2k\}$,$f(j)$ 为 $2j$ 除以 $2k + 1$ 所得的余数.

由定义 $2k + 1 \mid 2j - f(j)$,故 $4(2k + 1) \mid 8j - 4f(j)$,即为 $p - 1 \mid 8j - 4f(j)$.由费马小定理可知

$$g^{8j} \equiv g^{4f(j)} \pmod{p}, \quad j = 0, 1, \cdots, 2k.$$

将所求式作变形

$$\prod_{1 \leqslant i < j \leqslant 2k+1} (r_i^4 + r_j^4) \equiv \prod_{1 \leqslant i < j \leqslant 2k+1} \frac{r_j^8 - r_i^8}{r_j^4 - r_i^4}$$

$$\equiv \prod_{0 \leqslant i < j \leqslant 2k} \frac{g^{8j} - g^{8i}}{g^{4j} - g^{4i}}$$

$$\equiv \prod_{0 \leqslant i < j \leqslant 2k} \frac{g^{4f(j)} - g^{4f(i)}}{g^{4j} - g^{4i}} \pmod{p}.$$

而 $$g^{4f(j)} - g^{4f(i)} = \pm(g^{4\max(f(j), f(i))} - g^{4\min(f(j), f(i))}),$$

上式当 $f(j) > f(i)$ 时取正号,当 $f(j) < f(i)$ 时取负号.

当 (i, j) 遍历 $0 \leqslant i < j \leqslant 2k$ 的所有情形时,$(\min(f(j), f(i)), \max(f(j), f(i)))$ 也遍历所有情形.故

$$\prod_{0 \leqslant i < j \leqslant 2k} \frac{g^{4f(j)} - g^{4f(i)}}{g^{4j} - g^{4i}} = (-1)^N,$$

其中 N 是满足 $i < j$ 且 $f(i) > f(j)$ 的 (i, j) 的数目,而上述情况发生当且仅当

$$i = 1, 2, \cdots, k; \quad j = k + 1, \cdots, k + i,$$

故

$$N = 1 + 2 + \cdots + k = \frac{k(k+1)}{2}.$$

所以结论成立. □

证法 2(胡子晗) 因为 p 是质数,故存在模 p 的原根,记 g 为其中一个原根.

对于 $p \mid x$,有 $x^4 \equiv 0 \pmod{p}$.

对于 $p \nmid x$,有 $(x, p) = 1$,存在 $1 \leqslant \alpha \leqslant p-1$,使得 $x \equiv g^\alpha \pmod{p}$,则 $x^4 \equiv g^{4\alpha} \pmod{p}$,故 x^4 模 p 的取值仅有 $0, g^4, g^8, \cdots, g^{4(p-1)}$. 而

$$g^\alpha \equiv 1 \pmod{p} \Leftrightarrow p-1 \mid \alpha,$$

故 x^4 模 p 的取值恰有 $0, g^4, g^8, \cdots, g^{8k+4}$ 这 $2k+2$ 个不同的值. 因此在模 p 的意义下,r_1^4,r_2^4,$\cdots$,r_{2k+1}^4 恰为 $g^4, g^8, \cdots, g^{8k+4}$ 的一个排列,从而

$$\prod_{1 \leqslant i < j \leqslant 2k+1} (r_i^4 + r_j^4) \equiv \prod_{1 \leqslant i < j \leqslant 2k+1} (g^{4i} + g^{4j})$$

$$\equiv \prod_{i=1}^{2k} g^{4i(2k+1-i)} \prod_{d=1}^{2k} (g^{4d} + 1)^{2k+1-d}$$

$$\equiv \prod_{i=1}^{2k} g^{4i(2k+1-i)} \prod_{d=1}^{k} (g^{4d} + 1)^{2k+1-d} (g^{(2k+1-d) \times 4} + 1)^d$$

$$\equiv g^{(p-1) \cdot \frac{k(2k+2)}{3}} \Big(\prod_{d=1}^{k} (g^{4d} + 1) \Big)^{2k+1} \cdot \prod_{d=1}^{k} \frac{1}{g^{4d^2}}$$

$$\equiv g^{(p-1) \cdot \frac{k(k+1)}{2}} \Big(\prod_{d=1}^{k} (g^{4d} + 1) \Big)^{2k+1}$$

$$\equiv \Big(\prod_{d=1}^{k} (g^{4d} + 1) \Big)^{2k+1} \pmod{p}.$$

考虑 $\displaystyle\prod_{i=1}^{k} (g^{8i} - 1)$. 当 $2 \mid k$ 时,有

$$\prod_{i=1}^{k} (g^{8i} - 1) \equiv \prod_{i=1}^{\frac{k}{2}} (g^{8i} - 1) \cdot \prod_{j=\frac{k}{2}+1}^{k} (g^{8j} - g^{8k+4})$$

$$\equiv \prod_{i=1}^{\frac{k}{2}} (g^{8i} - 1) \cdot \prod_{j=\frac{k}{2}+1}^{k} (-1) \cdot g^{8j} \cdot \prod_{j=\frac{k}{2}+1}^{k} (g^{8(k-j)+4} - 1)$$

$$\equiv \prod_{i=1}^{k} (g^{4i} - 1) \cdot (-1)^{\frac{k}{2}} \cdot g^{(\frac{3k}{2}+1) \frac{k}{2} \times 4} \pmod{p}.$$

故

$$\Big(\prod_{i=1}^{k} (g^{8i} - 1) \Big)^{2k+1} \equiv \Big(\prod_{i=1}^{k} (g^{4i} - 1) \cdot (-1)^{\frac{k}{2}} \Big)^{2k+1} g^{(\frac{3k}{2}+1) \frac{k}{2}(p-1)}$$

$$\equiv \Big(\prod_{i=1}^{k}(g^{4i}-1)\Big)^{2k+1} \cdot (-1)^{\frac{k}{2}} \pmod{p}.$$

从而

$$\Big(\prod_{i=1}^{k}(g^{4i}+1)\Big)^{2k+1} \equiv (-1)^{\frac{k}{2}} \pmod{p}.$$

上面用到 $p\nmid\prod_{i=1}^{k}(g^{4i}-1)$.

当 $2\nmid k$ 时,有

$$\prod_{i=1}^{k}(g^{8i}-1) \equiv \prod_{i=1}^{\frac{k-1}{2}}(g^{8i}-1) \prod_{j=\frac{k+1}{2}}^{k}(g^{8j}-g^{8k+4})$$

$$\equiv \prod_{i=1}^{\frac{k-1}{2}}(g^{8i}-1) \prod_{j=\frac{k+1}{2}}^{k}(-1)\cdot g^{8j}\cdot \prod_{j=\frac{k+1}{2}}^{k}(g^{8(k-j)+4}-1)$$

$$\equiv \prod_{i=1}^{k}(g^{4i}-1)\cdot(-1)^{\frac{k+1}{2}}g^{4\cdot\frac{k+1}{2}\cdot\frac{3k+1}{2}} \pmod{p}.$$

故

$$\Big(\prod_{i=1}^{k}(g^{8i}-1)\Big)^{2k+1} \equiv \Big(\prod_{i=1}^{k}(g^{4i}-1)\cdot(-1)^{\frac{k+1}{2}}\Big)^{2k+1}\cdot g^{(p-1)\cdot\frac{k+1}{2}\cdot\frac{3k+1}{2}}$$

$$\equiv \Big(\prod_{i=1}^{k}(g^{4i}-1)\Big)^{2k+1}\cdot(-1)^{\frac{k+1}{2}} \pmod{p}.$$

故

$$\Big(\prod_{i=1}^{k}(g^{4i}+1)\Big)^{2k+1} \equiv (-1)^{\frac{k+1}{2}} \pmod{p}.$$

上式也用到 $p\nmid\prod_{i=1}^{k}(g^{4i}-1)$.

综上所述,有

$$\Big(\prod_{i=1}^{k}(g^{4i}+1)\Big)^{2k+1} \equiv (-1)^{\frac{k(k+1)}{2}} \pmod{p}.$$

从而

$$\prod_{1\leqslant i<j\leqslant 2k+1}(r_i^4+r_j^4) \equiv (-1)^{\frac{k(k+1)}{2}} \pmod{p}.$$

证毕.   □

评析 本题是一道有相当难度的数论题. 考虑用原根表示 r_i 是很重要的想法,这是后续式子化简的基础.证法 1 十分巧妙,用平方差公式把题中四次式变为了八次式除以四次式,再用同余的性质整体消去了一个不为零的项,对正负号的个数稍作计算就能得出结论.证法 2 略微繁琐,不过想法很基本,主要是用配对和原根的性质不断化简,再对 k 的奇偶分类讨论一下就能证得结论.

题 4 已知 k 是正整数,且 $1=d_0<d_1<\cdots<d_m=4k$ 为 $4k$ 的所有正因数.证明:存在 $i\in\{1,2,\cdots,m\}$,使得 $d_i-d_{i-1}=2$.

证明 假设结论不成立.这意味着若 $d\mid 4k$ 且 $d+2\mid 4k$,则 $d+1\mid 4k$.注意到若 $a\mid 4k$ 且 $4\nmid a$,则 $2a\mid 4k$.利用上述性质我们可以从 $(1,2)$ 开始,找到无穷多对整数 $(a,a+1)$,使得 a 与 $a+1$ 都整除 $4k$ 且 a 与 $a+1$ 都不被 4 整除.

若 $(a,a+1)$ 满足 a 与 $a+1$ 都整除 $4k$ 且 4 既不整除 a 也不整除 $a+1$,那么 $2a$ 与 $2a+2$ 也都是 $4k$ 的因数,由假设知 $2a+1$ 也是 $4k$ 的约数.但 $2a$ 与 $2a+2$ 是相邻的偶数,必有一个不是 4 的倍数.这就说明 $(2a,2a+1)$ 与 $(2a+1,2a+2)$ 中有一对是满足前述要求的.

这种可以操作一直进行下去,这样就得到无穷多对整数,且每次操作后整数对中的最小数都严格递增.这就得到了 $4k$ 的一个无穷的因子集合,矛盾.

故假设不成立,原命题获证. □

评析 这是一道简单的数论题.用反证法是比较自然的,利用 $4k$ 的因数的性质并结合反证法的假设可以不断地找到相邻的整数对都是 $4k$ 的因数,这种操作可以一直进行下去,这就与 $4k$ 的有限性矛盾了.

题 5 Ann 和 Max 在一个 100×100 的棋盘上玩游戏.首先,Ann 在每个格子内填写一个 1 到 $10\,000$ 的整数,且每个数只能使用一次.接下来 Max 在棋盘最左边的一列挑选一个格子并在其中放入一枚硬币,他为了让硬币到达棋盘最右边的一列会进行若干步操作.每次操作硬币会被移到与原方格有一条边或一个顶点相邻的格子,每到一个格子(包括初始位置),Max 需向 Ann 支付与格子中所填数等额的硬币.Max 希望支付尽可能少的钱,而 Ann 希望适当填数来最大化自己的收益.如果两人都采取最佳策略,那么 Max 需要向 Ann 支付多少枚硬币?

解答 答案是 $500\,000$ 枚硬币.

下界/Ann 的策略:

首先我们说明 Ann 至少可以拿到 $500\,000$ 枚硬币.Ann 按下表所示的方式在棋盘上填数.

1	200	201	400	⋯	9800	9801	10 000
2	199	202	399	⋯	9799	9802	9999
3	198	203	398	⋯	9798	9803	9998
4	197	204	397		9797	9804	9997
⋮	⋮	⋮	⋮	⋱	⋯	⋯	⋯
98	103	298	303	⋯	9703	9898	9903
99	102	299	302	⋯	9702	9899	9902
100	101	300	301	⋯	9701	9900	9901

考虑 Max 走的任意一条路径,对 $1 \sim 50$ 中的任意整数 n,第 $2n-1$ 列与第 $2n$ 列的相邻两格所填之和至少为 $200(2n-1)$.

故 Max 至少要花费 $200 \times (1+3+5+\cdots+99) = 500\,000$(枚)硬币.

上界/Max 的策略:

对于棋盘中数字的任意一种填法.我们将棋盘分成 50 个水平放置的 2×100 的小矩形.由于棋盘中所有数之和为 $50\,005\,000$,可以找到一个小矩形,小矩形中所有数之和不大于 $1\,000\,100$.对于所选小矩形的每一列,我们从这列的两个数中选最小数所在的方格,则这些选中的方格就构成由左至右的一条路径,记这条路径上所有数之和为 S.在小矩形中的每一列的两个数中,最大数比最小数至少大 1.那么这个小矩形中所有数之和至少为 $2S+100$.这说明 $2S+100 \leqslant 1\,000\,100$,则 $S \leqslant 500\,000$.

这说明棋盘中的数不管怎么填,Max 可以选择一条路径,使得他至多需要支付 $500\,000$ 枚硬币.

综上可知,答案为 $500\,000$ 枚硬币. □

评析 这是一道中等难度的组合问题.为了 Max 支付更多的钱,这就需要相邻两列的所有相邻方格所填数之和相差不能太大(相差太大就会出现有的路径上的数之和很大而有的很小),很自然得会想到以 S 型去填数,这就得到了构造.证明的想法是做局部估计,先找一个 2×100 的小矩形,使得它们中所填数之和尽可能小,再从这个小矩形的每一列中选出最小的数,这样就得到了一个很小的上界.综合两方面就得到了解答.

题 6 $\triangle ABC$ 的内切圆与边 BC、AC 分别相切于点 D、E.设点 P 为内切圆的劣弧 DE 上一点,且满足 $\angle APE = \angle DPB$.线段 AP、BP 分别交线段 DE 于点 K、L.求证:$2KL = DE$.

证法 1 我们需要如下的引理.

引理 如图①,在 $\triangle ABC$ 中,AA_1 是过 A 的中线.过点 B、C 分别作 $\triangle ABC$ 的外接圆的切线,这两条切线交于点 A_2,则有 $\angle BAA_1 = \angle CAA_2$.

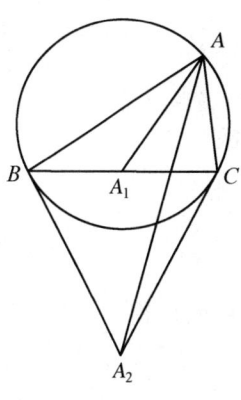

(第 6 题图①)

引理的证明:在 $\triangle ABA_1$ 与 $\triangle ACA_1$ 中应用正弦定理,得

$$\frac{A_1B}{\sin\angle BAA_1} = \frac{AB}{\sin\angle BA_1A}, \quad \frac{A_1C}{\sin\angle A_1AC} = \frac{AC}{\sin\angle AA_1C},$$

而 $\sin\angle BA_1A = \sin\angle AA_1C$,则

$$\frac{A_1B}{A_1C} = \frac{AB \cdot \sin\angle BAA_1}{AC \cdot \sin\angle CAA_1},$$

又 $A_1B = A_1C$,从而

$$\frac{\sin\angle BAA_1}{\sin\angle CAA_1} = \frac{AC}{AB}.$$

在 $\triangle ABA_2$ 中,由正弦定理有

$$\frac{\sin\angle BAA_2}{\sin\angle ABA_2} = \frac{A_2B}{A_2A}.$$

同理,

$$\frac{\sin\angle CAA_2}{\sin\angle ACA_2} = \frac{A_2C}{A_2A}.$$

又 A_2B、A_2C,上两式相除得

$$\frac{\sin\angle BAA_2}{\sin\angle ABA_2} = \frac{\sin\angle CAA_2}{\sin\angle ACA_2}.$$

即

$$\frac{\sin\angle CAA_2}{\sin\angle BAA_2} = \frac{\sin\angle ACA_2}{\sin\angle ABA_2}.$$

由于 A_2B、A_2C 是圆的切线,所以

$$\angle ABA_2 = 180° - \angle ACB, \quad \angle ACA_2 = 180° - \angle ABC.$$

则

$$\frac{\sin\angle ACA_2}{\sin\angle ABA_2}=\frac{\sin\angle ABC}{\sin\angle ACB}=\frac{AC}{AB},$$

故

$$\frac{\sin\angle BAA_1}{\sin\angle CAA_1}=\frac{\sin\angle CAA_2}{\sin\angle BAA_2}.$$

从而可得

$$\angle CAA_1=\angle BAA_2.$$

又

$$\angle BAC=\angle BAA_1+\angle CAA_1=\angle CAA_2+\angle BAA_2,$$

所以 $\angle BAA_1=\angle CAA_2$. 引理获证.

回到原题. 如图②,记 F 为内切圆与边 AB 的切点,点 M、N 分别为线段 EF 与 DF 的中点,连结 PM、PN. 由引理, $\angle APE=\angle FPM$,$\angle DPB=\angle FPN$,从而 $\angle APE=\angle FPN$, 即 $\angle KPE=\angle NPF$. 又 P、E、D、F 四点共圆,从而

$$\angle PEK=\angle PED=\angle PFN.$$

所以 $\triangle PEK \backsim \triangle PFN$. 则

$$\frac{EK}{FN}=\frac{PE}{PF},$$

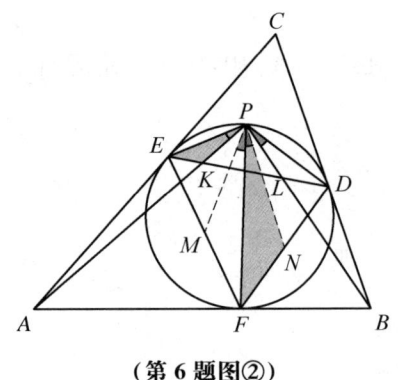

（第 6 题图②）

从而有

$$EK=FN\cdot\frac{PE}{PF}=\frac{DF\cdot PE}{2PF}.$$

同理,$\triangle PDL \backsim \triangle PFM$,从而有

$$DL=\frac{EF\cdot PD}{2PF}.$$

所以

$$EK+DL=\frac{DF\cdot PE+EF\cdot PD}{2PF}.$$

而由托勒密定理,得

$$DF\cdot PE+EF\cdot PD=DE\cdot PF,$$

故

$$EK + DL = \frac{1}{2}DE,$$

则有

$$KL = DE - EK - DL = \frac{1}{2}DE.$$

综上可知,结论成立.

证法 2(郑立瑜)　如图③,设 AP、BP 与内切圆的另一交点分别为点 U、V,内切圆切 AB 于点 F,连结 EU、DV.由

$$\angle APE = \angle DPB, \quad \angle PUE = \angle PDE,$$

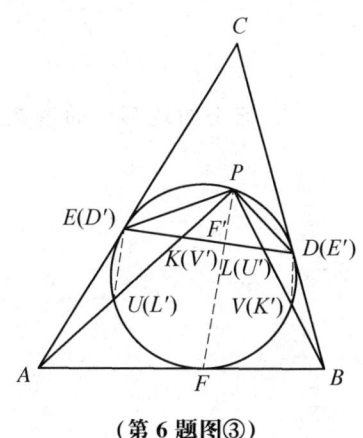

（第 6 题图③）

则 $\triangle PEU \backsim \triangle PLD$.故 $\dfrac{PU}{PD} = \dfrac{PE}{PL}$,即 $PU \cdot PL = PE \cdot PD$.同理 $PV \cdot PK = PE \cdot PD$.

以点 P 为反演中心,$PE \cdot PD$ 为反演幂进行反演变换,再将图形关于 $\angle UPV$ 的内角平分线做反射变换.

设点 X 在上述复合变换下的象为点 X',并记作 $X \to X'$.由前证易知:

$$E \leftrightarrow D, \quad K \leftrightarrow V, \quad L \leftrightarrow U.$$

由点 P、U 、V、F 共圆知点 F'、D、E 共线.

又点 P、E、U、F 构成调和四边形,故 U' 是线段 $E'F'$ 的中点,即 L 是线段 $F'D$ 的中点.

同理,K 是线段 $F'E$ 的中点.故

$$DE = DF' + F'E = 2LF' + 2F'K = 2LK.$$

证毕.

评析　这是一道非常困难的几何题,解答不长但十分难想,中国的两位选手均未做出此题.证法 1 所用的引理是个常见的几何性质,但想到用这个引理来解此题却颇为不易.使用引理可以把 $\angle APE$ 与 $\angle DPB$ 这两个很难处理的角导成了三角形中线与边的夹角,再结合相似三角形和托勒密定理不难证得结论.

证法 2 所用的反演变换通常称之为"Iran 式反演",这样的反演通常应用到如下两种模型中.

1. 圆内的平行线

(第 6 题图④)

2. 完全四边形中的密克点

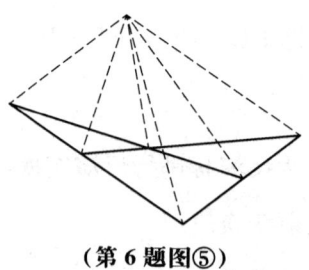

(第 6 题图⑤)

本题中我们进行上述变换的动机是注意到了 $\angle APE = \angle DPB \Leftrightarrow DE \parallel UV$. 应用一些反演的基本性质就不难确定 F' 的位置及其特殊性.

第四届国际大都市竞赛数学试题解析*

（上海市上海中学，200231）

指导教师：王广廷

　　第四届国际大都市竞赛（IOM）于 2019 年 9 月 1 日至 2019 年 9 月 6 日在莫斯科举行. 这次比赛共有来自全球 32 个国家、45 座城市的 45 支队伍参赛. 中国共有 5 支队伍受邀参赛，分别来自北京、上海、成都、哈尔滨、香港. 比赛共分四个学科：数学、物理、化学、计算机，其中数学比赛采用标准 IMO 赛制，分两天，每天四个半小时三道题，每题 7 分. 虽然组委会声称难度接近 IMO，但笔者认为这次考试的难度略低于 CMO 水平.

　　共有约 87 人参加了数学比赛，金牌线为 28 分，共有 10 人获得金牌. 银牌线为 21 分，共有 20 人获得银牌. 铜牌线为 14 分，共有 19 人获得铜牌. 我们有幸代表上海参加了本次比赛，成绩是李逸凡 36 分，黄嘉俊 31 分，获得两枚金牌.

　　这次比赛受到了莫斯科市政府的高度关注，参赛条件非常好，试题质量高，命题风格和全俄罗斯数学奥林匹克比较接近，可以作为高联、CMO 训练的参考.

　　题 1 设质数 p、q、r 及正整数 n 满足 $\dfrac{p+n}{qr}$、$\dfrac{q+n}{rp}$ 及 $\dfrac{r+n}{pq}$ 均为整数. 证明：$p=q=r$.

　　证明 不妨设 $p \leqslant q \leqslant r$. 由题知 $r \mid p+n$，$r \mid q+n$，故 $r \mid q-p$. 而

$$r \geqslant q > q-p \geqslant 0,$$

故 $p-q=0$，即 $p=q$.

　　又由于 $pq \mid r+n$，$pr \mid q+n$，得到 $p \mid r-q$.

　　考虑到 $p=q$，有 $p \mid r$. 由于 r 为质数，因此 $p=r$.

　　综上得到 $p=q=r$. □

　　评析 这是一道简单题，只需对条件进行等价分析即可得证.

题 2 在一个有固定有限个用户的社交网络里,每一个用户拥有由其他用户组成的固定的追随者集合.每一个用户拥有一个最初的正整数等级分(不一定所有的用户均相同).每天午夜,将每位用户的等级分加上在该时刻前他的所有追随者等级分之和作为他新的等级分.设 m 为正整数.一位不属于该网络的黑客,希望使得所有用户的等级分均可被 m 整除.每一天,他可以选择一位用户并将该用户的等级分加 1,或者什么也不做.证明:经过若干天后,该黑客可以实现他的目标.

证明 将 n 个人编号为 $1, 2, \cdots, n$.定义矩阵 $A_{n \times n}$,其中元素 a_{ij} 定义如下:

$$a_{ij} = \begin{cases} 1, & j \text{ 为 } i \text{ 的追随者或 } j = i, \\ 0, & j \text{ 不为 } i \text{ 的追随者}. \end{cases}$$

令 i 第 m 天的等级分为 $h_i^{(m)}$(初始状态视为第 0 天),若不考虑黑客,则

$$h_i^{(m+1)} = \sum_{j=1}^{n} a_{ij} h_j^{(m)}.$$

从而

$$\begin{pmatrix} a_{11} & a_{12} & \cdots & a_{1n} \\ a_{21} & a_{22} & \cdots & a_{2n} \\ \vdots & \vdots & & \vdots \\ a_{n1} & a_{n2} & \cdots & a_{nn} \end{pmatrix} \begin{pmatrix} h_1^{(m)} \\ h_2^{(m)} \\ \vdots \\ h_n^{(m)} \end{pmatrix} = \begin{pmatrix} h_1^{(m+1)} \\ h_2^{(m+1)} \\ \vdots \\ h_n^{(m+1)} \end{pmatrix}.$$

将上式用矩阵表示,记

$$A = \begin{pmatrix} a_{11} & a_{12} & \cdots & a_{1n} \\ a_{21} & a_{22} & \cdots & a_{2n} \\ \vdots & \vdots & & \vdots \\ a_{n1} & a_{n2} & \cdots & a_{nn} \end{pmatrix}, \quad X^{(m)} = \begin{pmatrix} h_1^{(m)} \\ h_2^{(m)} \\ \vdots \\ h_n^{(m)} \end{pmatrix}.$$

则有 $X^{(m+1)} = AX^{(m)}$.

令 $I^{(k)} = (\underbrace{0, 0, \cdots, 0, 1}_{k}, 0, \cdots, 0)^T$ 为第 k 位为 1 其余均为零的矩阵,则黑客的作用相当于在某一次给 $X^{(m)}$ 加上了某个 $I^{(k)}$.从而只需证存在某一个 M,及 $i_1, i_2, \cdots, i_u, k_1, k_2, \cdots, k_u$ 使得

$$A^M X^{(0)} + A^{M-i_1} I^{(k_1)} + A^{M-i_2} I^{(k_2)} + \cdots + A^{M-i_u} I^{(k_u)}$$

的每一位均为 m 的倍数.

定义两个矩阵 $A \equiv B(\mathrm{mod}\, m)$ 为

$$A \equiv B(\mathrm{mod}\, m) \Leftrightarrow A、B \text{ 的每一位模 } m \text{ 相同.}$$

容易验证,若 $A \equiv B(\mathrm{mod}\, m)$,$C \equiv D(\mathrm{mod}\, m)$,则

(i) $A + C \equiv B + D(\mathrm{mod}\, m)$;

(ii) $AC \equiv BD(\mathrm{mod}\, m)$.

于是先找 k_1,k_2,$\cdots$,k_u 使得

$$X^{(0)} + I^{(k_1)} + I^{(k_2)} + \cdots + I^{(k_u)} \equiv 0(\mathrm{mod}\, m).$$

这显然可以办到,下面只需让 $A^M \equiv A^{M-i_1} \equiv A^{M-i_2} \equiv \cdots \equiv A^{M-i_u}(\mathrm{mod}\, m)$ 成立即可. 而 $A^X (X = 1, 2, \cdots)$ 在模 m 意义下至多 m^{n^2} 种取值. 因此必定存在无穷多个 X,它们对应的 A^X 模 m 相同.

本题得证. □

评析 笔者认为这道题较难,难度比题 3 要大. 关键之处在于矩阵的思想,不熟悉矩阵的人做这道题会比较棘手. 本题的实质就是对"等级分矩阵"左乘一个"变换矩阵",将若干天后的状态用明确的表达式表述出来,后面就变得比较简单了,解答也可以不用矩阵,而用变换来写. 而且本题还容易陷入对 m 质因子分解或递推的方法中,但可行性较低.

题 3 在非等边 $\triangle ABC$ 中,I 为内心,O 为外心,过点 I 作直线 s 垂直于 IO,直线 l 与直线 BC 关于 s 对称,并与 AB、AC 分别相交于点 P、Q(点 P、Q 均不与点 A 重合). 证明:$\triangle APQ$ 的外心位于直线 IO 上.

证明 如图,不妨假设 $AB > AC$. 作点 I 关于 BC 的对称点 I',点 A 关于 OI 的对称点 A',记 AI 交 $\odot O$ 于点 M,AM 与 BC 交于点 U,PQ 与 BC 交于点 K.

由点 A、A' 关于 OI 对称,故

$$\angle OIA' + \angle OIM = \angle OIA + \angle OIM = 180°.$$

又 $OM = OA'$,故点 O、I、A'、M 共圆. 由欧拉定理,可知

$$IA \cdot IM = 2OA \cdot r = OA \cdot II',$$

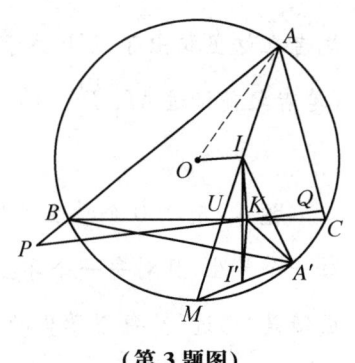

(第 **3** 题图)

其中 r 为 $\triangle ABC$ 的内切圆半径. 又

$$\angle MII' = 90° - \angle IUC = 90° - \angle ABC - \angle IAC$$
$$= \angle OAC - \angle IAC = \angle OAI.$$

故 $\triangle IAO \backsim \triangle I'IM$,所以

$$\angle IMA' = \angle A'OI = \angle AOI = \angle AMI'.$$

故 M、I'、A' 三点共线. 由点 I、I' 关于 BC 对称,得到 $\angle IKB = \angle I'KB$. 故

$$\angle(IK, I'K) = 2\angle(IK, BC) = 2(\angle(OI, BC) - 90°)$$
$$= 2\angle(OI, OM) = 2\angle(A'I, A'I').$$

因此 K 为 $\triangle A'I'I$ 的外心. 故

$$\angle(PB, A'B) - \angle(PK, A'K)$$
$$= \angle(AO, OI) - \angle(IK, CK) + 2\angle(MA', II') - 180°$$
$$= \angle(AO, OI) - \angle(IK, BC) - 2\angle(BC, MA')$$
$$= \angle(AO, OI) + 90° - \angle(OI, BC) - 2\angle(BC, AI) + 2\angle(OI, AO)$$
$$= -\angle(BC, AO) + 90° - 2\angle(BC, AI)$$
$$= -\angle(AO, AI) + 90° - \angle(BC, AI)$$
$$= 0.$$

故 $\angle(PB, A'B) = \angle(PK, A'K)$. 因此点 P、B、K、A' 共圆. 考虑到点 A、B、A'、C 共圆,由密克定理知点 A、P、A'、Q 共圆. 所以 $\triangle APQ$ 的外心在 AA' 中垂线上,即在 OI 上. □

评析 容易取出点 A 关于 OI 的对称点 A',故只要证点 A、P、A'、Q 共圆即可. 由密克定理,只要证点 A'、B、P、K 共圆. 这等价于 $\angle A'KP = \angle A'BP$,故只需确定 $A'K$ 的方向即可. 笔者在这里取出了点 I 关于 BC 的对称点 I',通过证明点 K 为 $\triangle II'A$ 的圆心来确定 $I'K$ 方向(笔者之前证过 M、I'、A' 三点共线,故可以想出),之后的过程只需导角即可.

题 4 有 100 个学生参加某个考试(成绩只有"通过"或"不通过"两种). 由一个教授依次面试每一个学生,且对每一个学生,他只有一个问题:"在该考试结束时,这 100 个学生中有多少人的成绩是'通过'?"每个学生的答案必须是一个整数,一旦该学生报出他的答案,教授立即公开宣布该学生的成绩是"通过"或"不通过".

在所有学生都得到自己的成绩后,由监察员检查是否有学生虽然正确回答了考试成绩为"通过",但他的成绩被教授宣布为"不通过"的人数. 如果至少存在一个这样的学生,则责令教授停

职,并且所有学生的成绩均改为"通过":如果不存在这样的学生,则原成绩不作任何改动.

问这些学生能否想出一个策略,确保每个人最后的成绩均为"通过"?

解 可以得到一个确保每个人最后的成绩均为"通过"的策略.

给 100 个学生标号为 $1,2,\cdots,100$,设第 i 个学生给出的答案为 a_i.给定 $a_1=99$,其余人答案按照如下规则给出

$$a_{i+1}=\begin{cases} a_i, & i \text{ 通过}, \\ a_i-1, & i \text{ 未通过}. \end{cases}$$

若教授给 100 个人通过,则得证.若教授不给 100 个人全通过,设教授最后一个给 i"未通过",此时 a_i 为 99 减去前 $i-1$ 位学生中未通过的人数,即 100 减去前 i 个学生中未通过的人数,也就是通过的人数.因此该学生的回答正确,由题意知此时教授停职,并且所有学生的成绩均改为"通过". □

评析 本题是一道简单题,易发现 a_1 只能等于 99,否则教授给 1 不通过,后 99 个人通过即可.此后,若教授给 1 不通过,同理 a_2 只能等于 98,若 1 通过,a_2 只能等于 99.类似地枚举几项后可找到规律.

题 5 给定一个顶点为 O,底面为 $ABCD$ 的凸四棱锥,且该四棱锥有内切球(即在其内部并与各面均相切的球).沿棱 OA、OB、OC、OD 将该四棱锥剪开,并将侧面 OAB、OBC、OCD、ODA 向外翻转至平面 $ABCD$ 内,形成多边形 $AKBLCMDN$.证明:K、L、M、N 四点共圆.

证明 如图,记该四棱锥的内切球球心为 O_1,内切球半径为 d.作球 O_2,使 O、O_1、O_2 三点共线,且 $\dfrac{OO_1}{OO_2}=\dfrac{d}{d'}$,其中 d' 为球 O_2 的半径.必存在点 O_2,使球 O_2 与面 $ABCD$ 相切,且 $O_2\neq O_1$,此时球 O_2 与面 OAB、面 OBC、面 OCD、面 OAD 也都相切.记 O_2 在平面 ABK 的投影为 O_2',O_2 在平面 OAB 的投影为 O_2''.因为球 O_2 与平面 OAB 和平面 ABK 均相切,故有 O_2 到平面 OAB 与平面 ABK 的距离相等,即 $O_2O_2'=O_2O_2''$.考虑到

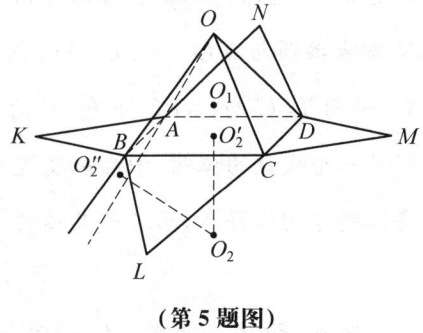

(第 5 题图)

$$O_2'A=\sqrt{O_2A^2-O_2O_2'^2}=\sqrt{O_2A^2-O_2O_2''^2}=O_2''A,$$

$$O_2'B=\sqrt{O_2B^2-O_2O_2'^2}=\sqrt{O_2B^2-O_2O_2''^2}=O_2''B.$$

结合 $AB=AB$,得到

$$\triangle ABO_2'' \cong \triangle ABO_2'.$$

再结合 $\triangle ABK \cong \triangle OAB$,知四边形 $KABO_2'$ 与四边形 $OBAO_2''$ 全等,故

$$O_2''O = O_2'K.$$

又因为 $O_2O_2'=O_2O_2''$,及 $O_2O_2'\perp$ 平面 ABK,$O_2O_2''\perp$ 平面 OAB,则

$$O_2K = \sqrt{O_2'K^2+O_2O_2'^2} = \sqrt{O_2''O^2+O_2O_2''^2} = OO_2.$$

同理可得

$$O_2L = OO_2,\ O_2M = OO_2,\ O_2N = OO_2.$$

故

$$O_2'K = \sqrt{O_2K^2-O_2O_2'^2} = \sqrt{O_2L^2-O_2O_2'^2} = O_2'L.$$

同理可知

$$O_2'K = O_2'L = O_2'M = O_2'N,$$

即 K、L、M、N 四点共圆. $\square$

评析 笔者最初的想法是直接找出 K、L、M、N 外接圆圆心,从而证明四点共圆.但是该方法难以运用题中条件,于是便放弃.后来笔者发现到点 K 与点 O 距离相同的点所构成的平面较容易刻画,进而想到是否可以作出 O、K、L、M、N 的球心,从而证明共圆(容易发现 K、L、M、N 四点共圆与点 O、K、L、M、N 共球等价).因此只要证明存在点 T,使平面 TAB 与 O_1AB 垂直,平面 TBC 与 O_1BC 垂直,平面 TDC 与 O_1DC 垂直,平面 TDA 与 O_1DA 垂直.笔者一开始想到了一个代数的证明,但后来发现点 O、K、L、M、N 的旁切球球心直接符合这些条件,于是只要证明旁切球存在,而这是显然的.

题 6 设 p 为质数,$f(x)$ 为整系数 d 次多项式.已知当 $f(1)$,$f(2)$,$\cdots$,$f(p)$ 被 p 除时,恰有 k 个互不相同的余数,其中 $1<k<p$.证明:

$$\frac{p-1}{d} \leqslant k-1 \leqslant (p-1)\left(1-\frac{1}{d}\right).$$

证明 我们需要如下的引理.

引理　若 $1 \leqslant n \leqslant p-2$，则 $p \mid 1^n + 2^n + \cdots + (p-1)^n + p^n$.

引理的证明：取模 p 的原根 a. 由 $(a, p) = 1$ 可得 a，$2a$，$\cdots$，pa 构成模 p 完系. 故

$$1^n + 2^n + \cdots + p^n \equiv a^n + (2a)^n + \cdots + (pa)^n \pmod{p},$$

即

$$(a^n - 1)(1^n + 2^n + \cdots + p^n) \equiv 0 \pmod{p}.$$

因此 $(a^n - 1)(1^n + 2^n + \cdots + p^n) \equiv 0 \pmod{p}$，引理得证.

回到原题. 设 $f(x)$ 的次数为 d，$f(x)$ 模 p 有 k 个值，其中 $2 \leqslant k \leqslant p-1$. 设 $f(x) \bmod p$ 的 k 个值构成的集合为 $\{S_1, S_2, \cdots, S_k\}$.

记 $f(x) = \sum\limits_{j=0}^{d} a_j x^j$，$(f(x))^n = \sum\limits_{j=0}^{nd} a_{n,j} x^j$. 当 $nd \leqslant p-2$ 时，有

$$\sum_{i=1}^{p} (f(i))^n \equiv \sum_{i=1}^{p} \sum_{j=0}^{nd} a_{n,j} i^j \equiv \sum_{j=0}^{nd} a_{n,j} \sum_{i=1}^{p} i^j \equiv 0 \pmod{p}. \tag{$*$}$$

若 $(k-1)d \leqslant p-2$，则

$$\sum_{i=1}^{p} (f(i) - S_1)(f(i) - S_2) \cdots (f(i) - S_{k-1})$$

$$= \sum_{i=1}^{p} \sum_{l=0}^{k-1} (-1)^{k-1-l} f(i)^l \sum_{1 \leqslant i_1 < \cdots < i_{k-1-l} \leqslant k-1} S_{i_1} S_{i_2} \cdots S_{i_{k-1-l}}$$

$$= \sum_{l=0}^{k-1} (-1)^{k-1-l} \sum_{1 \leqslant i_1 < \cdots < i_{k-1-l} \leqslant k-1} S_{i_1} S_{i_2} \cdots S_{i_{k-1-l}} \sum_{i=1}^{p} f(i)^l$$

$$\equiv 0 \pmod{p}.$$

记 α_k 为 $f(x) \equiv S_k$ 的个数，有

$$\sum_{i=1}^{p} (f(i) - S_1)(f(i) - S_2) \cdots (f(i) - S_{k-1})$$

$$= \alpha_k (S_k - S_1)(S_k - S_2) \cdots (S_k - S_{k-1}) \not\equiv 0 \pmod{p},$$

矛盾.

故

$$(k-1)d \geqslant p-1, \quad k-1 \geqslant \frac{p-1}{d}.$$

设 $f(x) \equiv S_i \pmod{p}$ 共有 α_i 个解. 取 t_1'，t_2'，$\cdots$，t_{p-k}'，使 t_1'，t_2'，$\cdots$，t_{p-k}' 中恰有 $\alpha_i - 1$ 个 S_i.

取 t_1，t_2，$\cdots$，t_{p-k}，使 t_1，t_2，$\cdots$，t_{p-k}，S_1，S_2，$\cdots$，S_k 是模 p 的完系.

由(＊)式，当 $nd \leqslant p-2$ 时，有

$$0 \equiv \sum_{i=1}^{p} (f(i))^n \equiv \sum_{i=1}^{p} (f(i))^n - (1^n + 2^n + \cdots + p^n)$$

$$\equiv (t_1')^n + (t_2')^n + \cdots + (t_{p-k}')^n - (t_1^n + t_2^n + \cdots + t_{p-k}^n)(\bmod p).$$

若 $(p-k)d \leqslant p-2$，则对任意 $0 \leqslant n \leqslant p-k$ 都有

$$(t_1')^n + (t_2')^n + \cdots + (t_{p-k}')^n \equiv t_1^n + t_2^n + \cdots + t_{p-k}^n (\bmod p). \qquad (＊＊)$$

成立.

记

$$g(x) = (x-t_1)(x-t_2) \cdots (x-t_{p-k}) = \sum_{i=0}^{p-k} \varepsilon_i x^{p-k-i},$$

$$g'(x) = (x-t_1')(x-t_2') \cdots (x-t_{p-k}') = \sum_{i=0}^{p-k} \varepsilon_i' x^{p-k-i}.$$

下面归纳证明 $\varepsilon_i \equiv \varepsilon_i' (\bmod p)$.

当 $i=0$ 时，$\varepsilon_i = \varepsilon_i' = 1$.

当 $i=1$ 时，等价于式(＊＊)中 $n=1$ 的情况.

归纳假设小于 i 时结论成立. 由牛顿幂和公式

$$t_1^i + t_2^i + \cdots + t_{p-k}^i = -(t_1 + t_2 + \cdots + t_{p-k})\varepsilon_{i-1} - (t_1^2 + t_2^2 + \cdots + t_{p-k}^2)\varepsilon_{i-2} - \cdots$$

$$- (t_1^{i-1} + t_2^{i-1} + \cdots + t_{p-k}^{i-1})\varepsilon_1 - i\varepsilon_i,$$

$$(t_1')^i + (t_2')^i + \cdots + (t_{p-k}')^i = -(t_1' + t_2' + \cdots + t_{p-k}')\varepsilon_{i-1}' - ((t_1')^2 + (t_2')^2 + \cdots$$

$$+ (t_{p-k}')^2)\varepsilon_{i-2}' - \cdots - ((t_1')^{i-1} + (t_2')^{i-1} + \cdots + (t_{p-k}')^{i-1})\varepsilon_1' - i\varepsilon_i'.$$

两式相减，再结合式(＊＊)及归纳假设知：$i\varepsilon_i \equiv i\varepsilon_i' (\bmod p)$. 又 $i \leqslant p-k$，故 $\varepsilon_i \equiv \varepsilon_i' (\bmod p)$，结论成立.

由此得 $g(x) \equiv g'(x)(\bmod p)$，而

$$0 \equiv g(t_1) \equiv g'(t_1) \not\equiv 0(\bmod p),$$

矛盾. 因此 $(p-k)d \geqslant p-1$，变形即得到

$$k-1 \leqslant (p-1)\left(1 - \frac{1}{d}\right).$$

命题得证. $\qquad \square$

评析 看到左式容易想到拉格朗日定理，但无法放出左边的结果. 之后笔者又想到了利用 $p \mid 1^k + 2^k + \cdots + p^k$ 可得 $p \mid f(1)^k + f(2)^k + \cdots + f(p)^k$，进一步可得

$$p \mid \sum_{i=1}^{p} g(f(i)) \left(\deg g \leqslant \frac{p-2}{d}\right).$$

这样左式基本就解决了. 右式稍有些难度，若直接考虑 $S = \{f(x)(\bmod p)\}$ 不太方便，故可考虑 $\bar{S}$ 较为容易（估计这一步转化会比较困难）. 之后的操作都十分自然，对一些能力较高的同学应该没有问题.

本次考试第一题、第四题相对容易，应为联赛第一题难度. 第二题的做法中要用到矩阵，对矩阵不熟悉可能会造成困难. 第五题以立体几何为载体，在国内竞赛中不常见. 作为压轴题的第三题、第六题两题真正难度并没有那么高. 整体而言，这是一套难度略低于冬令营的题.

2019 第 60 届国际数学奥林匹克试题评析

瞿振华

(华东师范大学数学系，200241)

英国　巴斯
第一天

7 月 16 日　8:30—13:00

题 1　用 **Z** 表示全体整数构成的集合. 求所有函数 $f:\mathbf{Z}\to\mathbf{Z}$, 满足对任意整数 a 和 b, 都有

$$f(2a)+2f(b)=f(f(a+b)).$$

（南非　供题）

解　将题中等式记为 $P(a,b)$. 由 $P(0,x)$ 得

$$f(0)+2f(x)=f(f(x)). \tag{1}$$

由 $P(x,0)$ 得

$$f(2x)+2f(0)=f(f(x)). \tag{2}$$

比较(1)和(2)可得

$$f(2x)=2f(x)-f(0). \tag{3}$$

将(1)和(3)代入原式, 我们有

$$2f(a)-f(0)+2f(b)=f(0)+2f(a+b). \tag{4}$$

令 $g(x)=f(x)-f(0)$, 则 $g(0)=0$, 且(4)可以写为

$$g(a+b)=g(a)+g(b). \tag{5}$$

由柯西方法可知, 对任意整数 n, 都有 $g(n)=g(1)n$. 从而 f 形如 $f(x)=kx+c$, 其中 $k,c\in$ **Z**. 代入原式中, 要求对所有整数 a、b 有

$$2k(a+b)+3c=k^2(a+b)+(k+1)c.$$

当且仅当 $2k=k^2$，且 $3c=(k+1)c$. 从而 $k=2$ 或 $k=0$. 若 $k=2$，则 c 可为任意整数；若 $k=0$，则 $c=0$.

因此满足条件的函数为 $f(x)=0$，或 $f(x)=2x+c$，c 是任意整数. ☐

评析 本题在代入简单数值后，即可将方程转化为柯西方程，作为第一题是一道非常基础的函数方程问题.

题 2 在三角形 ABC 中，点 A_1 在边 BC 上，点 B_1 在边 AC 上. 点 P 和 Q 分别在线段 AA_1 和 BB_1 上，且满足 PQ 平行于 AB. 在直线 PB_1 上取点 P_1，使得点 B_1 严格位于点 P 与点 P_1 之间，并且 $\angle PP_1C=\angle BAC$. 类似地，在直线 QA_1 上取点 Q_1，使得点 A_1 严格位于点 Q 与点 Q_1 之间，并且 $\angle CQ_1Q=\angle CBA$. 证明：点 P、Q、P_1、Q_1 共圆.

（乌克兰 供题）

证明 如图所示，射线 AA_1、BB_1 分别与三角形 ABC 的外接圆相交于点 A_2、B_2. 连结 A_2B_2、A_2C. 由于 $PQ /\!/ AB$，故 $\angle A_2B_2B=\angle A_2AB=\angle A_2PQ$，从而点 A_2、B_2、P、Q 共圆. 又

$$\angle CA_2A=\angle CBA=\angle CQ_1Q=\angle CQ_1A_1,$$

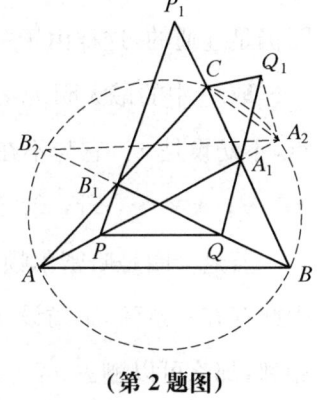

（第 2 题图）

故点 C、A_1、A_2、Q_1 共圆. 于是

$$\angle A_2Q_1Q=\angle A_2Q_1A_1=\angle A_2CA_1$$
$$=\angle A_2CB=\angle A_2AB=\angle A_2PQ,$$

故点 Q_1、A_2、Q、P 共圆. 类似可证，点 P_1、B_2、P、Q 共圆，从而 P_1、Q_1、P、Q、A_2、B_2 六点共圆，结论获证. ☐

评析 本题解答看似简单，实则并不算容易，点 A_2、B_2 不很明显会去添出，也有其他方法可做. 考试结果表明这是一道中等难度的平面几何问题，很多国家做得不好.

题 3 一个社交网络上有 2019 个用户，某些用户之间是朋友关系. 只要用户 A 是用户 B 的朋友，则用户 B 也是用户 A 的朋友. 如下形式的操作可反复进行，每一时刻只进行一个操作：

三个用户 A、B 和 C，满足 A 与 B、C 都是朋友，但 B 和 C 不是朋友，则同时改变他们之间的朋友关系，即 B 和 C 变为朋友，但 A 与 B 不再是朋友，A 与 C 也不再是朋友. 所有其他的朋友

关系不改变.

已知最初时有 1010 个用户每人拥有 1009 个朋友,有 1009 个用户每人拥有 1010 个朋友. 证明:存在一个操作序列,使得操作结束后,每个用户至多只有一个朋友.

(克罗地亚　供题)

证明　用图论的语言来描述这个问题:有一个 2019 阶简单图,其中 1010 个顶点的度为 1009,1009 个顶点的度为 1010. 允许进行如下操作,如果有三个顶点 A、B、C 满足 AB、AC 是边,而 BC 不是边,则可删去边 AB、AC,添上边 BC. 要证明,存在一个操作序列,使得操作结束后,这个图变为若干条不相邻的边,以及一些孤立顶点.

由于 G 中任意两个顶点 u、v 的度之和不小于 2018,要么 u、v 相邻,要么 u、v 有公共的邻点,因此 G 是连通的,且 G 显然不是完全图,并且有顶点的度为奇数. 事实上,结论对一个连通的非完全图,且有顶点的度为奇数的图都成立. 下面仅假设 G 是这样一个图.

第一步:若 G 不是树,则可通过若干次操作,使得图变为树. 注意到操作不改变一个顶点的度的奇偶性,因此有度为奇数的顶点这一性质始终保持. 只需说明若不是树,可通过一次操作使得图仍是连通的,这样由于每次操作减少一条边,必定在有限次操作后该图变为树.

取 G 中的最大圈 x_1,x_2,$\cdots$,x_k,x_1. 若这个圈不是哈密尔顿(Hamilton)圈,则存在一个顶点,不妨设是 x_1,它与不在该圈上的某个顶点 y 相邻,于是 y 不与 x_2 相邻,否则就有更大的圈 x_1,y,x_2,$\cdots$,x_k,x_1. 删去边 x_1y、x_1x_2,添上边 yx_2 后,得到的图仍是连通的.

若这个圈是哈密尔顿圈,由于有奇数度的顶点,因此整个图不能只是这个圈,也不是完全图,因此存在一条弦,不妨设 x_1x_i,满足 x_1、x_{i+1} 不相邻,或者 x_1、x_{i-1} 不相邻. 不妨设 x_1、x_{i+1} 不相邻,那么可以删去 x_1x_i、x_ix_{i+1},添上边 x_1x_{i+1},得到的图仍是连通的.

第二步:若 G 是树,则可通过若干次操作,使得图变为若干条不相邻的边,以及一些孤立顶点. 如果 G 只有一个或两个顶点,结论已经成立. 假设 G 至少含有三个顶点,则存在一个顶点 u,度至少是 2,设 uv、uw 是 u 处的两条边,则 v、w 不相邻,删去边 uv、uw(此时变为三个连通分支),再添上边 vw,此时图有两个连通分支,并且每个连通分支仍是树. 对至少含有三个顶点的连通分支再作同样的操作,直至每个连通分支都含有一个或两个顶点,这便是我们所需的结果. □

评析　本题主要思想是逐步地化简这个图,以达到最后的目标. 主要的困难之处在于总结出可做如此化简的充分必要条件,即每个大于 2 阶的连通分支不是完全图,并且含有奇度顶点. 有了这样的认识之后,可以想到多种化简手段. 题目的条件隐藏了这个条件,增加了问题的难度. 本题是一个较难的算法型组合问题.

第二天

7 月 17 日　8：30—13：00

题 4　求所有正整数对 (k, n)，满足

$$k! = (2^n - 1)(2^n - 2)(2^n - 4) \cdots (2^n - 2^{n-1}).$$

（萨尔瓦多　供题）

解　记等式右边为 R_n，则

$$v_2(R_n) = \sum_{i=0}^{n-1} v_2(2^n - 2^i) = \sum_{i=0}^{n-1} i = \frac{1}{2}(n-1)n.$$

而熟知 $v_2(k!) = k - S_2(k)$，其中 $S_2(k)$ 表示 k 在二进制表示下的数码和，故

$$k - S_2(k) = \frac{1}{2}(n-1)n,$$

从而　　　　　　　　$k = \frac{1}{2}(n-1)n + S_2(k) \geqslant \frac{1}{2}(n-1)n + 1.$

直接检验 $n = 1, 2, 3, 4$，可得两组解 $(k, n) = (1, 1), (3, 2)$．对 $n \geqslant 5$，我们证明

$$\left(\frac{1}{2}(n-1)n + 1 \right)! > 2^{n^2}, \tag{1}$$

而 $R_n \leqslant (2^n)^n = 2^{n^2}$，从而 $k! > R_n$，$n \geqslant 5$ 时不存在满足要求的正整数对 (k, n)．

当 $n = 5$ 时，直接验证 (1) 式，$11! = 39\,916\,800 > 2^{25} = 33\,554\,432$．对 $n > 5$，

$$\left(\frac{1}{2}(n-1)n + 1 \right)! = 11! \cdot \prod_{i=12}^{\frac{1}{2}(n-1)n+1} i > 2^{25} \cdot 8^{\frac{1}{2}(n-1)n-10}$$

$$= 2^{25 + \frac{3}{2}(n-1)n - 30} \geqslant 2^{\frac{3}{2}(n-1)n-5} \geqslant 2^{n^2}.$$

综上，所有满足条件的正整数对 (k, n) 为 $(1, 1)$ 和 $(3, 2)$．　　□

评析　利用 v_2 估计出 k 的下界，再利用不等式放缩证明 n 较大时均不成立．本题是很常规的数论问题，作为第二天的第一题，也是比较好上手的．

题 5　巴斯银行发行的硬币在一面上铸有 H，在另一面上铸有 T．哈利有 n 枚这样的硬币并将这些硬币从左至右排成一行．他反复地进行如下操作：如果恰有 $k(>0)$ 枚硬币 H 面朝上，则他

将从左至右的第 k 枚硬币翻转;如果所有硬币都是 T 面朝上,则停止操作.例如:当 $n=3$,并且初始状态是 THT,则操作过程为 $THT \to HHT \to HTT \to TTT$,总共进行了三次操作后停止.

(1) 证明:对每个初始状态,哈利总在有限次操作后停止.

(2) 对每个初始状态 C,记 $L(C)$ 为哈利从初始状态 C 开始至停止操作时的操作次数,例如 $L(THT)=3$,$L(TTT)=0$.求 C 取遍所有 2^n 个可能的初始状态时得到的 $L(C)$ 的平均值.

(美国 供题)

证明 设 $V_n=\{H,T\}^n$ 是所有长度为 n 的 H-T 序列构成的集合,即所有 2^n 种硬币序列的状态.对 n 归纳证明:对任意 $C \in V_n$,$L(C)$ 有限,且

$$\sum_{C \in V_n} L(C) = 2^{n-2} n(n+1).$$

当 $n=1$ 时,$V_1=\{H,T\}$,$L(H)=1$,$L(T)=0$.

当 $n=2$ 时,$V_2=\{HH,HT,TH,TT\}$,$L(HH)=2$,$L(HT)=1$,$L(TH)=3$,$L(TT)=0$,结论在 $n=1,2$ 时均成立.

假设 $n \geqslant 3$,且结论在 n 较小时均成立.对两个 H-T 序列 A、B,用 $A \cdot B$ 表示将 A、B 按顺序拼接在一起得到的 H-T 序列.令

$$X=\{C \cdot T \mid C \in V_{n-1}\}, \quad Y=\{H \cdot C \mid C \in V_{n-1}\},$$
$$Z=\{T \cdot C \cdot H \mid C \in V_{n-2}\}, \quad W=\{H \cdot C \cdot T \mid C \in V_{n-2}\}.$$

显然 $V_n=X \cup Y \cup Z$,$X \cap Y=W$.

对 $C \cdot T \in X$,由于最后一位始终是 T,操作过程就如同只对 C 进行操作,因此操作 $L(C)$ 次后全变为 T,故 $L(C \cdot T)=L(C)$.

对 $H \cdot C \in Y$,设 C 中恰有 k 个 H,则 $H \cdot C$ 中恰有 $k+1$ 个 H,而 $H \cdot C$ 的第 $k+1$ 位恰是 C 中的第 k 位,因此一开始的操作就如同只对 C 进行操作,操作 $L(C)$ 次后变为 $HTT \cdots T$,再进行一次操作后全变为 T,故 $L(H \cdot C)=L(C)+1$.

对 $T \cdot C \cdot H \in Z$,设 C 中恰有 k 个 H,则 $T \cdot C \cdot H$ 中恰有 $k+1$ 个 H,而 $T \cdot C \cdot H$ 的第 $k+1$ 位恰是 C 中的第 k 位,因此一开始的操作就如同只对 C 进行操作,在进行了 $L(C)$ 次操作后变为 $TT \cdots TH$,此后依次将第 $1,2,\cdots,n-1$ 个 T 变为 H,再依次将第 $n,n-1,\cdots,1$ 个 H 变为 T,操作停止,因此 $L(T \cdot C \cdot H)=L(C)+2n-1$.

对 $H \cdot C \cdot T \in W$,由前两种情形的讨论,我们有

$$L(H \cdot C \cdot T)=L(H \cdot C)=L(C)+1.$$

至此,已经证明了对每个 $C \in V_n$,$L(C)$ 是有限的. 最后,利用归纳假设可得

$$\sum_{C \in V_n} L(C)$$

$$= \sum_{C \cdot T \in X} L(C \cdot T) + \sum_{H \cdot C \in Y} L(H \cdot C) + \sum_{T \cdot C \cdot H \in Z} L(T \cdot C \cdot H) - \sum_{H \cdot C \cdot T \in W} L(H \cdot C \cdot T)$$

$$= \sum_{C \in V_{n-1}} L(C) + \sum_{C \in V_{n-1}} (L(C) + 1) + \sum_{C \in V_{n-2}} (L(C) + 2n - 1) - \sum_{C \in V_{n-2}} (L(C) + 1)$$

$$= 2 \sum_{C \in V_{n-1}} L(C) + 2^{n-1} + (2n - 2)2^{n-2}$$

$$= 2 \cdot 2^{n-3}(n-1)n + 2n \cdot 2^{n-2}$$

$$= 2^{n-2} n(n+1).$$

因此,所有 $L(C)$ 的平均值为 $\dfrac{1}{4}n(n+1)$. □

评析 本题有多种解法,这里采用了递推方法,分几类来递推地给出 $L(C)$ 的值. 还可以对每个 C,由 H 的位置,给出 $L(C)$ 的具体表达式,再进行计算. 本题作为第五题,是偏容易的组合题,通过尝试操作过程,很容易找到规律.

题 6 在锐角三角形 ABC 中,I 是内心,$AB \neq AC$. 三角形 ABC 的内切圆 ω 与边 BC、CA 和 AB 分别相切于点 D、E 和 F,过点 D 且垂直于 EF 的直线与 ω 的另一点交点为 R,直线 AR 与 ω 的另一交点为 P,三角形 PCE 和三角形 PBF 的外接圆交于另一点 Q. 证明:直线 DI 和 PQ 的交点在过点 A 且垂直于 AI 的直线上.

(印度 供题)

证明 如图①所示,设 DI 与 $\angle BAC$ 的外角平分线交于点 L,于是 $AL \perp AI$. 只需再证明点 L、Q、P 共线. 设 DL 与 ω 的另一个交点为 K,EF 的中点为 N.

(i) 点 K、N、P 共线. 由于四边形 $RFPE$ 是调和四边形,由调和四边形的性质可知 EF 平分 $\angle RNP$. 又

$$\frac{1}{2}\overset{\frown}{KF} + \frac{1}{2}\overset{\frown}{FD} = 90° = \frac{1}{2}\overset{\frown}{RE} + \frac{1}{2}\overset{\frown}{FD},$$

故 $\overset{\frown}{KF} = \overset{\frown}{RE}$,即点 K、R 关于 AI 对称,因此 $\angle KNF = \angle RNE = \angle PNE$,故点 K、N、P 共线.

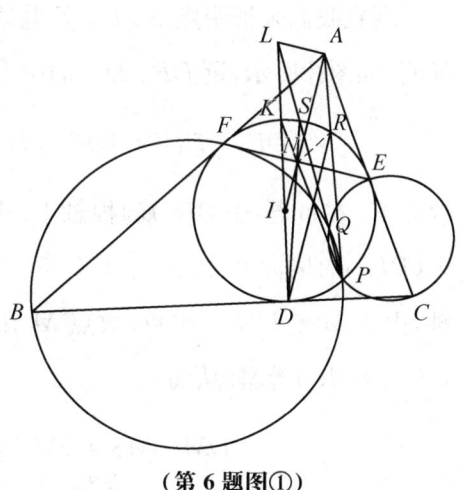

(第 6 题图①)

(ii) 点 L、S、P 共线. 由于 A 是 N 关于 ω 的反演点,$LA \perp AI$,故直线 AL 是点 N 关于 ω 的极线. 设 PS 与 DK 交于点 L',则 L' 的极线经过点 N,点 N 的极线经过点 L',故点 L' 在直线 AL 上,于是 $L'=L$,故点 L、S、P 共线.

只需证点 S、Q、P 共线. 如图②所示. 我们采用有向角的记号,使得角度上的叙述不依赖于特定的图形,用 $\angle(a,b)$ 表示由直线 a 逆时针旋转至直线 b 的方向时所转过的角度,在有向角的等式中,都按模 π 理解. 由于点 B、F、Q、P 共圆,点 C、E、Q、P 共圆,故

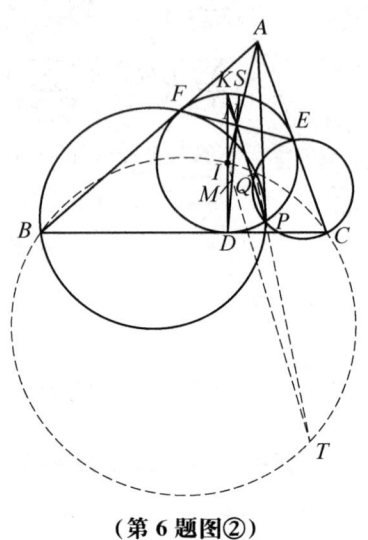

$$\begin{aligned}\angle(BQ,QC) &= \angle(BQ,QP)+\angle(PQ,QC)\\&= \angle(BF,FP)+\angle(PE,EC)\\&= \angle(EF,EP)+\angle(FP,FE)\\&= \angle(FP,EP)\\&= \angle(DF,DE)=\angle(BI,IC),\end{aligned}$$

(第 6 题图②)

从而 B、I、Q、C 四点共圆. 设直线 QP 与 $\odot(BIQC)$ 交于另一点 T,直线 IT 与 DS 交于点 M.

(iii) M 是 DN 的中点. 注意到

$$\angle(BI,IT)=\angle(BQ,QT)=\angle(BF,FP)=\angle(FK,KP).$$

且由于 $FD \perp FK$,$FD \perp BI$,故 $FK \parallel BI$,因此 $IT \parallel KNP$. 又 I 是 DK 的中点,因此 M 是 DN 的中点.

现在我们来证明点 S、P、T 共线,这将完成整个问题的证明. 如图③所示,设 DF、DE 的中点分别为点 F_1、E_1. 由于

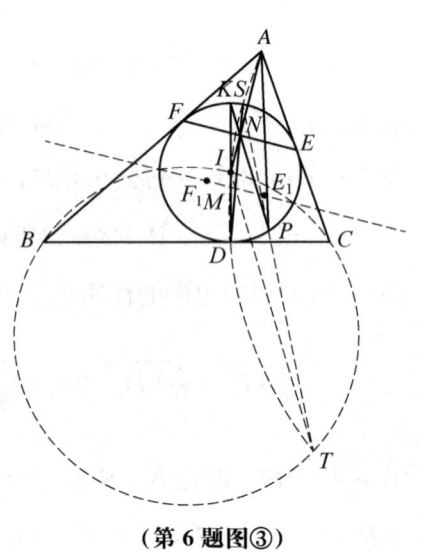

$$DF_1 \cdot F_1F = DF_1^2 = BF_1 \cdot F_1I,$$

故点 F_1 在 ω 与 $\odot(BIC)$ 的根轴上. 类似地,点 E_1 也在 ω 与 $\odot(BIC)$ 的根轴上,因此直线 E_1F_1 就是 ω 与 $\odot(BIC)$ 的根轴,由于 M 是 DN 的中点,故点 M 在 E_1F_1 上,从而点 M 对 ω 与 $\odot(BIC)$ 等幂. 从而

$$DM \cdot MS = IM \cdot MT,$$

这表明 S、I、D、T 四点共圆. 于是

(第 6 题图③)

$$\angle(DS,ST)=\angle(DI,IT)=\angle(DK,KP)=\angle(DS,SP),$$

故点 S、P、T 共线. $\qquad\qquad\qquad\qquad\qquad\qquad\qquad\qquad\qquad\qquad$ $\square$

评析 这里给出的是官方证明,过程曲折,在一定程度上误导了各国领队对于这个题的难度判断. 原本认为是极难的题,考试结果却表明是一个正常可做的几何难题. 事实上,此题解法甚多,有些想法比较直接,协调员又给出了 5 种不同的证明,中国队员有五人证出,方法又各不同. 更多解法的总结,可参见华东师范大学出版社出版的《走向 IMO:数学奥林匹克试题集锦 (2019)》.

二、国内数学竞赛试题评析

2018 北大清华金秋营试题简析

孙孟越[1]　叶龙翔[2]　杜　航[3]　刘浩宇[4]　骆　晗[5]　俞然枫[6]

（1. 清华大学，100084；2. 安徽省安庆第一中学，246000；

3. 成都市第七中学，610041；4. 浙江省杭州第二中学，310053；

5. 浙江省宁波市镇海中学，315200；6. 南京师范大学附属中学，210003）

金秋十月，北京大学和清华大学如期举办了数学学科营.

北大的考试时间为 2018 年 10 月 12 日 13:30—17:30 和 10 月 13 日 8:00—12:00，每天 4 个题. 清华的考试时间为 2018 年 10 月 12 日 13:30—17:00 和 10 月 13 日 8:30—12:00，第一天 4 个题，第二天 3 个题.

本文给出这些题目的解答以及一些简评，其中解答人的姓名随解答给出.

一、 北大金秋营试题解析

题 1　已知两圆 ω_1、ω_2 外切且不是等圆. 两圆的一条外公切线切 ω_1 于点 A，切 ω_2 于点 B. ω_1 与 ω_2 的切点在圆 ω_3 内，圆 ω_3 与直线 AB 相离且 ω_3 交 ω_1 于 C、D 两点，交 ω_2 于 E、F 两点，CD 和 EF 不平行. 证明：ω_3 与以 AB 为直径的圆正交的充分必要条件是直线 AB、CD、EF 三线共点.

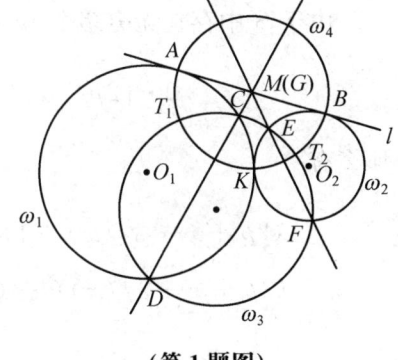

（第 1 题图）

证明（叶龙翔、俞然枫）　如图，设线段 AB 中点为 M，则由 $MA^2 = MB^2$ 可得，点 M 在 ω_1、ω_2 的根轴 l 上.

由蒙日定理可得，CD、EF 交于 l 上一点 G. 记以 AB 为直径的圆为 ω_4. 设 ω_3、ω_4 交点为 T_1、T_2.

若 AB、CD、EF 共点，则此点在 l 上，也在 AB 上，故为 M 点，则 $MC \cdot MD = MB^2 = MT_1^2$. 从而 MT_1 为 ω_3 切线，即 ω_3、ω_4 正交.

若 ω_3、ω_4 正交，则 MT_1 为 ω_3 切线. 从而点 M 到 ω_3、ω_1 的圆幂相等，这表明点 M 在 CD 上.

类似地,有点 M 在 EF 上. 故 AB、CD、EF 共点. □

评析 非常简单的第一题,熟悉反演的同学可以很快做出. 考场上并没有给图,也没有给出正交的定义,需要同学们提前知道.

题 2 设 S 为所有大于等于 2018 的正整数组成的集合. 求所有函数 $f:S \to \mathbf{Z}$,满足对任意的 $i, j \in S$,有 $(i+j)(f(i)+f(j)) - 4f(i)f(j)$ 为某个整数的平方.

解(杜航、孙孟越、刘浩宇) 所求函数为 $f(x) = x$,$\forall x \in S$ 以及 $f(x) = 0$,$\forall x \in S$.

记条件为 $P(i, j)$,即 $P(i, j) = (i+j)(f(i)+f(j)) - 4f(i)f(j)$.

由 $P(p, p)$ 知 $(p - f(p)) \cdot f(p)$ 为完全平方数. 设 $(p - f(p)) \cdot f(p) = y^2$,则

$$p^2 = 4y^2 + (p - 2f(p))^2.$$

这时,取 $p \in S$ 为 $4k+3$ 型质数,则由 -1 不是 p 的二次剩余知,必有 $p \mid 2y$,$p \mid p - 2f(p)$,则 $y = 0$,$|p - 2f(p)| = p$. 因此,$f(p) = p$ 或者 $f(p) = 0$.

下面分两种情况讨论.

情形 1. 若对所有 $4k+3$ 型质数 $p \in S$,有 $f(p) = p$. 则对任意 $x \in S$,由 $P(x, p)$ 可知 $(x+p)(f(x)+p) - 4f(x) \cdot p$ 为完全平方数. 即

$$(2p + x - 3f(x))^2 - (x - f(x))(x - 9f(x))$$

是完全平方数.

由于 S 中存在无穷多个 $4k+3$ 型质数,我们取一个 $4k+3$ 型质数 p 满足

$$2 \cdot |2p + x - 3f(x)| > 1 + |(x - f(x))(x - 9f(x))|.$$

那么有

$$(2p + x - 3f(x) - 1)^2 < (2p + x - 3f(x))^2 - (x - f(x))(x - 9f(x)).$$
$$(2p + x - 3f(x))^2 - (x - f(x))(x - 9f(x)) < (2p + x - 3f(x) + 1)^2.$$

所以必须有 $(x - f(x))(x - 9f(x)) = 0$,也就是 $f(x) = x$ 或者 $f(x) = \dfrac{x}{9}$. 后者与条件 $P(x, x)$ 矛盾. 因此 $f(x) = x$,$\forall x \in S$.

情形 2. 若存在 $4k+3$ 型质数 $p \in S$,使得 $f(p) = 0$. 记 $T = \{x \in S \mid f(x) = 0\}$,则 $p \in T$.

对任意 $4k+3$ 型质数 $q \in S$,由 $P(p, q)$ 知 $(p+q)f(q)$ 是平方数,则 $f(q) = 0$ 或 $f(q) = q$,但 $(p+q)q$ 不是平方数,所以 $f(q) = 0$. 因此任意 $4k+3$ 型质数 $q \in S$,有 $q \in T$.

下面证明对任意 $n\in S$,有 $n\in T$.

取定 $4k+3$ 型的 T 中质数 $p\neq q$(由于 $4k+3$ 型质数有无穷个,这样的 p、q 必然存在). 记 $N_0=2018+(p-q)^2>2018$.

先证明整数 $n\geqslant N_0=2018+(p-q)^2$ 都有 $n\in T$. 任取一个 $n\geqslant N_0$.

由 $P(n,p)$、$P(n,q)$ 可得 $f(n)(n+p)$、$f(n)(n+q)$ 都是平方数,若 $f(n)\neq 0$,结合算术基本定理知,$(n+p)(n+q)$ 是完全平方数. 但

$$(2n+p+q-1)^2<4(n+p)(n+q)=(2n+p+q)^2-(p-q)^2<(2n+p+q)^2,$$

故 $(n+p)(n+q)$ 不是完全平方数,矛盾. 所以对所有正整数 $n\geqslant N_0$,有 $n\in T$.

再证明 $2018\leqslant n<2018+(p-q)^2$ 时,有 $n\in T$.

任取 $2018\leqslant m<2018+(p-q)^2$.

由 $P(m,N_0)$、$P(m,N_0+2)$ 可知 $f(m)(m+N_0)$、$f(m)(m+N_0+2)$ 都是平方数. 若 $f(m)\neq 0$,则 $(m+N_0)(m+N_0+2)$ 是平方数,但

$$(m+N_0)(m+N_0+2)=(m+N_0+1)^2-1$$

不是完全平方数,矛盾. 故对任意 $n\in S$,$f(n)=0$.

结合情形 1 和情形 2,原题解为:$f(x)=x$,$\forall x\in S$ 以及 $f(x)=0$,$\forall x\in S$. □

评析 这个函数方程需要一点点二次剩余以及估计的技术,比预想中困难.

题 3 我们称一个长度为 n 的非增的非负整数序列 $(a_1,a_2,\cdots,a_n)$ 为 D-唯一的,如果仅存在唯一的 n 阶无向简单图,满足其各个顶点的度数分别为 $a_1,a_2,\cdots,a_n$.

这里的唯一是图同构意义下的:两个图 G 与 H 同构是指,存在一个 G 的顶点集到 H 的顶点集的双射,满足 u、v 连边当且仅当 $f(u)$、$f(v)$ 连边.

记长度为 n 的 D-唯一的序列个数为 d_n,证明:当 $n\geqslant 3$ 时,$d_n\geqslant 3\cdot 2^{n-2}-2$.

证明(杜航、骆晗) 对 n 用数学归纳法.

当 $n=3$ 时,序列 $(2,2,2)$、$(2,1,1)$、$(1,1,0)$、$(0,0,0)$ 均是 D-唯一的.

假设 $n-1$ 时成立($n\geqslant 4$),考虑 n 的情形.

对每个 $n-1$ 时是 D-唯一的序列 $(a_1,a_2,\cdots,a_{n-1})$,数组

$$(a_1,a_2,\cdots,a_{n-1},0)$$

也是 D-唯一的(只需在 $n-1$ 时的图中加入一个孤立点即可). 数组

$$(n-1, a_1+1, a_2+1, \cdots, a_{n-1}+1)$$

也是 D-唯一的(只需在 $n-1$ 时的图中加入一个与其他点均相连的点即可).

并且上面给出的这些长为 n 的序列互不相同(因为 $a_1 \leqslant n-2, a_{n-1}+1 \geqslant 1$).

当 n 为偶数时,$(1, 1, \cdots, 1)$ 是 D-唯一的(一组 $\frac{n}{2}$ 个匹配),其补图对应的序列

$$(n-2, n-2, \cdots, n-2)$$

也是 D-唯一的.

当 n 为奇数时,$(1, 1, \cdots, 1, 2)$ 是 D-唯一的(一组 $\frac{n-3}{2}$ 个匹配与一个长为 2 的链),其补图对应的序列 $(n-2, n-2, \cdots, n-2, n-3)$ 也是 D-唯一的.

故 $d_n \geqslant 2d_{n-1}+2 \geqslant 3 \cdot 2^{n-2}-2$. 命题对 n 成立,由归纳原理知结论成立. □

评析 归纳构造是容易想到的.本题是中等难度组合题.事实上,这个系数 3 可以加强成 $\ln n$ 量级的.

题 4 给定正整数 n,求最小的实数 λ,使得对任意实数 $a_1 \geqslant a_2 \geqslant \cdots \geqslant a_n \geqslant 0$,有

$$\sum_{k=1}^{n} (a_1+a_2+\cdots+a_k-k\sqrt[k]{a_1 a_2 \cdots a_k})^2 \leqslant \lambda \sum_{k=1}^{n} a_k^2.$$

解 当 $n=1$ 时,易知 λ 最小值为 0.下面考虑 $n>1$ 的情形.

对 $1 \leqslant i \leqslant \left\lfloor \dfrac{n}{2} \right\rfloor$,令 $a_i=1$,其余的 $a_i=0$,则有

$$\left\lfloor \frac{n}{2} \right\rfloor^2 \cdot \left(n - \left\lfloor \frac{n}{2} \right\rfloor \right) \leqslant \lambda \left\lfloor \frac{n}{2} \right\rfloor.$$

从而

$$\lambda \geqslant \left\lfloor \frac{n}{2} \right\rfloor \left(n - \left\lfloor \frac{n}{2} \right\rfloor \right) = \left\lfloor \frac{n^2}{4} \right\rfloor.$$

下证 $\lambda = \left\lfloor \dfrac{n^2}{4} \right\rfloor$ 时不等号成立.

当 $n=1$ 时情形显然,下设 $n \geqslant 2$.

由于 $a_1 \geqslant a_2 \geqslant \cdots \geqslant a_n \geqslant 0$,故 $k\sqrt[k]{\prod_{i=1}^{k} a_i} \geqslant k a_k$. 则

$$\sum_{k=1}^{n}(a_1+a_2+\cdots+a_k-k\sqrt[k]{a_1a_2\cdots a_k})^2\leqslant\sum_{i=1}^{n}\Big(\sum_{j=1}^{i}(a_j-a_i)\Big)^2. \tag{1}$$

对 $1\leqslant i\leqslant n-1$，令 $b_i=a_i-a_{i+1}$，$b_n=a_n$，则 b_1，b_2，$\cdots$，b_n 都是非负实数.

$$\text{式}(1)\text{ 的右边}\leqslant\sum_{i=2}^{n}\Big(\sum_{j=1}^{i-1}\sum_{k=j}^{i-1}b_k\Big)^2$$
$$=\sum_{i=2}^{n}\Big(\sum_{j=1}^{i-1}jb_j\Big)^2$$
$$=\sum_{i=2}^{n}\Big(\sum_{j=1}^{i-1}j^2b_j^2+2\sum_{1\leqslant j<k\leqslant i-1}jkb_jb_k\Big)$$
$$=\sum_{i=1}^{n-1}(n-i)i^2b_i^2+2\sum_{1\leqslant i<j\leqslant n-1}(n-j)ijb_ib_j.$$

故只要证明

$$\sum_{i=1}^{n-1}(n-i)i^2b_i^2+2\sum_{1\leqslant i<j\leqslant n-1}(n-j)ijb_ib_j\leqslant\lambda\sum_{k=1}^{n}a_k^2. \tag{2}$$

代入 $a_i=\sum_{j=i}^{n}b_j$，可得

$$\lambda\sum_{k=1}^{n}a_k^2=\Big\lfloor\frac{n^2}{4}\Big\rfloor\Big(\sum_{i=1}^{n}\big(\sum_{j=i}^{n}b_j\big)^2\Big)\geqslant\Big\lfloor\frac{n^2}{4}\Big\rfloor\Big(\sum_{i=1}^{n-1}\big(\sum_{j=i}^{n-1}b_j\big)^2\Big)$$
$$=\Big\lfloor\frac{n^2}{4}\Big\rfloor\Big(\sum_{i=1}^{n-1}\big(\sum_{j=i}^{n-1}b_j^2+2\sum_{i\leqslant j<k\leqslant n-1}b_jb_k\big)\Big)$$
$$=\Big\lfloor\frac{n^2}{4}\Big\rfloor\Big(\sum_{i=1}^{n-1}ib_i^2+2\sum_{1\leqslant i<j\leqslant n-1}ib_ib_j\Big).$$

故只要证明

$$\sum_{i=1}^{n-1}(n-i)i^2b_i^2+2\sum_{1\leqslant i<j\leqslant n-1}(n-j)ijb_ib_j\leqslant\Big\lfloor\frac{n^2}{4}\Big\rfloor\Big(\sum_{i=1}^{n-1}ib_i^2+2\sum_{1\leqslant i<j\leqslant n-1}ib_ib_j\Big). \tag{3}$$

注意到对整数 $1\leqslant i\leqslant n$，$i(n-i)\leqslant\big\lfloor\frac{n^2}{4}\big\rfloor$，$b_i\geqslant0$，故有

$$\text{式}(3)\text{ 的右边}-\text{式}(3)\text{ 的左边}$$
$$=\sum_{i=1}^{n-1}i\Big(\Big\lfloor\frac{n^2}{4}\Big\rfloor-i(n-i)\Big)b_i^2+2\sum_{1\leqslant i<j\leqslant n-1}i\Big(\Big\lfloor\frac{n^2}{4}\Big\rfloor-(n-j)j\Big)b_ib_j\geqslant0.$$

故式(3)成立，因此所求 λ 的最小值为 $\big\lfloor\frac{n^2}{4}\big\rfloor$. □

评析 只要想到了怎么处理几何平均，这题剩下部分本质上并不困难.调整法也可以处理这

个问题,只是较为繁琐.下面给出用调整法的证明.

另解(俞然枫) 当 $n=1$ 时,易知 λ 最小值为 0.下面考虑 $n>1$ 的情形.

对 $1 \leqslant i \leqslant \left\lfloor \dfrac{n}{2} \right\rfloor$,令 $a_i = 1$,其余的 $a_i = 0$,则有

$$\left\lfloor \frac{n}{2} \right\rfloor^2 \cdot \left(n - \left\lfloor \frac{n}{2} \right\rfloor\right) \leqslant \lambda \left\lfloor \frac{n}{2} \right\rfloor.$$

从而 $\lambda \geqslant \left\lfloor \dfrac{n}{2} \right\rfloor \left(n - \left\lfloor \dfrac{n}{2} \right\rfloor\right) = \left\lfloor \dfrac{n^2}{4} \right\rfloor$.下证 $\lambda = \left\lfloor \dfrac{n^2}{4} \right\rfloor$ 时不等号成立.

引理 对于 $\left\lfloor \dfrac{n}{2} \right\rfloor + 1 \leqslant t \leqslant n$,有

$$\left\lfloor \frac{n^2}{4} \right\rfloor a_t^2 \geqslant (n-t)\left(\left(\sum_{i=1}^{t} a_i\right)^2 - \left(\sum_{i=1}^{t-1} a_i\right)^2\right) - \left(\sum_{i=1}^{t-1} a_i\right)^2 + \left(\sum_{i=1}^{t} a_i - t\sqrt[t]{\prod_{i=1}^{t} a_i}\right)^2.$$

引理的证明:若 $a_t = 0$,结论显然.

若 $a_t > 0$.记

$$a_t = x, \quad r = \frac{1}{x}\left(\prod_{i=1}^{t} a_i\right)^{\frac{1}{t}}, \quad \sum_{i=1}^{t-1} a_i = S.$$

由于 $a_1 \geqslant a_2 \geqslant a_3 \geqslant \cdots \geqslant a_t > 0$,故 $r \geqslant \dfrac{x}{x} = 1$. 上式可整理为

$$\left\lfloor \frac{n^2}{4} \right\rfloor x^2 \geqslant (n-t)x(2S+x) - S^2 + (S+x-trx)^2$$

$$\Leftrightarrow \left\lfloor \frac{n^2}{4} \right\rfloor x \geqslant 2S(n-t+1-tr) + (n-t)x + (1-tr)^2 x.$$

由于

$$S \geqslant (t-1)\sqrt[t-1]{\prod_{i=1}^{t-1} a_i} \geqslant (t-1)rx,$$

而 $r \geqslant 1$,则 $n - t + 1 - tr \leqslant n - 2t + 1 \leqslant 0$.

故只要证

$$\left\lfloor \frac{n^2}{4} \right\rfloor \geqslant -2r(t-1)((r+1)t - n - 1) + n - t + (tr-1)^2. \tag{1}$$

我们记式(1)右边为关于 r 的函数 $f(r)$,则其导数

$$f'(r) = -2(2t-n-1)(t-1) - 2t(t-2)(r-1) \leqslant 0.$$

最后一个不等号是因为

$$2t-n-1\geqslant 0,\ t-1\geqslant 0,\ t(t-2)\geqslant 0,\ r-1\geqslant 0.$$

从而只要证 $r=1$ 时成立，即

$$\left\lfloor\frac{n^2}{4}\right\rfloor\geqslant -2(t-1)(2t-n-1)+n-t+(1-t)^2.$$

由 $\left\lfloor\dfrac{n^2}{4}\right\rfloor\geqslant\dfrac{n^2-1}{4}$ 知，只要证明

$$\frac{n^2-1}{4}\geqslant -2(t-1)(2t-n-1)+n-t+(1-t)^2$$

$$\Leftrightarrow (6t-3-n)(2t-1-n)\geqslant 0.$$

由 $n\leqslant 2t-1\leqslant 6t-3$，知成立. 引理得证.

回到原题. 记

$$F(a_1,a_2,\cdots,a_n)=\left\lfloor\frac{n^2}{4}\right\rfloor\sum_{k=1}^{n}a_k^2-\sum_{k=1}^{n}(a_1+a_2+\cdots+a_k-k\sqrt[k]{a_1a_2\cdots a_k})^2.$$

只要证明 F 非负即可.

注意到在 $\left\lfloor\dfrac{n}{2}\right\rfloor+1\leqslant t\leqslant n$ 时

$$F(a_1,a_2,\cdots,a_t,\underbrace{0,0,\cdots,0}_{n-t\text{个}})-F(a_1,a_2,\cdots,a_{t-1},\underbrace{0,0,\cdots,0}_{n-t+1\text{个}})$$

$$=\left\lfloor\frac{n^2}{4}\right\rfloor a_t^2-(n-t)\left(\left(\sum_{i=1}^{t}a_i\right)^2-\left(\sum_{i=1}^{t-1}a_i\right)^2\right)+\left(\sum_{i=1}^{t-1}a_i\right)^2-\left(\sum_{i=1}^{t}a_i-t\sqrt[t]{\prod_{i=1}^{t}a_i}\right)^2\geqslant 0.$$

反复运用引理知，只需考虑

$$a_n=a_{n-1}=\cdots=a_{\lfloor\frac{n}{2}\rfloor+1}=0 \tag{2}$$

的情况.

记 $k=\left\lfloor\dfrac{n}{2}\right\rfloor$，则 $\lambda=k(n-k)$. 在条件式(2)下我们有

$$\sum_{k=1}^{n}(a_1+a_2+\cdots+a_k-k\sqrt[k]{a_1a_2\cdots a_k})^2\leqslant\sum_{i=1}^{k}\left(\sum_{j=1}^{i}(a_j-a_i)\right)^2+(n-k)\left(\sum_{i=1}^{k}a_i\right)^2. \tag{3}$$

由式(3)，只要证

$$\sum_{i=1}^{k}\left(\sum_{j=1}^{i}(a_j-a_i)\right)^2 \leqslant k(n-k)\sum_{k=1}^{n}a_k^2-(n-k)\left(\sum_{i=1}^{k}a_i\right)^2$$

$$=(n-k)\left(k\sum_{k=1}^{n}a_k^2-\left(\sum_{k=1}^{n}a_k\right)^2\right)$$

$$=(n-k)\sum_{1\leqslant i\leqslant j\leqslant k}(a_i-a_j)^2. \tag{4}$$

而对 $1\leqslant i\leqslant k$,由柯西不等式,以及 $i\leqslant k\leqslant n-k$ 知

$$\left(\sum_{j=1}^{i}(a_j-a_i)\right)^2 \leqslant i\left(\sum_{j=1}^{i}(a_i-a_j)^2\right)\leqslant(n-k)\left(\sum_{j=1}^{i}(a_i-a_j)^2\right).$$

从而

$$式(4)\,的左边\leqslant(n-k)\sum_{i=1}^{k}\sum_{j=1}^{i}(a_i-a_j)^2=式(4)\,的右边.$$

综上所述,所求 λ 的最小值为 $\left\lfloor\dfrac{n^2}{4}\right\rfloor$. □

题 5 有 2018 名学生围成一圈. 称一个同学是优秀的,如果他的两边站着的人和自己性别都不同. 求优秀的男生数与优秀的女生数的平方差的最大值.

解(孙孟越) 把连续的相同性别的同学打包,并且包两侧是异性同学,则把这包同学称为一个段. 这样,圆周上的人被打包成了男生段和女生段,并且男生段和女生段交替出现.

注意到,优秀的男生数即为长为 1 的男生段数,优秀的女生数即为长为 1 的女生段数.

我们来进行调整,只考虑男女生都存在的情况. 任取一个长>1 的男生段,只留下其中任意一个男生,把剩下的男生变为女生. 这样的操作下,长为 1 的男生段个数不减,长为 1 的女生段个数不增. 故优秀的男生数和优秀的女生数的平方差不减.

每次调整使男生的数量严格减少,故有限次后,必然每个男生段长度都是 1.

设男生有 x 个,则有 x 个长为 1 的男生段. 而女生有 $2018-x$ 个,再设有 m 个长为 1 的女生段.

注意到男生段和女生段个数相等,故女生段也有 x 个.

这时,女生有 m 段长为 1,有 $x-m$ 段长至少是 2,故

$$m+2(x-m)\leqslant 2018-x,\quad 即\ m\geqslant 3x-2018. \tag{1}$$

分两类情况讨论. 若 $x\leqslant\dfrac{2018}{3}$,即 $x\leqslant 672$,则

$$x^2-m^2\leqslant x^2\leqslant 672^2=451\,584.$$

若 $x \geqslant \dfrac{2018}{3}$，即 $x \geqslant 673$，则

$$x^2 - m^2 \leqslant x^2 - (3x - 2018)^2$$
$$\leqslant 757^2 - (3 \times 757 - 2018)^2$$
$$= 509\,040.$$

这里，我们用到 $x^2 - (3x - 2018)^2 = -8\left(x - \dfrac{3027}{4}\right)^2 + \dfrac{1\,018\,081}{2}$，在 $x = 757$ 时取到 $x \in \mathbf{Z}$ 上的最大值.

综上，当 $x = 757$，$y = 2018 - 757 = 1261$，$m = 3 \times 757 - 2018 = 253$ 时，取到最大值 $509\,040$.

更具体地，当 757 个男生中间分别有 $\underbrace{1,1,\cdots,1}_{253\text{个}}$，$\underbrace{2,2,\cdots,2}_{504\text{个}}$ 个女生的时候取到平方差的最大值. □

评析 画个图，弄清楚本质即可. 这里的把男生变为女生是本质的调整.

在刻画清楚结构后，也可以不用调整法，直接导出式 (1)，方法如下：

给每个优秀的男生 (设为 A 个) 两边的女生送盒巧克力，这样送出了 $2A$ 盒巧克力. 每个优秀的女生 (设为 B 个) 收到至多 2 盒巧克力，其余每个女生 (设为 C 个) 收到至多 1 盒巧克力. 这表明

$$2B + C \geqslant 2A \Leftrightarrow 2B + (2018 - A - B) \geqslant 2A \Leftrightarrow B \geqslant 3A - 2018.$$

题 6 若互质的正整数 $n > k$ 满足 $n - k \mid n^n - k^{k^k}$，则称 (n, k) 是一个好对. 证明：存在无穷多组好对 (n, k)，使得 $(n, 1013k)$ 也为好对.

证明（孙孟越） 对任意正整数 $m \geqslant 2$，我们来验证 $(2^m + 1013, 1)$ 即为满足要求的好对.

显然对任意正整数 $n > 1$，$(n, 1)$ 都是好对，故只要验证 $(2^m + 1013, 1013)$ 是好对即可.

记 $A = 2^m + 1013$，$B = 1013$，则 A、B 互质.

由于 $\varphi(2^{m-1}) = 2^{m-2} \mid A - B$，$(B, 2) = 1$，结合欧拉定理知，$2^{m-1} \mid B^A - B^B$. 由于 $2^{m-1} \mid A - B$，故有 $2^{m-1} \mid A^A - B^B$.

由于 $\varphi(2^m) = 2^{m-1} \mid A^A - B^B$，$(B, 2) = 1$，由欧拉定理，$2^m \mid B^{A^A} - B^{B^B}$. 由于 $2^m \mid A - B$，故有 $2^m \mid A^{A^A} - B^{B^B}$. 又 $A - B = 2^m$，故 $A - B \mid A^{A^A} - B^{B^B}$.

综上，$(2^m + 1013, 1)$ 即为满足要求的好对. 由 m 可以取无穷个值 (全体 $\geqslant 2$ 的整数)，不同的 m 对应的 $(2^m + 1013, 1)$ 也不同. 这表明结论成立. □

评析 由于疏忽，这个题在卷面上漏打了 $n > k$，变得异常简单 (注意任意正整数 $k > 1$，$(1$,

k)都是好对).抓住了这个漏洞的同学(大约占考生的$\frac{1}{4}$)都得了满分.如果要求 $n>k>1$,本题结论仍然成立,有兴趣的读者可以尝试一下.

题 7 给定整数 $n>1$.已知正整数 m 和集合 $\{1,2,\cdots,n\}$ 的不同子集 A_1,A_2,$\cdots$,A_m 满足对任意 $1\leqslant i<j\leqslant n$,$A_1$,$A_2$,$\cdots$,$A_m$ 中恰好有 $n-j+i$ 个集合同时含有 i、j.求 $\sum_{k=1}^{m}|A_k|^2$ 的最小可能值.

解(刘浩宇) 首先考虑集合 $A_1=\{1,2\}$,$A_2=\{1,2,3\}$,$\cdots$,$A_{n-1}=\{1,2,\cdots,n\}$,$A_n=\{2,3,\cdots,n\}$,$A_{n+1}=\{3,4,\cdots,n\}$,$\cdots$,$A_{2n-1}=\{n-1,n\}$.

对任意 $1\leqslant i<j\leqslant n$,有 i、j 同时出现在 $(n-j)+i$ 个集合中,满足条件.此时,有

$$\sum_{i=1}^{2n-1}|A_i|^2=2^2+3^2+\cdots+(n-1)^2+n^2+(n-1)^2+\cdots+3^2+2^2=\frac{2n^3+n-6}{3}.$$

以下证明 $$\sum_{i=1}^{m}|A_i|^2\geqslant\frac{2n^3+n-6}{3}.$$

对 $1\leqslant i\leqslant n$,设 i 出现在 x_i 个集合中.对 $1\leqslant i<j\leqslant n$,设 i、j 同时出现在 $x_{i,j}$ 个集合中.由条件,$x_{i,j}=n-j+i$,$1\leqslant i<j\leqslant n$.

再来估计 x_i.

首先,$x_1\geqslant x_{1,2}=n-1$,$x_n\geqslant x_{n-1,n}=n-1$.

其次,对于 $2\leqslant i\leqslant n-1$,有 $x_i\geqslant x_{i-1,i}\geqslant n-1$.

如果 $x_i=n-1$.那么 i 所在的所有集合均含有 $i-1$、i、$i+1$,所以 $i-1$、$i+1$ 同时出现在至少 $n-1$ 个集合中.但 $x_{i-1,i+1}=n-(i+1)+(i-1)=n-2$,矛盾.

因此,对于 $2\leqslant i\leqslant n-1$,有 $x_i\geqslant n$.从而

$$\sum_{i=1}^{m}|A_i|^2=\sum_{i=1}^{m}\sum_{a\in A_i}\sum_{b\in A_i}1=\sum_{a,b}\sum_{\substack{i\\a,b\in A_i}}1$$

$$=\sum_{1\leqslant a\leqslant n}x_a+2\sum_{1\leqslant a<b\leqslant n}x_{a,b}$$

$$\geqslant 2(n-1)+(n-2)n+2\sum_{1\leqslant a<b\leqslant n}(n-b+a)$$

$$=n^2-2+2\sum_{k=1}^{n-1}\sum_{\substack{b-a=k\\1\leqslant a<b\leqslant n}}(n-k)$$

$$=n^2 - 2 + 2\sum_{i=1}^{n-1} i^2$$

$$=\frac{2n^3 + n - 6}{3}.$$

综上所述，$\sum_{i=1}^{m} |A_i|^2$ 的最小值为 $\frac{2n^3 + n - 6}{3}$. □

评析　算两次是常用的技巧,在这个题中再次出现了,算是一道中等偏难的组合题.

题 8　设 **R** 是实数集,**C** 是复数集.

(1) 设函数 $f: \mathbf{R} \to \mathbf{R}$ 满足对任意 $x, y \in \mathbf{R}$,$|f(x-y)| = |f(x) - f(y)|$. 证明:对任意实数 x、y,$f(x+y) = f(x) + f(y)$.

(2) 设函数 $f: \mathbf{C} \to \mathbf{C}$ 满足对任意 $x, y \in \mathbf{C}$,$|f(x-y)| = |f(x) - f(y)|$. 证明或否定:对任意复数 x、y,$f(x+y) = f(x) + f(y)$.

证明(孙孟越)　(1) 假设存在 a、b 满足 $f(a+b) \neq f(a) + f(b)$,又有

$$|f(a)| = |f(a+b) - f(b)|,$$
$$|f(b)| = |f(a+b) - f(a)|.$$

故只能有

$$-f(a) = f(a+b) - f(b),$$
$$-f(b) = f(a+b) - f(a).$$

结合两式得,$f(a) = f(b)$,$f(a+b) = 0$. 故我们有

$$|f(b) - f(-a)| = |f(b+a)| = 0,$$

即 $f(-a) = f(b) = f(a)$.

由于 $f(a+b) \neq f(a) + f(b)$ 知,$f(a) \neq 0$. 我们有

$$\left| f\left(\frac{a}{2}\right) \right| = \left| f(a) - f\left(\frac{a}{2}\right) \right|,$$

即 $f\left(\frac{a}{2}\right) = \frac{1}{2} f(a)$.

类似地,

$$\left| f\left(\frac{-a}{2}\right) \right| = \left| f(-a) - f\left(\frac{-a}{2}\right) \right|,$$

即
$$f\left(\frac{-a}{2}\right) = \frac{1}{2}f(-a) = \frac{1}{2}f(a).$$

故有 $|f(a)| = \left| f\left(\frac{a}{2}\right) - f\left(\frac{-a}{2}\right) \right| = 0$，这与 $f(a) \neq 0$ 相矛盾，故原题结论成立.

(2) 取 $f(x) = e^{i\mathrm{Re}(x)} - 1$，这里 i 是虚数单位，e 是自然对数的底数，$\mathrm{Re}(x)$ 是 x 的实部. 则

$$|f(x) - f(y)| = |e^{i\mathrm{Re}(x)} - e^{i\mathrm{Re}(y)}| = |e^{i(\mathrm{Re}(x) - \mathrm{Re}(y))} - 1| = |e^{i\mathrm{Re}(x-y)} - 1| = |f(x-y)|.$$

但是
$$f(2\pi) - 2f(\pi) = 0 - 2(-1-1) = 4 \neq 0.$$

所以结论是否定的. □

评析 事实上把这个问题中的 **R**、**C** 换成 **Z** 时结论是不成立的. 如可以取 $f:\mathbf{Z}\to\mathbf{Z}$ 满足 $f(n) = n - 2\left\lfloor \frac{n}{2} \right\rfloor$. 这启发我们不能只考虑 a、b 在 **Z** 上的线性组合，于是我们转而考虑 **Q** 上的线性组合，问题迎刃而解.

对于第二问，应该可以感受到结论是否定的，否则没有任何手段证明. 首先，为了保证旋转不变性，想到取 $f(x) = e^{i\theta(x)}$，这里 i 是虚数单位，e 是自然对数的底数，$\theta(x)$ 是待定的 **C**→**R** 的函数. 则

$$|f(x) - f(y)| = |e^{i\theta(x)} - e^{i\theta(y)}| = |e^{i(\theta(x) - \theta(y))} - 1|.$$

第二个等号用到了 $\theta(y) \in \mathbf{R}$，从而可得 $|e^{i\theta(y)}| = 1$.

这离我们需要的只差一点点，只需要对 f 进行一个平移，再取 $\theta(x)$ 满足 $\theta(x-y) = \theta(x) - \theta(y)$ 即可.

这样的 $\theta(x)$ 种类很多，比较简单的构造方法是先找一条直线，使 $\theta(x)$ 在这条直线上是线性的，然后延拓到整个平面. 如取 $\theta(x) = \mathrm{Re}(x)$. 也可以像处理 **R** 上的柯西方程一样，选出一组哈默尔(Hamel)基，但这并不需要. 需要注意，$\theta(x)$ 是实值函数在我们这个思路下是必要的.

二、 清华金秋营试题解析

题 1 如图，在 $\triangle ABC$ 中，点 D、E 在边 AB、AC 上，$CD \cap BE = I$，$AI \cap DE = J$，$AI \cap BC = K$，求 $AJ \cdot AK$ 与 AI^2 的大小关系.

解（刘浩宇） $AJ \cdot AK > AI^2$. 理由如下：

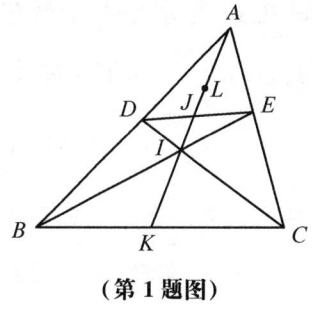

(第 1 题图)

设 L 为线段 AI 中点. 由完全四边形性质可知 A、I、J、K 成调和点列. 因此，$LJ \cdot LK = LI^2$. 故

$$
\begin{aligned}
AI^2 - AJ \cdot AK &= (LI + AL)^2 - (LJ + AL) \cdot (LK + AL) \\
&= AL \cdot (2LI - LJ - LK) \\
&< 0,
\end{aligned}
$$

其中，最后的不等号用到了 $LJ \cdot LK = LI^2$ 以及均值不等式，等号不能成立是因为 $LJ < \max\{LI, LA\} = LI < LK$.

评析   熟悉调和点列性质的同学会觉得很简单.

题 2   证明：在平面上任给 n 个整点，存在一个次数不超过 $\sqrt{2n}$ 的非零二元多项式使得这些整点都是它的零点.

证明（杜航）   设待定正整数 N. 记 $k = \left\lfloor \sqrt{2n} \right\rfloor$. 记这 n 个整点为 (x_m, y_m)，$m = 1, 2, \cdots, n$. 考虑多项式集合

$$
U = \left\{ f(x, y) = \sum_{\substack{i, j \geqslant 0 \\ i+j \leqslant k}} a_{i, j} x^i y^j \,\middle|\, a_{i, j} \in \{1, 2, \cdots, N\} \right\}.
$$

对每个 U 中元素 $f(x, y)$，定义其所对应的 n 元整数组

$$
(f(x_1, y_1), f(x_2, y_2), \cdots, f(x_n, y_n)).
$$

为了使用抽屉原理，我们来估计这些整数组中不同的数组的个数.

设 $M = \max\limits_{1 \leqslant i \leqslant n} \{1, |x_i|, |y_i|\}$，有

$$
|f(x_i, y_i)| \leqslant \sum_{\substack{i, j \geqslant 0 \\ i+j \leqslant k}} |a_{i, j} x^i y^j| \leqslant \sum_{\substack{i, j \geqslant 0 \\ i+j \leqslant k}} N \cdot M^k = \frac{(k+1)(k+2)M^k}{2} \cdot N.
$$

则不同的 n 元整数组的个数 S 满足

$$
S \leqslant [(k+1)(k+2)M^k \cdot N + 1]^n < [2(k+1)(k+2)M^k \cdot N]^n.
$$

而不同的多项式个数有 $N^{\frac{(k+1)(k+2)}{2}}$ 个. 由于 $\dfrac{(k+1)(k+2)}{2} > n$，在 N 充分大时，有

$$
(2(k+1)(k+2)M^k \cdot N)^n < N^{\frac{(k+1)(k+2)}{2}}.
$$

故在 N 充分大时,必然存在不同的多项式 f_1, $f_2 \in U$,其对应的 n 元数组相同.这表明多项式 $f = f_1 - f_2$ 满足题设要求,即

$$(f(x_1, y_1), f(x_2, y_2), \cdots, f(x_n, y_n)) = (0, 0, \cdots, 0).$$

结论成立. □

另证(骆晗、孙孟越) 在这个解答里不需要整点的条件.

记这 n 个点为 (x_m, y_m),$m = 1, 2, \cdots, n$.记 $k = \lfloor \sqrt{2n} \rfloor$.设多项式

$$f(x, y) = \sum_{\substack{i, j \geqslant 0 \\ i+j \leqslant k}} a_{i,j} x^i y^j.$$

将这 n 个整点代入,可得关于 $a_{i,j} (i, j \geqslant 0, i+j \leqslant k)$ 的齐次线性方程组

$$\begin{cases} \sum_{\substack{i, j \geqslant 0 \\ i+j \leqslant k}} x_1^i y_1^j a_{i,j} = 0, \\ \sum_{\substack{i, j \geqslant 0 \\ i+j \leqslant k}} x_2^i y_2^j a_{i,j} = 0, \\ \cdots \\ \sum_{\substack{i, j \geqslant 0 \\ i+j \leqslant k}} x_n^i y_n^j a_{i,j} = 0. \end{cases} \tag{1}$$

方程组(1)的未知数个数为 $\dfrac{(k+1)(k+2)}{2}$,大于方程个数 n,则由克拉默法可知,方程组(1)一定有非零解,这就得到一个 $f(x, y)$,满足这 n 个点 (x_i, y_i) 都是其零点. □

评析 第二个解答对熟悉线性代数的同学而言很简单.这个问题可以作为线性代数的基本习题.相信题目出成整点是为了给同学更多解题的空间.

题 3 设正整数 $n > 1$,证明:

$$\left(1 + \frac{1}{n^2}\right)^{\frac{1}{2n}} - \left(1 + \frac{1}{n^2}\right)^{-\frac{1}{2n}} < \frac{1}{n^2 \sqrt{1+n^2}}.$$

证明(骆晗) 记

$$\alpha = \left(1 + \frac{1}{n^2}\right)^{\frac{1}{2n}}, \quad \beta = \left(1 + \frac{1}{n^2}\right)^{-\frac{1}{2n}}.$$

则

$$\alpha^n - \beta^n = \frac{\sqrt{n^2+1}}{n} - \frac{n}{\sqrt{n^2+1}} = \frac{1}{n\sqrt{n^2+1}}. \tag{1}$$

由均值不等式，及 $\alpha\beta=1$，得

$$\frac{\alpha^n - \beta^n}{\alpha - \beta} = \sum_{i=0}^{n-1}\alpha^i\beta^{n-1-i} \geqslant n\left(\prod_{i=0}^{n-1}\alpha^i\beta^{n-1-i}\right)^{\frac{1}{n}} = n. \tag{2}$$

由于 $\alpha>1>\beta$，故式(2)的等号不能成立.式(1)除以式(2)即知原不等式成立. $\qquad\square$

评析 若能发现原不等式右边是左边两项 n 次方和的差的 $\frac{1}{n}$，则问题就迎刃而解了.

题 4 是否存在正整数 $n\geqslant 2^{2018}$，使得不存在正整数 x、y、u、v，满足 $u,v>1$ 且 $n=x^u+y^v$.

解（孙孟越） 存在.待定正整数 $N>2^{2018}$.定义

$$Q=\{x^u \mid x\in\mathbf{Z}_+, u\in\mathbf{Z}_+, u>1, x^u\leqslant N\},$$
$$X=\{x^2 \mid x\in\mathbf{Z}_+, x^2\leqslant N\},$$
$$Y=Q-X.$$

为简洁，在本解答中，定义如下记号：对正整数集合 A、B，定义

$$A+B=\{a+b \mid a\in A, b\in B, a+b\leqslant N\}.$$

用反证法，假设不存在满足题目条件的 n，则对任意正整数 $2^{2018}\leqslant n\leqslant N$，都可以找到 Q 中两个元素和为 n，即 n 在 $Q+Q$ 中.

这表明 $Q+Q$ 中至少有 $N-2^{2018}$ 个元素.我们发现 $Q+Q$ 中每个元素必然属于 $X+X$、$X+Y$、$Y+Y$ 三者之一.则

$$N-2^{2018} \leqslant |Q+Q| \leqslant |X+X|+|X+Y|+|Y+Y| \\ \leqslant |X+X|+|X|\cdot|Y|+|Y|^2. \tag{1}$$

那我们来估计 X、Y、$X+X$ 中的元素个数.

首先我们有显然的不等式

$$|X|\leqslant\sqrt{N}.$$

其次，对 Y，注意 Y 中每一个 x^u 的 x 都满足 $x\leqslant\sqrt[3]{N}$（否则 $x^u\geqslant x^3>N$）.而 u 满足 $u\leqslant\log_2 N$（否则 $x^u\geqslant 2^u>N$），故有

$$|Y| \leqslant \sqrt[3]{N} \log_2 N.$$

最后来考虑 $X + X$,注意模 4 余 3 的正整数不能写为平方和,故 $X + X$ 中至少有 $\left(\dfrac{N}{4} - 1\right)$ 个 $\leqslant$ N 的正整数不出现,即有

$$|X + X| \leqslant N - \left(\frac{N}{4} - 1\right) = \frac{3N}{4} + 1.$$

故我们有

$$
\begin{aligned}
|Q + Q| &\leqslant |X + X| + |X| \cdot |Y| + |Y|^2 \\
&\leqslant \frac{3N}{4} + 1 + N^{\frac{5}{6}} \log_2 N + N^{\frac{2}{3}} (\log_2 N)^2.
\end{aligned} \tag{2}
$$

式(2)右边在 N 充分大时是比式(1)左边小的,这导致了矛盾. □

　　评析　问题的核心在与 $|Q + Q|$ 的大小估计. 直接拿 $|Q|$ 来估计阶不够,就想到了分段来估计. 事实上 $|X + X|$ 大约是 $\dfrac{BN}{\sqrt{\ln N}}$ 量级的(有兴趣的读者可以参阅[1]). 所以 $|Q + Q| = o(N)$. 熟悉这类问题的同学可以迎刃而解.

　　题 5　设一个凸多边形和它的内部能被 n 个半径不必相等的圆盘完全覆盖. 证明或否定:可以从这些圆盘中选出一些两两不交的圆盘,使得将它们半径扩大三倍之后,可以覆盖原凸多边形.

　　解(叶龙翔)　一定可以做到. 理由如下:

　　我们记圆盘按半径从大到小排列,把这些圆盘圆心依次记为 C_1, C_2, C_3, $\cdots$, C_n,半径依次设为 $r_1 \geqslant r_2 \geqslant \cdots \geqslant r_n$.

　　我们按如下步骤取出圆盘:考虑所有与已取出的圆盘不相交的圆盘,取其中半径最大者. 有限步之内操作必然结束.

　　下面来证明,这组圆盘能覆盖多边形内所有点. 对多边形内任意一点 A,设其被圆盘 C_i 覆盖.

　　若圆盘 C_i 被我们取出,则 A 被覆盖了.

[1] Topics in Number Theory, Volumes II, William J. LeVeque. 章节 7 - 5(The integers representable as a sum of two squares), Dover Publications (2002).

若圆盘 C_i 没有被我们取出,说明存在一个与圆盘 C_i 相交的,半径为 $\geqslant r_i$ 的圆盘被取出.设为圆盘 C_j,则 $r_j \geqslant r_i$. 我们有

$$|AC_j| \leqslant |AC_i| + |C_iC_j| \leqslant r_i + (r_i + r_j) \leqslant 3r_j.$$

故 A 被扩大了 3 倍半径的圆盘 C_j 所覆盖.

综上,结论成立. □

评析 我们在这里使用了"贪心算法",这个题放在第一题难度很合适.

题 6 对前 n 个正整数用 k 种颜色染色,使得无法从中选出三个不同色的正整数构成等差数列.设 k 的最大值为 $f(n)$.证明: $\log_3 n \leqslant f(n) \leqslant 1 + \log_2 n$.

证明(骆晗) 先证左边不等式.记 $v_p(n)$ 为正整数 n 中质数 p 的幂次,即最大的自然数 α 满足 $p^\alpha | n$.

若 $v_3(m) = i$, $m \leqslant n$,则将 m 染成第 $i+1$ 种颜色.这样使用了 $\lfloor \log_3 n \rfloor + 1 > \log_3 n$ 种颜色.对于不同色的正整数 x、y,有 $v_3(2x-y) = \min\{v_3(x), v_3(y)\}$,故 $2x-y$ 与 x、y 之一同色.故 $f(n) \geqslant \log_3 n$.

再证右边不等式.对 α 归纳证明 $2^\alpha \leqslant n < 2^{\alpha+1}$($\alpha \in \mathbf{N}$)时命题成立.

当 $\alpha = 0$ 时,$n = 1$,显然成立.

假设 $\alpha - 1$ 时成立.考虑数 $1, 2, \cdots, n$ 染上的颜色.

若其中有两种颜色不同于 $1, 2, \cdots, 2^\alpha - 1$ 所染上的颜色,不妨设为红色和蓝色.

设最小的染上红色的数为 x,最小的染上蓝色的数为 y.显然 $x \neq y$,不妨设 $x < y$,则

$$2^\alpha \leqslant x < y \leqslant n < 2^{\alpha+1},$$

从而有 $2x - y > 0$. 考虑正整数 $2x - y$,它与异色对 (x, y) 构成等差数列,其必定与 x、y 之一同色.故 $2x - y$ 要么是红色,要么是蓝色.但 $2x - y < x < y$,这与 x 的最小性或 y 的最小性矛盾.故数 $1, 2, \cdots, n$ 染上的颜色至多只有一种颜色不同于 $1, 2, \cdots, 2^\alpha - 1$ 所染上的颜色.这表明 $f(n) \leqslant f(2^\alpha - 1) + 1 \leqslant \alpha + 1 \leqslant 1 + \log_2 n$. 即命题对 α 成立,故由归纳原理知,结论成立. □

评析 题目的形式提示了我们采用数学归纳法.前半部分实际上就是利用了 p—adic 数的结构.这一道中等难度的组合题.

题 7 给定正整数 n,给定 n 个实数 $0 < p_i < 1$, $i = 1, 2, \cdots, n$. 对 $\{1, 2, \cdots, n\}$ 的非空子集 I,定义 $P_I = \prod_{i \in I} p_i$,并且 $P_\varnothing = 1$. 对任意 $\{1, 2, \cdots, n\}$ 的非空子集 I,取一个实数 X_I,再取 $X_\varnothing = 1$. 证明:

$$\sum_{I \subseteq \{1, 2, \cdots, n\}} \sum_{J \subseteq \{1, 2, \cdots, n\}} \frac{X_I X_J}{P_{I \cap J}} \geqslant \prod_{i=1}^{n} (1 - p_i).$$

证明(骆晗、杜航) 记全集 $U = \{1, 2, \cdots, n\}$. 我们证明:

$$\sum_{I \subseteq \{1, 2, \cdots, n\}} \sum_{J \subseteq \{1, 2, \cdots, n\}} \frac{X_I X_J}{P_{I \cap J}} = \sum_{K \subseteq U} \left(\prod_{i \in U-K} (1 - p_i) \right) \left(\sum_{J \subseteq K} \sqrt{\frac{\prod_{i \in K-J} p_i}{\prod_{i \in J} p_i}} X_J \right)^2. \tag{1}$$

因为 $p_i > 0$ ($i = 1, 2, \cdots, n$),故式(1)中的根式是有意义的.

对每一对 $I, J \subseteq \{1, 2, \cdots, n\}$,计算式(1)右边展开式中 $X_I X_J$ 的系数.

情形 1. 若 $I \neq J$,则 $X_I X_J$ 在右边的展开式中出现在 $I \cup J \subseteq K$ 对应的和式中,其系数为

$$2 \sum_{(I \cup J) \subseteq K \subseteq U} \left(\prod_{i \in U-K} (1 - p_i) \right) \cdot \sqrt{\frac{\prod_{i \in K-I} p_i}{\prod_{i \in I} p_i}} \cdot \sqrt{\frac{\prod_{i \in K-J} p_i}{\prod_{i \in J} p_i}}$$

$$= 2 \sum_{(I \cup J) \subseteq K \subseteq U} \left(\prod_{i \in U-K} (1 - p_i) \right) \cdot \frac{\prod_{i \in K-(I \cup J)} p_i}{\prod_{i \in I \cap J} p_i}$$

$$= 2 \frac{1}{P_{I \cap J}} \cdot \left(\sum_{(I \cup J) \subseteq K \subseteq U} \prod_{i \in U-K} (1 - p_i) \cdot \prod_{i \in K-(I \cup J)} p_i \right)$$

$$= 2 \frac{1}{P_{I \cap J}}.$$

最后一个等式是因为如果将 $U - (I \cup J)$ 的所有子集看成一个样本空间,其中每个元素 $i \in U - (I \cup J)$ 出现的概率为 p_i,不出现的概率为 $(1 - p_i)$,那么对子集 K $((I \cup J) \subseteq K \subseteq U)$,

$$\prod_{i \in U-K} (1 - p_i) \cdot \prod_{i \in K-(I \cup J)} p_i$$

即为子集 $K - (I \cup J)$ 出现的概率(由于 $0 < p_i < 1$,这是可以做到的). 这表明

$$\sum_{(I \cup J) \subseteq K \subseteq U} \prod_{i \in U-K} (1 - p_i) \cdot \prod_{i \in K-(I \cup J)} p_i = 1.$$

情形 2. 若 $I = J$,则 X_I^2 的系数为

$$\sum_{I \subseteq K \subseteq U} \left(\prod_{i \in U-K} (1-p_i) \right) \cdot \frac{\prod_{i \in K-I} p_i}{\prod_{i \in I} p_i}$$

$$= \frac{1}{P_I} \cdot \sum_{I \subseteq K \subseteq U} \left(\prod_{i \in U-K} (1-p_i) \cdot \prod_{i \in K-I} p_i \right)$$

$$= \frac{1}{P_I}.$$

最后一个等式是因为如果将 $U-I$ 的所有子集看成一个样本空间, 其中每个元素 $i \in U-I$ 出现的概率为 p_i, 不出现的概率为 $(1-p_i)$, 那么对 $K(I \subseteq K \subseteq U)$,

$$\prod_{i \in U-K} (1-p_i) \cdot \prod_{i \in K-I} p_i$$

即为子集 $K-I$ 出现的概率 (由于 $0 < p_i < 1$, 这是可以做到的). 这表明

$$\sum_{I \subseteq K \subseteq U} \prod_{i \in U-K} (1-p_i) \cdot \prod_{i \in K-I} p_i = 1.$$

结合以上两种情况即知式 (1) 成立. 由于 $1-p_i \geqslant 0$ $(i=1,2,\cdots,n)$, 以及对 $K \subseteq U$ 有

$$\left(\sum_{J \subseteq K} \sqrt{\frac{\prod_{i \in K-J} p_i}{\prod_{i \in J} p_i}} X_J \right)^2 \geqslant 0.$$

则

$$\text{式 (1) 的左边} \geqslant \left(\prod_{i \in U} (1-p_i) \right) X_\varnothing^2 = \prod_{i \in U} (1-p_i). \qquad \square$$

评析 值得一提的是, 这个题与 2018 年中国女子数学奥林匹克第三题方法几乎一模一样. 当然, 那个题在考场上也是非常难的, 做过那个题对这个题帮助很大.

今年北大金秋营的题比去年简单, 每一个题都有满分的同学. 平均水平是做出 3.5 道, 最高的同学做出了 7.5 道.

今年清华金秋营的题比去年简单. 最高的同学得了满分. 做出 5 个题以上就很有竞争力了. 作者署名顺序按照加入团队的先后排列. 题末评析均由第一作者给出.

2019 北京大学夏令营试题简析

孙孟越[1]　唐龙天[2]　刘明扬[3]　甘润之[4]

(1. 清华大学，100084；2. 成都七中嘉祥外国语学校，610023；

3. 华南师范大学附属中学，510630；4. 华东师范大学第二附属中学，201203)

炎热的八月,北京大学举办了她的夏令营.这里我们给出题目的解答以及一些简评.

本次夏令营的考试时间为 2019 年 8 月 5 日 8：00—12：00 和 8 月 6 日 8：00—12：00.每天 4 个题.解答人的姓名随解答给出.

题 1　如图,给定 $\triangle AEF$,点 B、D 分别在 AE、AF 上,BF、DE 交于点 C,AC 与 EF 不垂直,AC、EF 交于点 G. $\triangle AEF$ 的内切圆 $\odot I$ 与边 AE 切于点 M,与边 AF 切于点 N. $\triangle CEF$ 的内切圆 $\odot J$ 与边 CE 切于点 P,与边 CF 切于点 Q.取 IJ 的中点 S.设点 S 在 AC 上投影为点 K. 若 M、N、P、Q 四点共圆,求证:I、K、J、G 四点共圆.

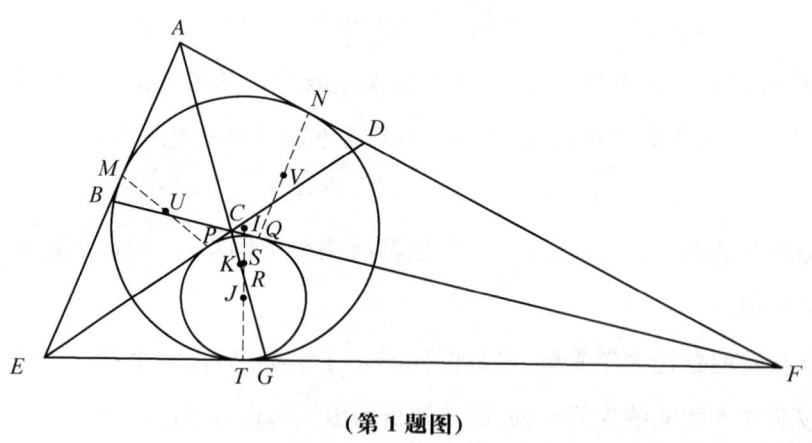

(第 1 题图)

证明(唐龙天)　首先证明一个引理.

引理　给定 $\triangle XYZ$ 与 $\triangle X_1Y_1Z_1$,满足 $XY+X_1Y_1=XZ+X_1Z_1$,设 $\angle YXZ$ 角平分线与 YZ 交于点 W,类似定义 W_1. 若 $\angle XWZ=\angle X_1W_1Z_1$,则有 $XY=XZ$,$X_1Y_1=X_1Z_1$.

引理的证明：注意到

$$XY \gtreqless XZ \Leftrightarrow \angle XZY \gtreqless \angle XYZ$$
$$\Leftrightarrow \angle YXW + \angle YWX \gtreqless \angle ZXW + \angle XWZ$$
$$\Leftrightarrow \angle YWX \gtreqless \angle XWZ,$$

这里的 $\gtreqless$ 可以同时取 $>$、$=$、$<$ 中的任意一个.

同理，$\angle Y_1 W_1 X_1 \gtreqless \angle X_1 W_1 Z_1 \Leftrightarrow X_1 Y_1 \gtreqless X_1 Z_1$.

由 $XY + X_1 Y_1 = XZ + X_1 Z_1$ 表明 $XY = XZ$，$X_1 Y_1 = X_1 Z_1$，引理得证.

回到原题. 如图，由 M、N、Q、P 四点共圆，得

$$\angle AMN + \angle EMP = \angle CQP + \angle BQN.$$

从而有 $\qquad 90° - \frac{1}{2}\angle MAN + \angle EMP = 90° - \frac{1}{2}\angle PCQ + \angle BQN,$

所以，$\qquad \angle BQN - \angle EMP = \frac{1}{2}(\angle PCQ - \angle MAN) = \frac{1}{2}(\angle MEP + \angle QFN),$

从而有 $\qquad\qquad\qquad\qquad \angle EUP = \angle FVQ,$

其中，U 是 $\angle MEP$ 角平分线与 MP 的交点，V 是 $\angle NFQ$ 角平分线和 NQ 的交点.

而 $EP + FQ = EF = EM + FN$，对 $\triangle EMP$、$\triangle FNQ$ 用引理知 $EP = EM$，$FQ = FN$. 故知 $\odot I$、$\odot J$ 与 EF 切于同一点 T，则有 $CE + EF - CF = 2ET = EA + EF - FA$.

故凹四边形 $AECF$ 对边之和相等，存在一个内切圆. 而这等价于四边形 $ABCD$ 有内切圆 ω. 由于 AC 与 EF 不垂直，我们可设 IJ 与 AG 交于一点 R.

对 $\odot I$、$\odot J$、圆 ω 用蒙日 (Monge) 定理，知 $\odot I$ 与 $\odot J$ 内位似中心在直线 AC 上. 故点 R 为 $\odot I$ 与 $\odot J$ 内位似中心，而 $\odot I$ 与 $\odot J$ 切于点 T，则点 T 为 $\odot I$ 与 $\odot J$ 外位似中心. 故点 I、R、J、T 构成调和点列（位似中心分圆心比都为两圆半径比）.

由于点 S 为 IJ 中点，则 $RS \cdot RT = RI \cdot RJ$. 而 $\angle SKR = \angle GTR = 90°$，故 S、K、T、G 四点共圆，从而有 $RS \cdot RT = RK \cdot RG$，所以 $RK \cdot RG = RI \cdot RJ$，从而有 I、J、K、G 四点共圆.

$\square$

评析　本题难度较大，题目涉及两个重要的几何构型：前半部分主要证明四边形 $ABCD$ 有内切圆，而这个几何构型也在 2015 年 CMO 第二题之中出现. 后一半主要用到蒙日定理与内外位似中心，而这个几何构型则是在 2008 年 IMO 第 6 题中出现.

这里用到的蒙日定理：对三圆 Γ_1、Γ_2、Γ_3 有 Γ_1、Γ_2 的内位似中心，Γ_2、Γ_3 的内位似中心，Γ_1、Γ_3 的外位似中心三点共线. 证明由梅涅劳斯定理容易得到.

题 2 给定奇质数 p. 定义 $f_i(n)$ 是满足 $a \equiv ib(\bmod p)$，$1 \leqslant a < b \leqslant n$ 的正整数对 (a, b) 的对数. 对正整数 k，求 $\max\limits_{0 \leqslant i \leqslant p-1} f_i(kp) - \min\limits_{0 \leqslant i \leqslant p-1} f_i(kp)$ 的值.

解（刘明扬） 对任意 $n \in \mathbf{N}$，记 $\bar{n}$ 为 n 模 p 的最小正剩余，记 n 所在的模 p 剩余类为 A_n.

对 $b \in A_m (1 \leqslant m \leqslant p)$，必有 $a \in A_{\overline{im}}$. 设 $a = k_1 p + \overline{im}$，$b = k_2 p + m$，则若 $\overline{im} \geqslant m$，则 (k_1, k_2) 满足要求当且仅当 $k_1 < k_2$；若 $\overline{im} < m$，则 (k_1, k_2) 满足要求当且仅当 $k_1 \leqslant k_2$.

而我们有：满足 $k_1 < k_2$ 的 (k_1, k_2) 有 $\binom{k}{2}$ 组，满足 $k_1 \leqslant k_2$ 的 (k_1, k_2) 有 $\binom{k}{2} + k$ 组. 因此

$$f_i(kp) = \left(\binom{k}{2} + k\right) f_i(p) + \binom{k}{2}(p - f_i(p)) = k f_i(p) + p\binom{k}{2}.$$

故

$$f_{i_1}(kp) - f_{i_2}(kp) = k(f_{i_1}(p) - f_{i_2}(p)).$$

因此只需考虑 $f_i(p)$ 的最大值和最小值.

注意到 $f_1(p) = 0$，故 $f_i(p)$ 最小值为 0.

又 $\overline{ip} = p$，而对 $1 \leqslant x \leqslant p-1$，$\overline{ix} + \overline{i(p-x)} = p$. 故 $\overline{ix} < x$ 和 $\overline{i(p-x)} < p-x$ 至多有一个成立. 这推出 $f_i(p) \leqslant \dfrac{p-1}{2}$. 由于 p 是奇数，所以 $f_{p-1}(p) = \dfrac{p-1}{2}$，故 $f_i(p)$ 最大值为 $\dfrac{p-1}{2}$.

当 $k = 1$ 时，所求值为

$$\max_{0 \leqslant i \leqslant p-1} f_i(p) - \min_{0 \leqslant i \leqslant p-1} f_i(p) = \frac{p-1}{2},$$

故

$$\max_{0 \leqslant i \leqslant p-1} f_i(kp) - \min_{0 \leqslant i \leqslant p-1} f_i(kp) = \frac{k(p-1)}{2}. \qquad \square$$

评析 首先可以把 kp 个连续整数变成 k 段，每段为 p 个整数. 可以看出要分 a、b 是不是在同一段进行计数. 之后发现，同一段的时候是要具体处理的. 进一步，用配对的方法可以证明 $f_i(p)$ 对 $i \not\equiv 0, 1(\bmod p)$ 都有 $f_i(p) = \dfrac{p-1}{2}$. 本题解答思路自然，属于一个中等偏易的题.

题 3　对一条直线 l,若其经过无穷个整点,则称之为好直线. 对平面上所有整点染色,满足对任意平行于坐标轴的好直线 l,l 上整点具有无穷多种颜色. 问:是否对任意这样的染色方式,一定存在一条不平行于坐标轴的好直线,其上整点具有无穷多种颜色?

解　答案是否定的,即存在一种染色方式,对任意不平行于坐标轴的好直线,其上都只有有限种颜色.

设 $T=\{(x,y)\mid x,y\in\mathbf{Z},|y|\geqslant x^2$ 或 $|x|\geqslant y^2\}$. 对于 T 中整点,将其染成两两不同的颜色. 不在 T 中的整点,染成同一个颜色.

可以发现对任意平行于坐标轴的好直线,其上只有有限个点不在 T 中,故其上整点有无穷个颜色. 对任意不平行于坐标轴的直线 l:$y=kx+b$ $(k\neq 0)$,$l\bigcap T$ 中的点 (x,y) 一定满足

$$kx+b\geqslant x^2,\ -(kx+b)\geqslant x^2,\ x\geqslant(kx+b)^2,\ -x\geqslant(kx+b)^2$$

这四个不等式之一. 由于 $k\neq 0$,故这四个关于 x 的不等式,每一个的解集要么是有限闭区间(左右端点允许重合),要么是空集. 故存在一个正数 M,只要 $|x|>M$,就有 $(x,kx+b)\notin l\bigcap T$. 由于整数的离散性,知 $l\bigcap T$ 交集是有限集. 所以 l 上整点只有有限种颜色. □

评析　这个题也可以把整点改成有理数点或者所有点,只要把实数平面按照 $(\lfloor x\rfloor,\lfloor y\rfloor)$ 的值分成不同的方格即可.

此外,这个题本质就是要构造这个 T,任何平行于坐标轴的好直线和 T 有无穷个交点,任何不平行于坐标轴的直线和 T 有有限个交点. 这也可以通过归纳构造完成.

有同学指出,2013 年莫斯科数学奥林匹克中的一个题,就是要求构造这个 T. 从这个意义上来说,这个题"撞题"了. 我们这里 T 的构造引自 2013 年题的标准答案.

题 4　求证:对任意 n 次实系数多项式 $f(x)$,总存在 n 次实系数多项式 $g(x)$ 满足 $|g(z)|^2=|f(z)|^2+1$ 对所有单位圆上的复数 z 成立.

证明(孙孟越)　我们注意到一个关键的事实:若 $|z|=1$,则 $\bar{z}=\dfrac{|z|^2}{z}=\dfrac{1}{z}$.

又由于 f 是实系数多项式,故

$$|f(z)|^2=f(z)\overline{f(z)}=f(z)f(\bar{z})=f(z)f\left(\frac{1}{z}\right).$$

也有

$$|g(z)|^2=g(z)g\left(\frac{1}{z}\right),$$

故只需证明,存在 n 次实系数多项式 $g(x)$,满足对任意复数 $x \neq 0$,有

$$g(x)g\left(\frac{1}{x}\right) = f(x)f\left(\frac{1}{x}\right) + 1. \tag{1}$$

我们首先证明 $f(0) \neq 0$ 的情形.

若 f 是常数 a,则取 $g(x) = \sqrt{a^2 + 1} \cdot x^n$ 即可使式(1)成立,下设 f 不是常数.

我们将 $f(x)f\left(\frac{1}{x}\right)$ 展开,设实数 a_n, a_{n-1}, $\cdots$, a_{-n} 满足

$$f(x)f\left(\frac{1}{x}\right) + 1 = a_n x^n + a_{n-1} x^{n-1} + \cdots + a_0 + \cdots + a_{-(n-1)} x^{-(n-1)} + a_{-n} x^{-n}.$$

由于 $f(x)$ 的首项系数和常数项均非零,可得 $a_n \neq 0$. 由于将 x 换为 $\frac{1}{x}$,左边不变,故右边也不变,故 $a_m = a_{-m}$, $m = 1, 2, \cdots, n$. 所以可以写为

$$f(x)f\left(\frac{1}{x}\right) + 1 = a_n(x^n + x^{-n}) + a_{n-1}(x^{n-1} + x^{-(n-1)}) + \cdots + a_0.$$

不难发现,对正整数 m,存在实系数多项式 $p_m(x)$ 满足 $p_m(x + x^{-1}) = x^m + x^{-m}$ 对任意复数 x 成立(归纳法可以证明).

故有 $f(x)f\left(\frac{1}{x}\right) + 1$ 可以写为关于 $x + x^{-1}$ 的实系数多项式. 换言之,存在实数 b_0, b_1, b_2, $\cdots$, b_n 满足

$$f(x)f\left(\frac{1}{x}\right) + 1 = b_n(x + x^{-1})^n + b_{n-1}(x + x^{-1})^{n-1} + \cdots + b_0.$$

比较 x^n 系数得到 $b_n = a_n \neq 0$. 记 $q(x) = b_n x^n + b_{n-1} x^{n-1} + \cdots + b_0$,则 $q(x)$ 可以写为 $q(x) = b_n(x - \alpha_1)(x - \alpha_2) \cdots (x - \alpha_n)$,这里的 α_1, α_2, $\cdots$, α_n 是 $q(x) = 0$ 的全体复数根. 所以

$$f(x)f\left(\frac{1}{x}\right) + 1 = b_n(x + x^{-1} - \alpha_1)(x + x^{-1} - \alpha_2) \cdots (x + x^{-1} - \alpha_n). \tag{2}$$

下面我们证明:对 $k = 1, 2, \cdots, n$,α_k 满足要么 α_k 不是实数,要么 α_k 是实数且 $|\alpha_k| > 2$.

若不然,设 $-2 \leqslant \alpha_k \leqslant 2$,则存在实数 θ 满足 $\alpha_k = 2\cos\theta$. 我们在式(2)中取 $x = \cos\theta + \mathrm{i}\sin\theta$,其中 i 是虚数单位,则有 $x + x^{-1} - \alpha_k = 0$,所以式(2)的右边是 0,但

式(2)的左边 $= f(\cos\theta + \mathrm{i}\sin\theta)f(\cos\theta - \mathrm{i}\sin\theta) + 1 = |f(\cos\theta + \mathrm{i}\sin\theta)|^2 + 1 > 0.$

矛盾.

由于 $q(x)$ 是实系数多项式,故复数根必然成对出现. 我们设 $q(x)$ 的实根为 t_1, t_2, $\cdots$, t_{n-2s},共轭复数根为 w_1, w_2, $\cdots$, w_s, $\overline{w_1}$, $\overline{w_2}$, $\cdots$, $\overline{w_s}$.

对 $1 \leqslant k \leqslant n-2s$,定义 $\beta_k = \dfrac{t_k + \sqrt{t_k^2 - 4}}{2} \in \mathbf{R}$,其中 $|t_k| > 2$,则 $\beta_k + \beta_k^{-1} = t_k$.

对 $k=1,2,\cdots,s$,定义 $\beta_{n-2s+k} = \dfrac{w_k + \sqrt{w_k^2 - 4}}{2} \in \mathbf{C}\backslash\mathbf{R}$, $\beta_{n-s+k} = \overline{\beta_{n-2s+k}}$. 其中,求平方根可以从两个平方根中任取一个,则有

$$\beta_{n-2s+k} + \beta_{n-2s+k}^{-1} = w_k, \quad \beta_{n-s+k} + \beta_{n-s+k}^{-1} = \overline{w_k}.$$

待定实数 C,我们取 $g(x) = C(x-\beta_1)(x-\beta_2)\cdots(x-\beta_n)$. 由于 β_1, β_2, $\cdots$, β_n 中共轭复数也是成对出现的,故 g 是实系数多项式. 而

$$g(x)g\left(\frac{1}{x}\right) = \left(\prod_{k=1}^{n}(-\beta_k)\right)C^2\prod_{k=1}^{n}\left(x + \frac{1}{x} - \beta_k - \beta_k^{-1}\right)$$

$$= \left(\prod_{k=1}^{n}(-\beta_k)\right)C^2\prod_{k=1}^{n}\left(x + \frac{1}{x} - \alpha_k\right)$$

$$= \left(\prod_{k=1}^{n}(-\beta_k)\right)\cdot\frac{C^2}{b_n}\cdot\left(f(x)f\left(\frac{1}{x}\right) + 1\right).$$

我们取 $C^2 = \dfrac{b_n}{\prod\limits_{k=1}^{n}(-\beta_k)}$ 即可,为此,只要证明 $\prod\limits_{k=1}^{n}(-\beta_k)$ 的符号与 b_n 符号相同.

事实上,共轭虚数根的乘积是正实数,故 $\prod\limits_{k=1}^{n}(-\beta_k)$ 的符号与 $\prod\limits_{k=1}^{n-2s}(-\beta_k)$ 符号相同, $\prod\limits_{k=1}^{n}(-\alpha_k)$ 的符号与 $\prod\limits_{k=1}^{n-2s}(-t_k)$ 符号相同. 再注意 β_k、$t_k (1 \leqslant k \leqslant n-2s)$ 的符号相同,所以只要证明 $\prod\limits_{k=1}^{n}(-\alpha_k)$ 与 b_n 符号相同即可.

再次回到式(2),在式(2)中取 $x=i$,得到

$$b_n\prod_{k=1}^{n}(-\alpha_k) = f(i)f(-i) + 1 = |f(i)|^2 + 1 > 0.$$

故 $\prod\limits_{k=1}^{n}(-\alpha_k)$ 与 b_n 符号相同,待定的实数 C 存在,此时命题成立.

对于 $f(0)=0$ 的 f. 设 $f(x) = x^m\tilde{f}(x)$, $\tilde{f}(0) \neq 0$. 对 $\tilde{f}$ 用上述结论知,存在 $n-m$ 次实系数多项式 $\tilde{g}(x)$ 使式(1)成立. 我们取 $g(x) = x^m \cdot \tilde{g}(x)$ 即可使式(1)成立,且 g 是 n 次实系数多项式.

综上,命题成立. $\qquad\qquad\qquad\qquad\qquad\qquad\qquad$ □

评析 第一步将之转化为证明 $f(x)f\left(\dfrac{1}{x}\right)+1=g(x)g\left(\dfrac{1}{x}\right)$. 之后,我们分析左边这个

$f(x)f\left(\dfrac{1}{x}\right)+1=0$ 的根的位置,这些根要么在实数轴上 t 与 $\dfrac{1}{t}$ 成对出现,要么满足 z_0 和 $\dfrac{1}{z_0}$、

$\overline{z_0}$、$\overline{\dfrac{1}{z_0}}$ 四者同时出现. 这恰恰是 g 存在的条件,我们就取 g 的根为全体模长>1的那些根即可. 然

后去证明 $g(x)g\left(\dfrac{1}{x}\right)=f(x)f\left(\dfrac{1}{x}\right)+1$. 本题的主要思路就是要考虑根的分布,再稍加处理一些

细节.

题 5 给定四边形 $ABCD$,AD 延长线和 BC 延长线交于点 E,BA 延长线和 CD 延长线交于点 F. 平面上的点 P 满足 $PA\cdot PC=PB\cdot PD=PE\cdot PF$. 问:这样的点 P 是否一定存在? 若存在这样的点 P,是否唯一? 证明你的结论.

解 存在且唯一.

存在性:如图,取出完全四边形 $ABECFD$ 的密克点 T,则由密克点的性质知 $\angle TBE=\angle TFD$,$\angle TEB=\angle TDF$,所以 $\triangle TEB \backsim \triangle TDF$,从而有 $TE\cdot TF=TD\cdot TB$,并且有$\angle BTD$、$\angle FTE$ 的内角平分线重合. 同理有 $TE\cdot TF=TA\cdot TC$,并且有$\angle ATC$、$\angle FTE$ 的内角平分线重合,故知 T 点满足题目要求.

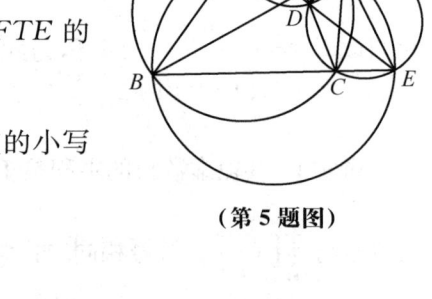

(第 5 题图)

唯一性:我们以 T 点为原点建立复平面,用大写字母对应的小写字母对应该点对应的复数.

由于$\angle FTE$、$\angle ATC$、$\angle BTD$ 的内角平分线重合,且

$$TA\cdot TC=TB\cdot TD=TE\cdot TF,$$

则 $a\cdot c=b\cdot d=e\cdot f$,我们可不妨设它们均等于 1.

若存在不同于 T 点的点 P 满足要求,由于 $p\neq 0$,可以取 $m=\dfrac{1}{2}\left(p+\dfrac{1}{p}\right)$,$M$ 为复数 m 对应的点,由条件知

$$|(p-a)(p-c)|=|(p-b)(p-d)|=|(p-e)(p-f)|,$$

则有

$$|(p-a)(p-c)| = |(p-b)(p-d)|,$$

即

$$|p^2-(a+c)p+1| = |p^2-(b+d)p+1|.$$

这表明

$$\left|m-\frac{a+c}{2}\right| = \left|\frac{p+\dfrac{1}{p}}{2}-\frac{a+c}{2}\right| = \left|\frac{p+\dfrac{1}{p}}{2}-\frac{b+d}{2}\right| = \left|m-\frac{b+d}{2}\right|,$$

即点 M 到 AC 的中点、BD 的中点距离相同.

同理即得点 M 到 AC 的中点、EF 的中点的距离相同. 设 AC 的中点、BD 的中点、EF 的中点分别为点 X、Y、Z, 故点 P 在 XY 的中垂线上, 又在 XZ 的中垂线上.

但由牛顿线定理知, X、Y、Z 三点共线. 由于 $BEDF$ 不是平行四边形, 所以点 Y、Z 不重合. 故 XY 的中垂线和 XZ 的中垂线没有交点, 这与点 P 在这两条直线上相矛盾. 故原题中点 P 是存在且唯一的. □

评析　这道题不是一个传统的几何题. 存在性比唯一性简单, 可以猜出点 P 同时是 AB 到 DC 的旋转位似中心, 也是 BF 到 DE 的旋转位似中心, 也是 CF 到 AE 的旋转位似中心, 那就猜到了是密克点. 唯一性的证明过程不容易, 除了思路难以想到, 也有很多细节需要处理. 除了复数的证明, 也有通过三角计算的证明. 这个题难度很大, 因为需要对密克点性质较为熟悉, 并且需要合适地选择唯一性的证法. 这个题唯一性部分目前看来没有纯几何的证明, 线路很窄, 没有看上去那么容易, 考生心态也容易受到影响.

题 6　设 $a_1, a_2, \cdots, a_n > 0$, 定义

$$\sigma(a_1, a_2, \cdots, a_n) = \min\left\{\left|\sum_{k=1}^{n} e_k a_k\right| \;\middle|\; e_k = 1 \text{ 或} -1\right\}.$$

求最小的正实数 λ, 使得

$$\sigma(a_1, a_2, \cdots, a_n)\left(\sum_{k=1}^{n} a_k\right) \leqslant \lambda \sum_{k=1}^{n} a_k^2,$$

对所有正数 $a_1, a_2, \cdots, a_n$ 成立.

解(甘润知、孙孟越)　任取正数 $\varepsilon < \dfrac{1}{n}$. 取 $a_1 = 1, a_2 = a_3 = \cdots = a_n = \varepsilon$, 则

$$\sigma(a_1, a_2, \cdots, a_n) = 1 - (n-1)\varepsilon.$$

故有

$$(1 - (n-1)\varepsilon)(1 + (n-1)\varepsilon) \leqslant \lambda(1 + (n-1)\varepsilon^2),$$

从而有

$$\lambda \geqslant 1 - \frac{n(n-1)\varepsilon^2}{1 + (n-1)\varepsilon^2}.$$

令 $\varepsilon \to 0^+$ 知 $\lambda \geqslant 1$. 下面证明 λ 最小值是 1.

不妨假设 $a_1 \geqslant a_2 \geqslant a_3 \geqslant \cdots \geqslant a_n > 0$. 我们考虑一种选择 e_i 的方法:取 $e_1 = 1$. 设 $e_1, e_2, \cdots, e_k$ 已经构造好,来构造 e_{k+1}. 若前 k 项和 $S_k = \sum\limits_{i=1}^{k} e_i a_i \geqslant 0$,那么取 $e_{k+1} = -1$. 反之,若前 k 项和 $S_k = \sum\limits_{i=1}^{k} e_i a_i < 0$,那么取 $e_{k+1} = 1$. 由 $\sigma(a_1, a_2, \cdots, a_n)$ 的定义知,$\sigma(a_1, a_2, \cdots, a_n) \leqslant |S_n|$.

若 $S_n = 0$,则 $\sigma(a_1, a_2, \cdots, a_n) = 0$,命题显然成立. 下设 $S_n \neq 0$. 补充定义 $S_0 = 0$.

由于 $S_0 = 0$,故存在一个 $0 \leqslant i \leqslant n$ 满足 $S_i S_n \leqslant 0$,我们取 m 是满足 $S_i S_n \leqslant 0$ 的 i 里最大的那个,则由 $S_n^2 > 0$ 知 $0 \leqslant m < n$,我们有

$$|S_{m+1} - S_m| = a_{m+1}, \quad S_m S_{m+1} \leqslant 0,$$

即

$$|S_{m+1}| + |S_m| = a_{m+1}.$$

故

$$|S_{m+1}| \leqslant a_{m+1}.$$

并且对于 $m < i < n$,由 m 的最大性知 $S_i S_n > 0$, $S_{i+1} S_n > 0$,知 $S_i S_{i+1} > 0$. 由 e_{i+1} 的选取规则知 $|S_{i+1}| = |S_i| - a_{i+1}$. 故

$$|S_n| = |S_{m+1}| - \sum_{m+1 < k \leqslant n} a_k.$$

这里,若 $m + 1 \geqslant n$,则和式 $\sum\limits_{m+1 < k \leqslant n} a_k = 0$. 所以

$$\sigma(a_1, a_2, \cdots, a_n)(a_1 + a_2 + \cdots + a_n)$$
$$\leqslant |S_n|(a_1 + a_2 + \cdots + a_n)$$
$$= \left(|S_{m+1}| - \sum_{m+1 < k \leqslant n} a_k \right)(a_1 + a_2 + \cdots + a_n)$$

$$\leqslant (a_{m+1} - \sum_{m+1 < k \leqslant n} a_k)(a_1 + a_2 + \cdots + a_n)$$

$$= (a_{m+1} - \sum_{m+1 < k \leqslant n} a_k)(\sum_{1 \leqslant k \leqslant m+1} a_k + \sum_{m+1 < k \leqslant n} a_k)$$

$$= a_{m+1}(\sum_{1 \leqslant k \leqslant m+1} a_k) - (\sum_{m+1 < k \leqslant n} a_k)(\sum_{1 \leqslant k \leqslant m} a_k) - (\sum_{m+1 < k \leqslant n} a_k)^2$$

$$\leqslant a_{m+1}(a_1 + a_2 + \cdots + a_{m+1})$$

$$\leqslant a_1^2 + a_2^2 + \cdots + a_{m+1}^2$$

$$\leqslant a_1^2 + a_2^2 + \cdots + a_n^2.$$

故 λ 最小值是 1. □

评析 这里我们采用了"贪心算法"来构造 $\sigma(a_1, a_2, \cdots, a_n)$. 也可以用归纳法来构造:仍设 $a_1 \geqslant a_2 \geqslant \cdots \geqslant a_n > 0$,利用归纳假设可以构造出 $e_1, e_2, \cdots, e_{n-1}$,再选取合适的 e_n 即可. 实质上得到的构造和我们这里用"贪心算法"相同,不过论证的部分可以利用归纳假设,占得了一点便宜.

题 7 给定正整数 $a \equiv b \equiv 1 \pmod 3$. 求证:存在无穷多个最终周期的质数列 $\{p_n\}$,满足 $p_{n+1} \mid p_n^2 + ap_n + b$ 对所有正整数 n 成立.

证明(孙孟越) 我们先证明,任取 p_1 是质数,存在一个最终周期的质数列满足条件.

我们按照如下的方式构造. 假设 $p_1, p_2, \cdots, p_m$ 已经构造好,来构造 p_{m+1}.

若 $p_m^2 + ap_m + b$ 是 3 的倍数,取 $p_{m+1} = 3$.

若 $p_m^2 + ap_m + b$ 不是 3 的倍数,但有模 3 余 1 的质因子,我们取 p_{m+1} 是 $p_m^2 + ap_m + b$ 的最小的模 3 余 1 的质因子.

若 $p_m^2 + ap_m + b$ 不是 3 的倍数,也没有模 3 余 1 的质因子,我们取 p_{m+1} 是 $p_m^2 + ap_m + b$ 的最小的模 3 余 2 的质因子(由于 $p_m^2 + ap_m + b$ 是大于 1 的正整数,必然存在质因子).

下面证明构造出的数列 $\{p_n\}$ 是最终周期的. 用反证法,假设数列 $\{p_n\}$ 不是最终周期的,我们证明如下关于数列 $\{p_n\}$ 的性质.

性质 1 不存在正整数 $i < j$ 满足 $p_i = p_j$.

否则,由于 p_{m+1} 可以由 p_m 唯一确定,则归纳法不难证明 $p_{i+k} = p_{j+k}$,$k = 1, 2, \cdots$ 即可. 故数列 $\{p_n\}$ 自第 i 项起循环,以 $j - i$ 为一个周期.

此时数列 $\{p_n\}$ 是最终周期的,与反证法假设矛盾.

性质 2 不存在正整数 $i < j$ 满足 p_i、p_j 都是模 3 余 1 的.

由于 $a \equiv b \equiv 1 (\bmod 3)$,则有 $p_i^2 + ap_i + b \equiv 0 (\bmod 3)$,$p_j^2 + ap_j + b \equiv 0 (\bmod 3)$. 故 $p_{i+1} = p_{j+1} = 3$,与性质 1 矛盾.

性质 3　存在一个正整数 T,满足对 $n \geqslant T$,$p_{n+1} \leqslant p_n + a + b$.

由性质 1、2,知除了至多两个 p_i,其余 p_i 都模 3 余 2. 故存在正整数 T,对任意 $n \geqslant T$,有 p_n 模 3 余 2.

由我们的取法知,$p_n^2 + ap_n + b$ 有且只有模 3 余 2 的质因子. 但我们有 $p_n \equiv 2 (\bmod 3)$,那么就有 $p_n + ap_n + b \equiv 1 (\bmod 3)$. 故 $p_m^2 + ap_m + b$ 有偶数个模 3 余 2 的质因子,故至少有两个模 3 余 2 的质因子. 由于 p_{n+1} 为 $p_n^2 + ap_n + b$ 的最小质因子. 故有

$$p_{n+1} \leqslant \sqrt{p_n^2 + ap_n + b} < p_n + a + b.$$

性质 4　数列 $\{p_n\}$ 有界.

取 $A = \max\{p_1, p_2, \cdots, p_T\} + a + b + 3 > 3$.

当 $N = A!$ 时,$N+2, N+3, \cdots, N+a+b+1$ 是连续 $a+b$ 个合数,且有 $p_i \leqslant N+1$,$1 \leqslant i \leqslant T$.

而对 $n \geqslant T$,若 $p_n \leqslant N+1$,有 $p_{n+1} \leqslant N+a+b+1$. 但 p_{n+1} 是质数,所以 p_{n+1} 不能为 $N+2$,$N+3, \cdots, N+a+b+1$ 中任意一个. 故有 $p_{n+1} \leqslant N+1$.

由归纳法可得 $p_n \leqslant N+1$ 对所有 n 成立.

由性质 4,p_n 只有有限多个取值,这与性质 1 相矛盾. 故数列 $\{p_n\}$ 是最终周期的. 由于质数有无穷多个,p_1 的值可以取到无穷多个,故存在无穷多个这样的数列.　　□

评析　这个模 3 余 1 的条件非常奇怪,却给了我们很大的提示,主要是要想清楚最终的周期怎么生成. 为此,可以去分析:当 p_n 模 3 余 0、1、2 时,p_{n+1} 的取值情况. 最后发现,实际上只需要处理 p_n 从某项起全为模 3 余 2 的项的情况. 而这将导出我们的性质 3. 由于存在任意长的连续合数,合在一起导出性质 4,也可以得到最终周期.

题 8　给定正整数 n、k,$n \geqslant 2$. 给定一个标号为 $1, 2, \cdots, n$ 的树 T. 我们对正整数序列 $(a_1, a_2, \cdots, a_k)$ 进行操作,这里的 $1 \leqslant a_i \leqslant n$. 选定一个 $1 \leqslant i \leqslant k-1$,若 a_i 和 a_{i+1} 在树中有边相连,则可以交换 a_i、a_{i+1} 的位置. 若一个序列可以通过有限次交换变成另一个,则称这两个序列等价. 记 $f(T)$ 是序列的等价类的个数,求 $f(T)$ 的所有可能值.

解　对于正整数 m. 假设所有长度为 m 的等价类构成的集合为 A_m,设 $|A_m| = t_m$. 设 X_i 为所有 i 开头的长度为 $m+1$ 序列的等价类构成的集合 $(1 \leqslant i \leqslant n)$.

对于任意两个长度为 m 的序列，$a=(a_1,a_2,\cdots,a_m)$，$b=(b_1,b_2,\cdots,b_m)$. 若有 a 与 b 等价，则一定有 $(i,a_1,a_2,\cdots,a_m)$ 与 $(i,b_1,b_2,\cdots,b_m)$ 等价；若 $(i,a_1,a_2,\cdots,a_m)$ 与 $(i,b_1,b_2,\cdots,b_m)$ 等价，我们下面证明 a 与 b 等价.

考虑将 $(i,a_1,a_2,\cdots,a_m)$ 操作到 $(i,b_1,b_2,\cdots,b_m)$ 的操作过程，记作 F. 在 F 中去掉所有交换 i 的操作变为操作过程 F'. 由于交换 i 和其他元素不改变除 i 以外的相对顺序. 故对序列 $(i,a_1,a_2,\cdots,a_m)$ 按 F' 操作可始终固定 i 不动得到 $(i,b_1,b_2,\cdots,b_m)$，即 a 与 b 等价.

所以两个 $i\,(1\leqslant i\leqslant n)$ 开头的长度为 $m+1$ 的序列等价当且仅当去掉开头得到的两个长度为 m 的序列等价. 由此我们可用去掉第一个元素的方法得到从 X_i 到 A_m 的双射.

至此，我们证明了 $|X_i|=t_m$. 下面来计算 $|X_i\cap X_j|$，$i\neq j$.

对 $i\neq j$，如果 X_i 中某个元素的代表元 $c=(c_1,c_2,\cdots,c_{m+1})$ 与 X_j 中某个元素的代表元 $d=(d_1,d_2,\cdots,d_{m+1})$ 等价.

考虑 d_1 在 $c=(c_1,c_2,\cdots,c_{m+1})$ 中的初始位置，它在 c_1 的后方，经操作后，它变到 c_1 的前方. 由离散介值原理知存在一次操作交换 c_1 与 d_1，则有 i、j 在 T 中相连.

同理可知，若 d_1 在 c 中的对应项是 $c_p\,(p\geqslant 2)$，c_1 在 d 中的对应项是 $d_q\,(q\geqslant 2)$，则 d_1 与 $c_1,c_2,\cdots,c_{p-1}$ 均有边相连，c_1 与 $d_1,d_2,\cdots,d_{q-1}$ 均有边相连. 所以可以进行操作，把 $(c_1,c_2,\cdots,c_{m+1})$ 变成 $(c_1,d_1,c_2,\cdots,c_{p-1},c_{p+1},\cdots,c_{m+1})$.

同理可将 $(d_1,d_2,\cdots,d_{m+1})$ 变成 $(d_1,c_1,d_2,\cdots,d_{q-1},d_{q+1},\cdots,d_{m+1})$，再交换 c_1 与 d_1，可知 $(c_1,d_1,c_2,\cdots,c_{p-1},c_{p+1},\cdots,c_{m+1})$ 与 $(d_1,c_1,d_2,\cdots,d_{q-1},d_{q+1},\cdots,d_{m+1})$ 等价. 只要 $m\geqslant 2$，就可再去掉开头的两位 c_1、d_1，可知 $(c_2,\cdots,c_{p-1},c_{p+1},\cdots,c_{m+1})$ 与 $(d_2,\cdots,d_{q-1},d_{q+1},\cdots,d_{m+1})$ 等价.

而对于在 T 中有边的 i、j，可以在 A_{m-1} 任意一个等价类的元素可以在前面分别添加 i、j 和 j、i，可分别得到开头为 i、j 的两个序列，且它们等价. 由此得到 $X_i\cap X_j$ 到 A_{m-1} 的一个双射.

至此，我们证明了：若 $m\geqslant 2$，$i\neq j$，若 i、j 在 T 中相连，则 $|X_i\cap X_j|=t_{m-1}$，若 i、j 不在 T 中相连，则 $|X_i\cap X_j|=0$.

对于 $m\geqslant 2$，由于 T 是树，T 中不存在 3 点两两相连，即对 $1\leqslant i<j<k\leqslant n$，有 $|X_i\cap X_j\cap X_k|=0$. 由容斥原理，结合树有 $n-1$ 条边，

$$t_{m+1}=\left|\bigcup_{i=1}^n X_i\right|=\sum_{i=1}^n|X_i|-\sum_{1\leqslant i<j\leqslant n}|X_i\cap X_j|=nt_m-(n-1)t_{m-1}.$$

而 $t_1 = n$，$t_2 = n^2 - n + 1$，通过递推式可求得

$$f(T) = t_k = \begin{cases} k+1, & n=2, \\ \dfrac{(n-1)^{k+1}-1}{n-2}, & n \geqslant 3. \end{cases}$$ □

评析 这个题仔细想想会发现其思路很自然,就是通过递推和对应来处理. 我们先刻画出了 i 开头的两个序列等价的充要条件是去掉第一位等价. 再证明了,对 $i \neq j$，i 开头的序列和 j 开头的序列等价,当且仅当这两个序列都出现了 i、j,且 i、j 在树中连边,且去掉这两个序列中所对应的 i、j 后,剩下 $k-2$ 位仍然等价. 可以这样做下去,比如对互不相等的 i_1、i_2、i_3 有 i_1 开头, i_2 开头,i_3 开头的三个序列等价,当且仅当这三个序列都出现了 i_1、i_2、i_3,且 i_1、i_2、i_3 在树中两两连边,且去掉这两个序列中所对应的 i_1、i_2、i_3 后,剩下 $k-3$ 位仍然等价. 对一般的图 T,也可以一直做下去,最后利用容斥原理可以算出答案.

这个题放在第八题,而题面给人一种答案依赖于 T 的错觉,加之在第 5 题上可能会浪费很多时间,所以难度不小. 不过其递推的思路是很自然的,是一道漂亮的题.

本次考试的第 4、5、8 题都不是太能做的题,第 1 题是在两道很难的陈题基础上改编的. 剩下的第 2、3、6、7 题属于能做的题. 一般而言,把能做的题都做对,就可以得到不错的成绩了. 本次大约有 350 个学生参加考试,有 41 个同学获得一等奖,大约有 70 个同学获得二等奖.

2019 北京大学"飞测"数学试题解析

石泽晖[1]　王广廷[2]　羊明亮[3]

(1. 长春吉大附中实验学校，130021；

2. 上海市上海中学，200231；3. 浙江省乐清知临中学，325600)

2019 年 6 月 21 日，北京大学在浙江、上海、湖南、湖北等地举行了数学"飞测"，其题目区分度极好，不乏难题，也不乏高等背景. 下面我们给出这次飞测试题、解答及短评，供大家参考.

题 1　用 $S(n)$ 表示 n 的各位数码和.

(1) 证明或否定：对任意各项系数均为正整数的首一多项式 $f(x)$，存在正整数 n，使 $S(f(n)) \leqslant 2019$；

(2) 证明或否定：对任意各项系数均为正整数的首一非常数多项式 $f(x)$，存在正整数 n，使 $S(f(n)) \geqslant 2019$.

解　(1) 命题是错误的，理由如下：

取 $f(x) = (x+1)(x+2)\cdots(x+10^{2019}) + \underbrace{11\cdots1}_{2020\text{个}1}$ 容易知道，对任意的正整数 n，有

$$(10^{2019}!\,) \mid (n+1)(n+2)\cdots(n+10^{2019}),$$

故

$$10^{2020} \mid (n+1)(n+2)\cdots(n+10^{2019}).$$

从而

$$S(f(n)) = S\big((n+1)(n+2)\cdots(n+10^{2019}) + \underbrace{11\cdots1}_{2020\text{个}1}\big)$$

$$= S\big((n+1)(n+2)\cdots(n+10^{2019})\big) + S(\underbrace{11\cdots1}_{2020\text{个}1})$$

$$\geqslant 2020 > 2019.$$

（2）命题是正确的,理由如下:

设 $f(x) = x^t + a_{t-1}x^{t-1} + \cdots + a_1 x + a_0 (t \in \mathbf{N}_+)$. 考虑 $f(10^\beta \cdot (10^\alpha + 1)^{2019})$, 其中正整数 α、β 待定.

取 $\alpha > \mathrm{C}_{2019t}^0 + \mathrm{C}_{2019t}^1 + \cdots + \mathrm{C}_{2019t}^{2019t} = 2^{2019t}$, 则

$$10^\alpha > \mathrm{C}_{2019t}^i (0 \leqslant i \leqslant 2019t),$$

从而

$$S((10^\alpha + 1)^{2019t}) = S\left(\sum_{i=0}^{2019t} \mathrm{C}_{2019t}^i\right) \geqslant 2019t + 1 > 2019.$$

在 α 取定后,再取 β 充分大,使得

$$10^{\beta t} > a_{t-1} \cdot 10^{\beta(t-1)} (10^\alpha + 1)^{2019(t-1)} + \cdots + a_0,$$

则

$$S(f(10^\beta \cdot (10^\alpha + 1)^{2019})) \geqslant S(10^{\beta t} \cdot (10^\alpha + 1)^{2019t})$$
$$= S((10^\alpha + 1)^{2019t}) > 2019. \qquad \square$$

评析 此题的第一问是容易的,第二问的处理方法与 2015 年全国高中数学联赛二试压轴题是类似的,与另一道难度更大一些的问题也是类似的:求所有的多项式 $f(x)$,其各项系数为非负整数,使得对任意 $n \in K$,均有 $f(n) \in K$,其中 K 是由所有不含数码 7 的非负整数构成的集合.有兴趣的读者可以一试.

题 2 称两个凸多边形位似,如果两个凸多边形相似且对应各边平行,求所有的凸多边形使得不能用三个与之位似且比它小的凸多边形覆盖它.

解 满足题意的凸多边形,只有平行四边形.

一方面,若凸多边形 F 不是平行四边形,则一定可以用三个与之位似且比它小的凸多边形覆盖它. 为此,先证明一个引理.

引理 存在一个三角形 T 包含凸多边形 F,且 T 的每一条边均包含凸多边形 F 的某条边.

引理的证明:若凸多边形 F 为三角形,则令 $T = F$ 即可.

若凸多边形 F 不为三角形,则存在凸多边形 F 的两条边,它们不平行,也没有交点. 将这两条边延长,使得其相交,就得到一个包含凸多边形 F 的多边形 F_1,且 F_1 的边数少于凸多边形 F 的边数,F_1 的每条边均包含凸多边形 F 的某条边.

反复进行这过程,最终得到的图形 F',必然不存在既不平行又不相交的边,从而只能是三角形或者平行四边形,且 F' 包含凸多边形 F,F' 的每条边均包含凸多边形 F 的某条边.

若 F' 为三角形,则只需取 $T = F'$ 即可.

若 F' 为平行四边形 $ABCD$,由于凸多边形 F 并不为平行四边形,故 F' 至少有一个顶点不是凸多边形 F 的顶点,不妨设为点 A(如图①). 设点 M 为凸多边形 F 的所有落在线段 AB 上的顶点中最靠近点 A 的一个,则在凸多边形 F 中由 M 点引出的一条边落在线段 AB 上,而另一条边所在直线与线段 AD 相交,设交点为 N,则直线 MN、BC、CD 围成的三角形 T 即包含凸多边形 F,且 T 的每条边均包含凸多边形 F 的某条边.

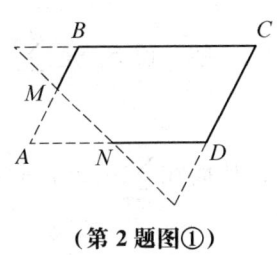

(第 2 题图①)

至此,引理证毕.

回到原题. 利用上述引理,不妨设凸多边形 F 被包含在 $\triangle ABC$ 中,且凸多边形 F 的边 A_1A_2、B_1B_2、C_1C_2 分别落在线段 BC、CA、AB 上(如图②).

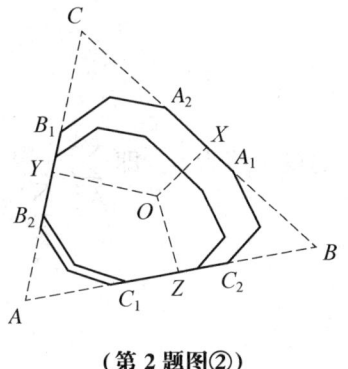

(第 2 题图②)

任取 F 内部一点 O 及边 A_1A_2、B_1B_2、C_1C_2 上的内点 X、Y、Z,则线段 OX、OY、OZ 将 F 划分为三个多边形 F_1、F_2、F_3.

不妨设多边形 F_1 在四边形 $AZOY$ 内部. 由点 O、Y、Z 的选取知,若 $0 < k < 1$ 且无限接近于 1,则以 A 为位似中心,k 为位似比的位似变换 φ_1 满足 φ_1(凸多边形 $F \cup$ 四边形 $AZOY$)包含四边形 $AZOY$. 从而 $\varphi_1(F)$ 覆盖住了 F_1.

类似地,存在两个位似比小于 1 的位似变换 φ_2、φ_3,使得 $\varphi_2(F)$ 覆盖住了 F_2,$\varphi_3(F)$ 覆盖住了 F_3. 于是凸四边形 F 被 $\varphi_1(F)$、$\varphi_2(F)$、$\varphi_3(F)$ 的并集所覆盖.

另一方面,若凸多边形 F 为平行四边形 $ABCD$,对于任意一个与其位似且比其小的平行四边形 F_1,若 F_1 包含点 A,则 F_1 不可能再包含凸多边形 F 的其他顶点,这表明凸多边形 F 不可能被少于四个与其位似且比其小的图形覆盖. □

评析 本题同《中等数学》2015 年第 7 期的数学奥林匹克问题"高 435 题",仅是换了一种问法. 本题解答中需要的引理是凸包理论中的重要结论,之后容易想到借助位似来完成证明.

题 3 求最小的正实数 k,使得对任意正整数 n,存在非负实数 a_1,a_2,$\cdots$,a_n 使得 $\sum_{i=1}^{n} a_i =$

n，使得

$$\sum_{i=1}^{n} \frac{a_i^2}{\sum_{j=1}^{n} a_j} \leqslant k.$$

解　设 S_n 是 $\sum_{i=1}^{n} \dfrac{a_i^2}{\sum_{j=i}^{n} a_j}$ 在非负实数 $a_1, a_2, \cdots, a_n$ 满足 $\sum_{i=1}^{n} a_i = n$ 时取到的最小值,则 $S_1 = 1$. 从而在 $\sum_{i=2}^{n+1} a_i = n+1-a_1$ 时,

$$\sum_{i=2}^{n+1} \frac{n}{n+1-a_1} a_i = n,$$

从而可知

$$\sum_{i=2}^{n+1} \frac{\dfrac{n^2}{(n+1-a_1)^2} a_i^2}{\sum_{j=i}^{n+1} \dfrac{n}{n+1-a_1} a_j}$$

的最小值为 S_n，即 $\sum_{i=2}^{n+1} \dfrac{a_i^2}{\sum_{j=i}^{n+1} a_j}$ 的最小值为 $\dfrac{n+1-a_1}{n} S_n$. 从而

$$\sum_{i=1}^{n+1} \frac{a_i^2}{\sum_{j=i}^{n+1} a_j} = \frac{a_1^2}{n+1} + \sum_{i=2}^{n+1} \frac{a_i^2}{\sum_{j=i}^{n+1} a_j}$$

$$\geqslant \frac{a_1^2}{n+1} + \frac{n+1-a_1}{n} S_n$$

$$= \frac{a_1^2}{n+1} - \frac{S_n}{n} a_1 + \frac{(n+1)S_n}{n}$$

$$\geqslant -\frac{(n+1)S_n^2}{4n^2} + \frac{(n+1)S_n}{n}.$$

由 S_{n+1} 的定义可得如下递推式

$$S_{n+1} = -\frac{n+1}{4n^2} S_n^2 + \frac{n+1}{n} S_n,$$

变形可得

$$\frac{S_{n+1}}{4(n+1)} = \frac{S_n}{4n} \left(1 - \frac{S_n}{4n}\right).$$

设 $T_n = \dfrac{S_n}{4n}$，则 $T_1 = \dfrac{1}{4}$，上述递推式可化为

$$T_{n+1} = T_n(1 - T_n).$$

从而有
$$\frac{1}{T_{n+1}} = \frac{1}{T_n(1 - T_n)} = \frac{1}{T_n} + \frac{1}{1 - T_n},$$

即
$$\frac{1}{T_{n+1}} - \frac{1}{T_n} = \frac{1}{1 - T_n},$$

所以，
$$\frac{1}{T_{n+1}} = \frac{1}{1 - T_n} + \frac{1}{1 - T_{n-1}} + \cdots + \frac{1}{1 - T_1} + \frac{1}{T_1} = 4 + \frac{1}{1 - T_1} + \cdots + \frac{1}{1 - T_n},$$

注意到 $T_n > 0$，从而可知 $\dfrac{1}{1 - T_i} > 1 \ (1 \leqslant i \leqslant n)$。

一方面，易知

$$\frac{1}{T_{n+1}} > 4 + 1 + \cdots + 1 = n + 4,$$

从而

$$T_n < \frac{1}{n + 3} (n \geqslant 2).$$

另一方面，由 $T_1 = \dfrac{1}{4}$，$T_n < \dfrac{1}{n + 3} \ (n \geqslant 2)$，有

$$\frac{1}{T_{n+1}} = 4 + \frac{1}{1 - \frac{1}{4}} + \cdots + \frac{1}{1 - \frac{1}{n + 3}}$$

$$= 4 + \frac{4}{3} + \frac{5}{4} + \cdots + \frac{n + 3}{n + 2}$$

$$= 4 + n + \frac{1}{3} + \cdots + \frac{1}{n + 2}.$$

结合以上两方面可知

$$\frac{4n}{n + 3 + \frac{1}{3} + \cdots + \frac{1}{n + 1}} < S_n = 4nT_n < \frac{4n}{n + 3} \ (n \geqslant 2).$$

由夹挤定理可知

$$\lim_{n \to \infty} S_n = 4.$$

又因为 $S_n < \dfrac{4n}{n+3} < 4$ 得，k 的最小值为 4. $\qquad\qquad\qquad\qquad\qquad\qquad\qquad\square$

评析 此题是一道中档难度的问题，难点有两个：一是如何得到解答中 S_n 的递推公式，本文采取的是归纳法；二是求 S_n 的极限，本文中采用的是夹挤定理来处理，略显复杂. 也可根据斯托尔兹(Stolz)定理来处理，更显直白.

$\dfrac{*}{\infty}$ 型的斯托尔兹定理：设数列 $\{a_n\}$ 是严格单调递增的无穷大量，又存在(其中 l 为有限或 $\pm\infty$)

$$\lim_{n\to\infty}\frac{b_{n+1}-b_n}{a_{n+1}-a_n}=l,$$

则有

$$\lim_{n\to\infty}\frac{b_n}{a_n}=l.$$

易知 $\{T_n\}$ 单调递减，而且有下界，故必存在极限，对 $T_{n+1}=T_n(1-T_n)$ 两边取极限，可知

$$\lim_{n\to\infty}T_n=0.$$

从而数列 $\left\{\dfrac{1}{T_n}\right\}$ 是严格递增的无穷大量，且

$$\lim_{n\to\infty}\frac{4(n+1)-4n}{\dfrac{1}{T_{n+1}}-\dfrac{1}{T_n}}=\lim_{n\to\infty}\frac{4}{\dfrac{1}{1-T_n}}=4,$$

故由 $\dfrac{*}{\infty}$ 型的斯托尔兹定理可知

$$\lim_{n\to\infty}S_n=\lim_{n\to\infty}(4nT_n)=\lim_{n\to\infty}\frac{4n}{\dfrac{1}{T_n}}=4.$$

题 4 称至多含有一个度为 2 的顶点的树为 2-树，将 n 阶树的各条边标上 $1,2,\cdots,n-1$ 称为一个标记. 称一个顶点的权为这个顶点引出的所有边上所标的数字之和. 求所有正整数，满足：

(1) 对任意 n 阶 2-树，存在一个标记使各个顶点的权模 n 互不同余；

(2) 对任意 n 阶 2-树，存在一个标记使各个顶点的权模 n 至少有 $n-1$ 个不同余数，但不存

在一个标记使各个顶点的权有 n 个不同的余数.

解 (1) 所求为全体正奇数.

一方面,对于满足条件的 n,由于对任意 n 阶 2 -树,存在一个标记使各个顶点的权模 n 互不同余. 故有该标记下各顶点的权之和模 n 同余

$$1+2+\cdots+n=\frac{n(n+1)}{2}.$$

又各顶点的权之和等于所有边上所标数之和的两倍(因每条边恰被计算两遍). 即为

$$2(1+2+\cdots+n-1)=n(n-1).$$

故有

$$n(n-1)\equiv\frac{1}{2}n(n+1)(\bmod n),$$

有

$$n\ \Big|\ \frac{1}{2}n(n-1),$$

从而 $2\mid n-1$,即 $2\nmid n$.

另一方面,我们证明:全体正奇数均满足要求. 为此,我们先证明一个引理.

引理 对任意正整数 k,可在 $\{1,2,\cdots,3k+1\}$ 中取出 k 个两两不交的 3 元子集 $\{a_i,b_i,c_i\}$ $(1\leqslant i\leqslant k)$,满足 $c_i=a_i+b_i(1\leqslant i\leqslant k)$,且 $3k$ 与 $3k+1$ 中恰有一个出现在这些 3 元子集中.

引理的证明:我们对 k 模 4 分类讨论.

(i) $k=4l+1$,$l\in\mathbf{N}$. 取这些子集为:

$\{6l+1-j,6l+2+j,2j+1\}$,$j=0,1,\cdots,l-1$.

$\{5l+1-m,7l+3+m,2l+2+2m\}$,$m=0,1,\cdots,l-1$.

$\{7l+2,4l+1,11l+3\}$,$\{12l+3,2l+1,10l+2\}$,$\{10l+2-r,10l+2+r,2r\}$,$r=1$,

$2,\cdots,l$. 其中 $l=0$ 时无上述这些集合. 及

$\{9l+1-s,11l+4+s,2l+3+2s\}$,$s=0,1,\cdots,l-1$. 其中 $l=1$ 时无这些集合. 也即为:

$\{1,6l+1,6l+2\}$,$\{3,6l,6l+3\}$,$\cdots$,$\{2l-1,5l+2,7l+1\}$,

$\{2l+2,5l+1,7l+3\}$,$\{2l+4,5l,7l+4\}$,$\cdots$,$\{4l,4l+2,8l+2\}$,

$\{4l+1,8l+2,12l+3\}$,$\{4l-3,8l+4,12l+1\}$,$\cdots$,$\{2l+3,9l+1,11l+4\}$,

$\{2l,9l+2,11l+2\}$,$\{2l-1,9l+3,11l+1\}$,$\cdots$,$\{2,10l+1,10l+3\}$,

$\{4l+1, 7l+2, 11l+3\}, \{2l+1, 10l+2, 12l+3\}.$

容易验证上述集合满足要求.

(ii) $k=4l+2, l\in\mathbf{N}.$ 取这些子集为:

$\{1, 6l+4, 6l+5\}, \{3, 6l+3, 6l+6\}, \cdots, \{2l-1, 5l+5, 7l+4\},$

$\{2l+2, 5l+3, 7l+5\}, \{2l+4, 5l+2, 7l+6\}, \cdots, \{4l+2, 4l+3, 8l+5\},$

$\{4l-1, 8l+6, 12l+5\}, \{4l-3, 8l+7, 12l+4\}, \cdots, \{2l+3, 9l+4, 11l+7\},$

$\{2l, 9l+6, 11l+6\}, \{2l-2, 9l+7, 11l+5\}, \cdots, \{2, 10l+5, 10l+7\},$

$\{2l+1, 10l+6, 12l+7\}, \{4l+1, 5l+4, 9l+5\}.$

容易验证上述集合满足要求.

(iii) $k=4l+3, l\in\mathbf{N}.$ 取这些子集为:

$\{1, 6l+4, 6l+5\}, \{3, 6l+3, 6l+6\}, \cdots, \{2l+1, 5l+4, 7l+5\},$

$\{2l+4, 5l+3, 7l+7\}, \{2l+6, 5l+2, 7l+8\}, \cdots, \{4l+2, 4l+4, 8l+6\},$

$\{4l+1, 8l+7, 12l+8\}, \{4l-1, 8l+8, 12l+7\}, \cdots, \{2l+5, 9l+5, 11l+10\},$

$\{2l+2, 9l+6, 11l+8\}, \{2l, 9l+7, 11l+7\}, \cdots, \{2, 10l+6, 10l+8\},$

$\{4l+3, 7l+6, 11l+9\}, \{2l+3, 10l+7, 12l+10\}.$

容易验证上述集合满足要求.

(iv) $k=4l+4, l\in\mathbf{N}.$ 取这些子集为:

$\{1, 6l+7, 6l+8\}, \{3, 6l+6, 6l+9\}, \cdots, \{2l-1, 5l+8, 7l+7\},$

$\{2l+2, 5l+6, 7l+8\}, \{2l+4, 5l+5, 7l+9\}, \cdots, \{4l+4, 4l+5, 8l+9\},$

$\{4l+1, 8l+10, 12l+11\}, \{4l-1, 8l+11, 12l+10\}, \cdots, \{2l+3, 9l+9, 11l+12\},$

$\{2l, 9l+11, 11l+11\}, \{2l-2, 9l+12, 11l+10\}, \cdots, \{2, 10l+10, 10l+12\},$

$\{2l+1, 10l+11, 12l+12\}, \{4l+3, 5l+7, 9l+10\}.$

容易验证上述集合满足要求.

综合(i)、(ii)、(iii)、(iv)知引理获证!

回到原题. 当 $n=1$、3 时结论显然成立. 当 $n=5$ 时,我们先证明:

对任一 n 阶 2-树(n 不必为奇数)的 n 个顶点,可以选择其中 $n-1$ 个度不为 2 的顶点 V_1, V_2, $\cdots$, V_{n-1},并选择 $n-1$ 条边 $f(V_1)$, $f(V_2)$, $\cdots$, $f(V_{n-1})$,它们互不相同且 $f(V_i)$ 以 V_i 作为一个顶点,$1\leqslant i\leqslant n-1.$ 　　　　　　　　　　　　　　　　　　(*)

我们只需选取原图中的一片"叶子",将叶子中的点对应到其中的边,并将该叶子去掉,在新图中重复这一过程,并保证去掉的顶点在原图中不为度为 2 的顶点(对于 $t(\geqslant 2)$ 阶树,其总有至少 2 片叶子,而原图中至多一个度为 2 的顶点,故这可做到). 如此便可选出满足要求的 $n-1$ 个顶点及它们对应的边.

记最后一个顶点为 V_n,$f(V_n)$ 为一条不在该 n 阶 2-树中出现的边,我们有该 n 阶 2-树中每一条边均为某条 $f(V_i)$(因为该 n 阶 2-树中恰 $n-1$ 条边).

下面我们给 $f(V_i)$ 赋值 e_i,使得 $e_1,e_2,\cdots,e_{n-1}$ 构成 $1,2,\cdots,n-1$ 的一个排列,并且,对 $1\leqslant i\leqslant n$,

$$\sum_{\substack{V_j \text{ 与} V_i \text{ 相邻}\\ \text{且} f(V_i)\neq V_i V_j}} e_i \equiv 0 (\operatorname{mod} n), \tag{1}$$

如此便有顶点 V_i 的权为 e_i($1\leqslant i\leqslant n$)(模 n 意义下),(因 $f(V_i)\neq V_i V_j$ 且 V_j 与 V_i 相邻时,$V_j V_i=f(V_j)$),顶点 V_n 的权为 0(模 n 意义下).

下面我们证明式(1)可做到.

由 $2\nmid n$ 知可设 $n-1=6k+r$,$r=\{0,2,4\}$,$k\in\mathbf{N}$.

我们先将每个非空的 $\{e_j|V_j$ 与 V_i 相邻且 $f(V_i)\neq V_i V_j\}$($1\leqslant i\leqslant n$)分拆为若干不交的 3 元集和 2 元集的并(由(*)知每个非空的这样的集合均至少 2 个元素,故这可以做到).

设这样我们得到了 s 个 3 元集和 t 个 2 元集,$s,t\in\mathbf{N}$. 只需让它们每一个的和模 n 为 0,则

$$3s+2t=n-1,$$

有 $2|s$,且 $\dfrac{1}{2}s\Big|k$.

由引理,存在 $\dfrac{1}{2}s$ 个 $\{1,2,\cdots,3k+1\}$ 的 3 元子集 $\{a_i,b_i,a_i+b_i\}$ $\left(1\leqslant i\leqslant \dfrac{1}{2}s\right)$,两两交为空,且 $3k$ 与 $3k+1$ 中至多有一个出现在其中,那么我们取如下的 s 个 3 元集

$$\{a_i,b_i,n-a_i-b_i\},\{n-a_i,n-b_i,a_i+b_i\}\ \left(1\leqslant i\leqslant \dfrac{1}{2}s\right);$$

及如下的 t 个 2 元集

$$\{u,n-u\}\left(u\notin\{a_i,b_i,a_i+b_i\}\left(1\leqslant i\leqslant \dfrac{1}{2}s\right) \text{且} u\leqslant \dfrac{n-1}{2}\right).$$

这样的 3 元集和 2 元集就满足要求.

故式(1)可做到,我们得到了满足要求的标记方式,n 为正奇数且 $n\geqslant 5$ 时满足要求.

综上,所求为全体正奇数.

(2) 所求为全体正偶数.

一方面,由(1)结论知 $2 \mid n$.

另一方面,对正偶数 n,$n=2$ 时其显然满足要求.

当 $n \geqslant 4$ 时,类似于(1)中第一方面可知,对任一 n 阶 2-树,不存在使 n 个顶点的权模 n 互不相同的标记方式 $\left(\text{因为 } n \nmid \dfrac{n(n-1)}{2}\right)$.

而对任一 n 阶 2-树,由(1)中结论 $(*)$,我们可以给其中 $n-1$ 个顶点 V_1,V_2,$\cdots$,V_{n-1} 找到满足 $(*)$ 中条件的边 $f(V_1)$,$f(V_2)$,$\cdots$,$f(V_{n-1})$,并记最后一个顶点为 V_n,$f(V_n)$ 为一条不在该 n 阶 2-树中出现的边,下面我们给 $f(V_i)$ 赋值 e_i,使得 e_1,e_2,$\cdots$,e_{n-1} 构成 1,2,$\cdots$,$n-1$ 的一个排列,并且对 $n-1$ 个 $\{1, 2, \cdots, n\}$ 中的 i,有

$$\sum_{\substack{V_j \text{与} V_i \text{相邻} \\ \text{且} f(V_i) \neq V_i V_j}} e_j \equiv 0 (\bmod n), \tag{2}$$

如此,记 $e_n = n$,便有对于满足式(2)的 i,顶点 V_i 的权为 e_i(模 n 意义下),故该 n 阶 2-树中各顶点的权模 n 有 $n-1$ 个不同值.

下面我们证明(2)可做到.

类似于(1)的证明:只需考虑对 s 个 3 元集和 t 个 2 元集($s, t \in \mathbf{N}$,$3s + 2t = n-1$)的情况,设 $n-1 = 6k+r$,$r \in \{3, 5, 7\}$,$k \in \mathbf{N}$,由 $3s + 2t = n-1$ 有 $2 \nmid s$,且 $\dfrac{1}{2}(s-1) \leqslant k$.

由引理知,存在 $\dfrac{1}{2}(s-1)$ 个 $\{1, 2, \cdots, 3k+1\}$ 的 3 元子集 $\{a_i, b_i, a_i + b_i\}$ $\left(1 \leqslant i \leqslant \dfrac{1}{2}(s-1)\right)$,其两两交为空,且 $3k$ 与 $3k+1$ 中至多有一个出现在其中,那么我们取如下的 s 个 3 元集

$$\{a_i, b_i, n - a_i - b_i\}, \{n - a_i, n - b_i, a_i + b_i\} \left(1 \leqslant i \leqslant \dfrac{1}{2}(s-1)\right);$$

及如下的 t 个 2 元集

$$\{u, n-u\} \left(u \notin \{a_i, b_i, a_i + b_i\} \left(1 \leqslant i \leqslant \dfrac{1}{2}(s-1)\right) \text{且} u < \dfrac{n-1}{2}\right),$$

取 t 个及最后 3 个元素构成的 3 元集.$\left(\text{由于 } t < \dfrac{n-1-3s}{2} < \dfrac{n-1-3(s-1)}{2}\text{,故这可以}\right.$

做到.）

如此,除了最后一个集合外,其余集合元素均被 n 整除,故这些 3 元集和 2 元集就满足要求.

故(2)可做到, n 为正偶数且 $n \geqslant 4$ 时满足要求.

综上,所求为全体正偶数. $\qquad\qquad\qquad\qquad\qquad\qquad$ □

评析 此题难度较大,考场内只有个别同学做出.其难点有两个,一是如何简单地确定每个顶点的权,最简单的想法就是让每个顶点的权由它引出的一条边确定,由此自然给出了文中的引理;二是引理的证明,基本想法就是先构造简单情况,再寻找规律.

2019 清华大学"飞测"数学试题解析

羊明亮

(浙江省乐清知临中学, 325600)

2019 年 6 月 1 日,清华大学在浙江、上海、湖南、广东等地举行了数学"飞测",其题目新颖,难度适当. 下面我们给出这次飞测试题的解答及短评,供大家参考.

题 1 给定以 O 为圆心的圆周 $\odot O$,求正整数 n 的最大值,使得存在圆内两个不同的点 A、B 以及圆周上 n 个不同的点 P_1,P_2,$\cdots$,P_n,使得 OP_i 平分 $\angle AP_iB$. 特殊地,当点 B 在射线 PA 上,点 O 也在射线 PA 上时,称 OP 平分 $\angle APB$.

解 所求 n 为 4.

以 O 为原点,$\odot O$ 半径为单位长度,建立如图所示的复平面. 并以各点的小写字母表示它们对应的复数. 即点 A 对应的复数为 a,点 B 对应的复数为 b,点 P_i 对应的复数为 p_i.

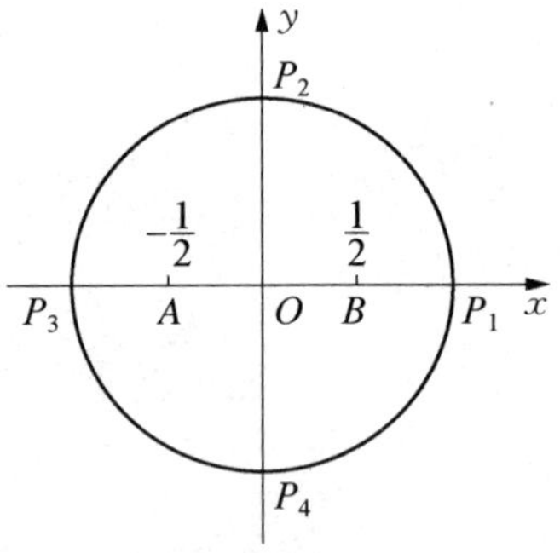

一方面,取 $a=-\dfrac{1}{2}$,$b=\dfrac{1}{2}$,则对 $p_1=1$,$p_2=\mathrm{i}$,$p_3=-1$,$p_4=-\mathrm{i}$(其中 $\mathrm{i}=\sqrt{-1}$),这四个复数所对应的点 $P_j(1\leqslant j\leqslant 4)$ 均满足 OP_j 平分 $\angle AP_jB$. 故 $n=4$ 可以取到.

另一方面,注意到:对 $1\leqslant j\leqslant n$,

(第 1 题图)

$$OP_j \text{ 平分 } \angle AP_jB \Leftrightarrow \angle AP_jO = \angle OP_jB$$

$$\Leftrightarrow \arg\frac{p_j-a}{p_j} = \arg\frac{p_j}{p_j-b}$$

$$\Leftrightarrow \frac{(p_j-a)(p_j-b)}{p_j^2} \in \mathbf{R}$$

$$\Leftrightarrow \frac{(p_j-a)(p_j-b)}{p_j^2} = \overline{\left(\frac{(p_j-a)(p_j-b)}{p_j^2}\right)}$$

$$\Leftrightarrow \frac{(p_j - a)(p_j - b)}{p_j^2} = (1 - \bar{a} p_j)(1 - \bar{b} p_j)$$

$$\Leftrightarrow \bar{a}\bar{b} p_j^4 - (\bar{a} + \bar{b}) p_j^3 + (a + b) p_j - ab = 0,$$

故 p_1, p_2, $\cdots$, p_n 均为方程

$$\bar{a}\bar{b} x^4 - (\bar{a} + \bar{b}) x^3 + (a + b) x - ab = 0$$

的根，因为 a、b 不全为 0，则该方程不恒成立，故 $n \leqslant 4$.

综上，所求 n 的最大值为 4. $\qquad \square$

评析　此题笔者暂时还不知道纯平几解法，复数计算是自然的，因为角平分线用复数较容易表示.

题 2　给定 n、k 为正整数. 设 x_1, x_2, $\cdots$, x_n 为 $(0, 1)$ 中的互异实数，求

$$\sum_{i=1}^{n} \sum_{j=1}^{n} \{x_i - x_j\}^k$$

的最小值. 其中 $\{x\}$ 表示 x 的小数部分，即 $\{x\} = x - [x]$，$[x]$ 为不大于 x 的最大整数.

解　所求解为

$$\frac{1^k + 2^k + \cdots + (n-1)^k}{n^{k-1}}.$$

一方面，取

$$x_i = \frac{2i - 1}{2n}, \ i = 1, 2, \cdots, n,$$

则

$$\sum_{i=1}^{n} \sum_{j=1}^{n} \{x_i - x_j\}^k = \sum_{i=1}^{n} \sum_{t=1}^{n} \{x_i - x_{i+t}\}^k \quad \text{（下标模 } n\text{）}$$

$$= \sum_{i=1}^{n} \sum_{t=1}^{n} \left\{ -\frac{t}{n} \right\}^k$$

$$= n \sum_{t=1}^{n-1} \left(-\frac{t}{n} + 1 \right)^k + 0 \quad \left(\text{当 } t = n \text{ 时，} \left\{ -\frac{t}{n} \right\} = 0 \right)$$

$$= \frac{1^k + 2^k + \cdots + (n-1)^k}{n^{k-1}}.$$

故 $\dfrac{1^k + 2^k + \cdots + (n-1)^k}{n^{k-1}}$ 可以取到.

另一方面,我们证明:对于任意 $x_1, x_2, \cdots, x_n$ 为 $(0, 1)$ 中的互异实数,则

$$\sum_{i=1}^{n} \sum_{j=1}^{n} \{x_i - x_j\}^k \geqslant \dfrac{1^k + 2^k + \cdots + (n-1)^k}{n^{k-1}}.$$

由对称性,不妨设 $x_1 < x_2 < \cdots < x_n$,则

$$原式 = \sum_{i=1}^{n} \sum_{t=0}^{n-1} \{x_{i+t} - x_i\}^k \quad (下标模 \ n)$$

$$\geqslant n \sum_{t=0}^{n-1} \left(\dfrac{\sum_{i=1}^{n} \{x_{i+t} - x_i\}}{n} \right)^k \quad (幂平均不等式)$$

$$= n \sum_{t=1}^{n-1} \left(\dfrac{\sum_{i=1}^{n} \{x_{i+t} - x_i\}}{n} \right)^k$$

$$= n \sum_{t=1}^{n-1} \left(\dfrac{\sum_{i=1}^{n-t} (x_{i+t} - x_i) + \sum_{i=n-t+1}^{n} (1 + x_{i+t} - x_i)}{n} \right)^k$$

$$= n \sum_{t=1}^{n-1} \left(\dfrac{n-t}{n} \right)^k = \dfrac{1^k + 2^k + \cdots + (n-1)^k}{n^{k-1}}.$$

综上,所求解为

$$\dfrac{1^k + 2^k + \cdots + (n-1)^k}{n^{k-1}}. \qquad \square$$

评析 此题属于简单题,关键在于用一种"将 $x_1, x_2, \cdots, x_n$ 置于圆周上"的观点来看待原式中的小数部分.

题 3 给定一个关于 x、y、z 的实系数多项式

$$f(x, y, z) = \sum_{i, j, k \in \mathbf{N}} C_{i, j, k} x^i y^j z^k,$$

其中 $C_{i, j, k}$ 中只有有限项不为 0. 记其次数 $d = \max\{i + j + k \mid C_{i, j, k} \neq 0\}$,对于任一实数集 A,定义 $S = \{(x, y, z) \in A^3 \mid f(x, y, z) = 0\}$. 求证:若 $d > 0$,则 $|S| \leqslant d|A|^2$.

证明 我们证明如下更一般的结论.

对于 $n \in \mathbf{N}_+$ 及 n 元非零实系数多项式

$$f(x_1, x_2, \cdots, x_n) = \sum_{a_1, a_2, \cdots, a_n \in \mathbf{N}} C_{a_1, a_2, \cdots, a_n} x_1^{a_1} x_2^{a_2} \cdots x_n^{a_n}$$

($C_{a_1, a_2, \cdots, a_n}$ 中只有有限项不为 0),记 $\deg f = \max\{a_1 + a_2 + \cdots + a_n \mid C_{a_1, a_2, \cdots, a_n} \neq 0\}$,对于任一有限实数集 A,定义 $S = \{(x_1, x_2, \cdots, x_n) \in A^n \mid f(x_1, x_2, \cdots, x_n) = 0\}$,则

$$|S| \leqslant \deg f \cdot |A|^{n-1}. \tag{$*$}$$

原题即为($*$)中 $n = 3$,$\deg f > 0$ 的情形.

($*$)的证明:对 n 归纳.

当 $n = 1$ 时,即"一元 d 次非零实系数方程至多有 d 个不同实根",显然成立.

假设 $n = m$ ($m \in \mathbf{N}_+$) 时结论成立.

当 $n = m + 1$ 时,以下通过对 $\deg f$ 进行归纳证明,从而证明命题成立.

当 $\deg f = 0$ 时结论明显成立.

假设 $\deg f = k$ ($k \in \mathbf{N}_+$) 时结论成立,那么当 $\deg f = k+1$ 时,我们需证明:对于 $x_1, x_2, \cdots, x_m, x_{m+1} \in A$,则

$$|S| \leqslant (k+1) \cdot |A|^m.$$

以下分两种情形讨论:

(1) 若对 $x \in A$,记 $f_x(x_1, x_2, \cdots, x_m) = f(x_1, x_2, \cdots, x_m, x)$,且 $f_x(x_1, x_2, \cdots, x_m)$ 均不为零多项式,由 $n = m$ 时的归纳假设可知,

$$|\{(x_1, x_2, \cdots, x_m) \in A^m \mid f_x(x_1, x_2, \cdots, x_m) = 0\}| \leqslant (k+1)|A|^{m-1}.$$

故

$$|S| \leqslant |A| \cdot (k+1) \cdot |A|^{m-1} = (k+1)|A|^m.$$

结论成立.

(2) 若存在 $x_0 \in A$,$f_{x_0}(x_1, x_2, \cdots, x_m)$ 为零多项式,那么

$$(x_{m+1} - x_0) \mid f(x_1, x_2, \cdots, x_{m+1}),$$

记

$$f^*(x_1, x_2, \cdots, x_{m+1}) = \frac{f(x_1, x_2, \cdots, x_{m+1})}{x_{m+1} - x_0},$$

$$S^* = \{(x_1, x_2, \cdots, x_{m+1}) \in A^{m+1} \mid f^*(x_1, x_2, \cdots, x_{m+1}) = 0\},$$

可知 $\deg f^* = \deg f - 1$. 由归纳假设可知，

$$|S^*| \leqslant k|A|^m.$$

又由

$$S \subseteq S^* \bigcup \{(x_1, x_2, \cdots, x_m, x_0) \mid x_1, x_2, \cdots, x_m \in A\},$$

则

$$|S| \leqslant (k+1)|A|^m,$$

故结论成立.

综合(1)、(2)知，$\deg f = k+1$ 时，$n = m+1$ 的结论成立，即(∗)成立.

特别地，原命题成立，证毕. $\qquad\square$

评析 此题需特别小心零多项式情形，这导致给定 x、y 后可能不止 d 个 z 使 $f(x, y, z) = 0$，意识到这一点后此题思路将十分清晰.

对一般的多元多项式 $g(x, y, z)$ 和 $f(x, y, z)$，是无法在"对满足 $g(x, y, z) = 0$ 的实数解 (x, y, z) 均有 $f(x, y, z) = 0$"的条件下推出 $g(x, y, z) \mid f(x, y, z)$，这一点需要小心.

题 4 给定有限集 X，设 $A_1, A_2, \cdots, A_n$ 为 X 的互异子集 $(n \in \mathbf{N}_+)$，定义

$$b_k = |\{x \in X \mid x \in A_{i_1} \bigcap A_{i_2} \bigcap \cdots \bigcap A_{i_k}, 1 \leqslant i_1 < i_2 < \cdots < i_k \leqslant n\}|, 1 \leqslant k \leqslant n.$$

证明：$\prod\limits_{k=1}^n b_k \leqslant \prod\limits_{k=1}^n |A_k|$.

证明 记 $a_k = |A_k|$，$k = 1, 2, \cdots, n$. 不妨设 $a_1 \geqslant a_2 \geqslant \cdots \geqslant a_n$，记

$$T_k = A_1 \bigcup A_2 \bigcup \cdots \bigcup A_k, k = 1, 2, \cdots, n.$$

对 $x \in T_k$，记

$$d_k(x) = |\{i \mid 1 \leqslant i \leqslant k, x \in A_i\}|.$$

下面我们证明：对 $1 \leqslant k \leqslant n$，

$$b_1 + b_2 + \cdots + b_k \geqslant a_1 + a_2 + \cdots + a_k. \qquad (\ast)$$

事实上，对 $1 \leqslant i \leqslant k$，$b_i$ 不小于出现在 $A_1, A_2, \cdots, A_k$ 中至少 i 个集合的元素的个数，即 $b_i \geqslant |\{x \mid d_k(x) \geqslant i\}|$. 故

$$\sum_{i=1}^{k} b_i \geqslant \sum_{i=1}^{k}\Big(\sum_{x \in T_k,\, d_k(x) \geqslant i} 1\Big) = \sum_{x \in T_k} d_k(x)$$

$$= \sum_{x \in T_k}\sum_{x \in A_i} 1 = \sum_{i=1}^{k}\sum_{x \in A_i} 1$$

$$= \sum_{i=1}^{k} a_i.$$

（＊）证毕. 并且由（＊）证明过程知

$$\sum_{i=1}^{n} b_i = \sum_{i=1}^{n} a_i.$$

记

$$S_k = \sum_{i=1}^{k} b_i, \quad R_k = \sum_{i=1}^{k} a_i, \ 1 \leqslant k \leqslant n,$$

则 $S_k \geqslant R_k$. 原不等式在 $a_n = 0$ 时显然成立, 此时 $b_n = 0$.

当 $a_n > 0$ 时, $a_1, a_2, \cdots, a_n > 0$, 要证明原不等式成立, 即证明

$$\prod_{k=1}^{n} \frac{b_k}{a_k} \leqslant 1,$$

只需证明

$$\sum_{k=1}^{n} \frac{b_k}{a_k} \leqslant n. \ （A-G 不等式）$$

注意到

$$\sum_{k=1}^{n} \frac{b_k}{a_k} = \sum_{k=1}^{n-1}\Big(\frac{1}{a_k} - \frac{1}{a_{k+1}}\Big) S_k + \frac{S_n}{a_n} \ （阿贝尔公式）$$

$$\leqslant \sum_{k=1}^{n-1}\Big(\frac{1}{a_k} - \frac{1}{a_{k+1}}\Big) R_k + \frac{R_n}{a_n} \ (a_k \geqslant a_{k+1}, R_n = S_n, R_k \leqslant S_k)$$

$$= \sum_{k=1}^{n} \frac{a_k}{a_k} \ （阿贝尔公式）$$

$$= n = 右式.$$

则 $\sum_{i=1}^{n} \frac{b_i}{a_i} \leqslant n$ 成立, 故

$$\prod_{k=1}^{n} b_k \leqslant \prod_{k=1}^{n} |A_k|$$

成立. 证毕. □

评析 此题后半部分证明原不等式的方法类似于优超不等式的证明. 事实上(∗)即优超条件,原不等式为优超不等式的特例.

此题也可利用优化一步到位.

首先,基于集合与元素的对偶观点,记 $T = A_1 \cup A_2 \cup \cdots \cup A_n$,并对 $x \in T$,记 $C(x) = \{i \mid x \in A_i\}$,则 $b_k = |\{x \in T \mid |C(x)| \geqslant k\}|$. 类似于原解答知,

$$b_1 + b_2 + \cdots + b_n = a_1 + a_2 + \cdots + a_n.$$

对 $x, y \in T$,

$$|C(x)| \leqslant |C(y)|.$$

若 $C(x) \backslash C(y) \neq \varnothing$,设 $j \in C(x) \backslash C(y)$,即 $x \in A_j$, $y \notin A_j$,那么,将 A_j 中元素 x 改为 y,并设

$$|C(x)| = a, \quad |C(y)| = b.$$

则变化后 $|A_1|$, $|A_2|$, $\cdots$, $|A_n|$ 不变, b_a 减 1, b_{b+1} 加 1,其余 b_k 不变,有 $b_1 b_2 \cdots b_n$ 增大(因变化后 b_a 不小于 b_{b+1}).

故可不妨设:若 $|C(x)| \leqslant |C(y)|$,则 $C(x) \subseteq C(y)$.

如此易知,不妨设 $|A_1| \geqslant |A_2| \geqslant \cdots \geqslant |A_n|$,则 $|A_i| = b_i$, $1 \leqslant i \leqslant n$,原命题显然成立.

有时组合上的优化因更好地利用了组合意义,比代数上的调整更为有力.

2019 中国西部数学邀请赛试题解答与评析

邹　瑾[1]　罗振华[2]

(1. 北京高思教育,100032;2. 上海四季教育,200070)

2019 年中国西部数学邀请赛于 8 月 13 日和 8 月 14 日的 8：30 至 12：30 在贵州遵义四中举行.

本次竞赛主试委员会主任是冷岗松(上海大学),委员名单如下：熊斌(华东师范大学)、刘诗雄(华南师范大学中山附属中学)、冯志刚(上海中学)、瞿振华(华东师范大学)、邹瑾(高思教育)、何忆捷(华东师范大学)、王广廷(上海中学)、张端阳(人大附中)、张甲(郑州一中)、石泽晖(吉林大学附属实验学校)、羊明亮(浙江乐清知临中学)、罗振华(华东师范大学)、周天佑(上海中学).

下面介绍本次比赛的试题和解答.

题 1 求所有的正整数 n,使得 $3^n + n^2 + 2019$ 是一个完全平方数.

(邹瑾　供题)

解 若 n 为奇数,则 $3^n + n^2 + 2019 \equiv (-1)^n + n^2 + 3 \equiv 3 \pmod{4}$,不可能是完全平方数. 故 n 为偶数.

设 $n = 2m$ ($m \in \mathbf{N}_+$),则 $3^n + n^2 + 2019 = 3^{2m} + 4m^2 + 2019 > (3^m)^2$,于是

$$3^{2m} + 4m^2 + 2019 \geqslant (3^m + 1)^2,$$

即 $3^m - 2m^2 \leqslant 1009$.

当 $m \geqslant 7$ 时,我们用归纳法证明 $3^m > 2m^2 + 1009$,当 $m = 7$ 时,结论成立. 假设命题对 m 成立,即 $3^m > 2m^2 + 1009$. 当 $m + 1$ 时,

$$3^{m+1} > 3(2m^2 + 1009) = 6m^2 + 3027 > 2(m+1)^2 + 1009.$$

故命题对 $m + 1$ 成立. 从而不等式获证.

因此 $m \leqslant 6$.

当 $m = 1$ 时,$3^{2m} + 4m^2 + 2019 = 2032$,不是完全平方数.

当 $m=2$ 时, $3^{2m}+4m^2+2019=2116=46^2$, 满足题意.

当 $m=3$ 或 6 时, $3^{2m}+4m^2+2019\equiv 3(\bmod 9)$, 不是完全平方数.

当 $m=4$ 时, $3^{2m}+4m^2+2019\equiv 6(\bmod 7)$, 不是完全平方数.

当 $m=5$ 时, $3^{2m}+4m^2+2019\equiv 3(\bmod 5)$, 不是完全平方数.

综上可知, 满足条件的正整数只有 $n=4$. □

评析 这是一道中等难度的不定方程问题, 得分率为 50.6%. 所求式模 4 后可得 n 是偶数, 利用不等式估计可知 $n\leqslant 12$, 逐一检验后得到满足条件的只有 $n=4$.

题 2 在锐角三角形 ABC 中, $AB>AC$, 点 O、H 分别为其外心和垂心, 点 M 为边 BC 的中点. 设 AM 的延长线与 $\triangle BHC$ 的外接圆交于点 K, 直线 HK 与 BC 交于点 N. 证明: 若 $\angle BAM=\angle CAN$, 则 $AN\perp OH$.

(张甲 供题)

证法 1 如图①, 倍长 AM 到点 K', 则四边形 $ABK'C$ 为平行四边形, 由 $BH\perp AC$, $BK'\parallel AC$ 知 $BH\perp BK'$, 同理, $CK'\perp CH$, 于是 B、H、C、K' 四点共圆, 故点 K' 与点 K 重合, KH 为此圆的直径.

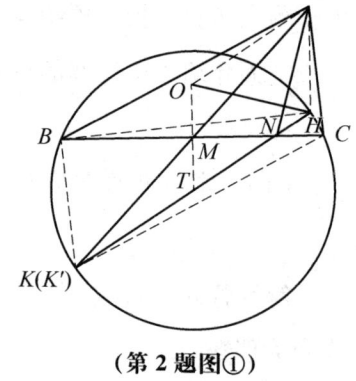

(第 2 题图①)

取 KH 的中点 T, 则 T 是 $\triangle BHC$ 外接圆的圆心, 且它的半径与圆 O 半径相同, 于是点 O、T 关于 BC 对称, 故 AH 平行且等于 OT, 从而四边形 $AOTH$ 为平行四边形, 可得 $AO\parallel KH$, 于是 $\angle OAM=\angle AKH$.

由 AM、AN 是等角线, AO、AH 也是等角线, 得 $\angle OAM=\angle HAN$, 于是 $\angle HAN=\angle AKH$.

结合 $\angle AHK=\angle NHA$ 可得 $\triangle AHK\backsim\triangle NHA$, 于是 $\dfrac{AH}{NH}=\dfrac{HK}{AH}$, 即

$$AH^2=HN\cdot HK=HN^2+HN\cdot NK.$$

结合圆幂定理知 $AH^2-HN^2=HN\cdot NK=BN\cdot NC=AO^2-ON^2$.

所以 $AN\perp OH$. □

证法 2 如图②, 倍长 AM 到点 K', 则四边形 $ABK'C$ 为平行四边形, 由 $BH\perp AC$, $BK'\parallel AC$ 知 $BH\perp BK'$, 同理, $CK'\perp CH$, 于是 B、H、C、K' 四点共圆, 故点 K' 与点 K 重合, KH 为此圆的直径.

取 KH 的中点 T,则 T 是 $\triangle BHC$ 外接圆的圆心,且它的半径与圆 O 半径相同,于是点 O、T 关于 BC 对称,故 AH 平行且等于 OT,从而四边形 $AOTH$ 为平行四边形,可得 $AO \parallel KH$,于是 $\angle OAM = \angle AKH$.

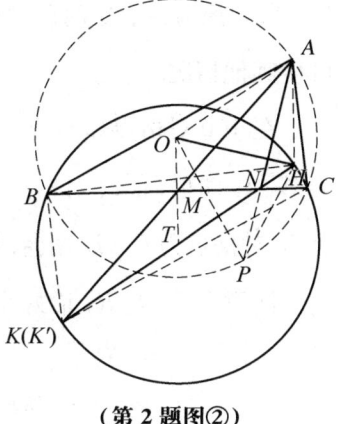

由 AM、AN 是等角线,AO、AH 也是等角线,得 $\angle OAM = \angle HAN$,于是 $\angle HAN = \angle AKH$.

设 AN 与圆 O 交于点 P,连结 PO、PH,由圆幂定理 $AN \cdot NP = BN \cdot NC = HN \cdot NK$,故 A、H、P、K 四点共圆.

从而 $\angle APH = \angle AKH = \angle OAM = \angle HAN = \angle HAP$,于是 $AH = HP$.

再由 $OA = OP$ 可知 OH 为 AP 的垂直平分线.

所以 $AN \perp OH$. □

（第 2 题图②）

评析　这是一道中等难度的几何问题,得分率为 40.8%. 先要导出如 $\angle OAM = \angle AKH$ 等基本几何性质,然后可有两种方法来证明 $AN \perp OH$,证法 1 利用圆幂定理计算线段的平方差来证垂直,证法 2 找到了一个以 OH 为对称轴的图形来证垂直,这都是此类问题的常见处理方法.

题 3　设 $S = \{(i,j) \mid i, j = 1, 2, \cdots, 100\}$ 是直角坐标平面上的 100×100 个整点构成的集合. 将 S 中的每个点染为给定的四种颜色之一. 求以 S 中四个颜色互不相同的点为顶点,且边平行于坐标轴的矩形个数的最大可能值.

（瞿振华　供题）

解　所求的最大值为 $9\,375\,000$.

设四种颜色为 A、B、C、D. 令 $R_i = \{(x,i) \mid x = 1, 2, \cdots, 100\}$ 为整点正方形的第 i 行,$T_j = \{(j,y) \mid y = 1, 2, \cdots, 100\}$ 为整点正方形的第 j 列. 称以 S 中四个颜色互不相同的点为顶点,且边平行于坐标轴的矩形为"四色矩形".

先证如下引理:

引理　若 R_i、R_j 恰好在 k 个位置上同色,则这两行产生的四色矩形的个数不超过 $\dfrac{(100-k)^2}{4}$.

引理的证明:若 R_i、R_j 在某个位置上同色,则这两个点不可能属于一个四色矩形. 若 $(x$,

i)、(x,j)为 A、B 两色,则当且仅当(y,i)、(y,j)为 C、D 两色时这四点构成四色矩形. 类似可得其他情况.

在 100 对格点(x,i)、(x,j)中$(1 \leqslant x \leqslant 100)$,设有 l_1 对格点为 A、B 两色,有 l_2 对格点为 A、C 两色,有 l_3 对格点为 A、D 两色,有 l_4 对格点为 B、C 两色,有 l_5 对格点为 B、D 两色,有 l_6 对格点为 C、D 两色. 则 $l_1 + l_2 + \cdots + l_6 = 100 - k$.

注意到 R_i 与 R_j 恰好生成 $l_1 l_6 + l_2 l_5 + l_3 l_4$ 个四色矩形,而

$$l_1 l_6 + l_2 l_5 + l_3 l_4 \leqslant \frac{(l_1 + l_6)^2}{4} + \frac{(l_2 + l_5)^2}{4} + \frac{(l_3 + l_4)^2}{4}$$

$$\leqslant \frac{(l_1 + l_2 + l_3 + l_4 + l_5 + l_6)^2}{4}$$

$$= \frac{(100 - k)^2}{4}.$$

故引理获证.

回到原题. 设 R_i 与 R_j 在 $k_{i,j}$ 个位置上同色,则 $\displaystyle\sum_{1 \leqslant i < j \leqslant 100} k_{i,j}$ 恰为横坐标相同的同色点对的个数. 我们从每一列出发对它进行计数,设 T_j 中 A、B、C、D 四色各有 a_j、b_j、c_j、d_j 个($a_j + b_j + c_j + d_j = 100$),则 T_j 中同色点对恰有 $C_{a_j}^2 + C_{b_j}^2 + C_{c_j}^2 + C_{d_j}^2$ 个. 从而

$$\sum_{1 \leqslant i < j \leqslant 100} k_{i,j} = \sum_{j=1}^{100} (C_{a_j}^2 + C_{b_j}^2 + C_{c_j}^2 + C_{d_j}^2)$$

$$= \sum_{j=1}^{100} \left[\frac{1}{2}(a_j^2 + b_j^2 + c_j^2 + d_j^2) - \frac{1}{2}(a_j + b_j + c_j + d_j) \right]$$

$$\geqslant \sum_{j=1}^{100} \left[\frac{1}{8}(a_j + b_j + c_j + d_j)^2 - \frac{1}{2}(a_j + b_j + c_j + d_j) \right]$$

$$= 100 \cdot \left(\frac{1}{8} \times 100^2 - \frac{1}{2} \times 100 \right)$$

$$= 120\,000.$$

结合引理及上式可知四色矩形的个数不超过

$$\sum_{1 \leqslant i < j \leqslant 100} \frac{(100 - k_{i,j})^2}{4} \leqslant \sum_{1 \leqslant i < j \leqslant 100} \frac{100 \cdot (100 - k_{i,j})}{4}$$

$$= 2500 \cdot C_{100}^2 - 25 \sum_{1 \leqslant i < j \leqslant 100} k_{i,j}$$

$$\leqslant 9\,375\,000.$$

下面构造一种染色方法使得图中恰有 9 375 000 个四色矩形. 将 100×100 个整点等分为 16 个区域,每个区域均为 25×25 个整点,按如图所示将每个区域染色:

A	B	C	D
B	A	D	C
C	D	A	B
D	C	B	A

(第 3 题图)

由上述染色方法,当两行的第一个格点属于同一区域时,这两行不生成四色矩形;当两行的第一个格点不属于同一区域时,那么这两行有 4 对区域构成同色矩形,从而生成 $4 \times 25^2 = 2500$(个) 四色矩形. 故图中共有 $2500 \times (25 \times 25 \times C_4^2) = 9\,375\,000$(个) 同色矩形,满足条件.

综上,所求的最大值为 9 375 000. □

评析 这是一道非常困难的组合问题,得分率为 5.8%. 考试中很多同学把答案猜错了(算成了 6 250 000). 此题的入手点在于构造,先把格点等分成 4×4 个区域,再将这些区域适当 4 染色后就可以得到 9 375 000 个同色矩形. 证明基于同色点对的估计,引理提供了对每两行的四色矩形个数的估计,先用算两次的方法及柯西不等式可以得到 $\displaystyle\sum_{1 \leqslant i < j \leqslant 100} k_{i,j}$ 的下界,再结合引理及适当的不等式放缩就可以证得结果.

题 4 设 $n\,(n \geqslant 2)$ 是给定的整数. 求最小的实数 λ,使得对任意实数 $x_1, x_2, \cdots, x_n \in [0, 1]$,存在 $\varepsilon_1, \varepsilon_2, \cdots, \varepsilon_n \in \{0, 1\}$,满足:对任意 $1 \leqslant i \leqslant j \leqslant n$ 都有

$$\left| \sum_{k=i}^{j} (\varepsilon_k - x_k) \right| \leqslant \lambda.$$

(张端阳 供题)

解 λ 的最小值为 $\dfrac{n}{n+1}$.

一方面,取 $x_1 = x_2 = \cdots = x_n = \dfrac{1}{n+1}$. 对任意 $\varepsilon_1, \varepsilon_2, \cdots, \varepsilon_n \in \{0, 1\}$,我们证明存在 $1 \leqslant i \leqslant j \leqslant n$,使得

$$\left| \sum_{k=i}^{j} (\varepsilon_k - x_k) \right| \geqslant \dfrac{n}{n+1}.$$

事实上,当存在某个 $1 \leqslant t \leqslant n$ 使得 $\varepsilon_t = 1$ 时,取 $i = j = t$,则

$$\left| \sum_{k=i}^{j} (\varepsilon_k - x_k) \right| = |\varepsilon_t - x_t| = \left| 1 - \frac{1}{n+1} \right| = \frac{n}{n+1}.$$

当对任意 $1 \leqslant t \leqslant n$ 都有 $\varepsilon_t = 0$ 时,取 $i = 1$,$j = n$,则

$$\left| \sum_{k=i}^{j} (\varepsilon_k - x_k) \right| = \left| \sum_{k=1}^{n} (\varepsilon_k - x_k) \right| = n \left| 0 - \frac{1}{n+1} \right| = \frac{n}{n+1}.$$

故 $\lambda \geqslant \dfrac{n}{n+1}$.

另一方面,我们说明当 $\lambda = \dfrac{n}{n+1}$ 时,对任意实数 $x_1, x_2, \cdots, x_n \in [0, 1]$,存在满足要求的 $\varepsilon_1, \varepsilon_2, \cdots, \varepsilon_n \in \{0, 1\}$.

记 $S_0 = 0$,$S_1 = x_1$,$S_2 = x_1 + x_2$,$\cdots$,$S_n = x_1 + x_2 + \cdots + x_n$.

将区间 $[0, 1)$ 等分成 $n+1$ 个小区间 $\left[0, \dfrac{1}{n+1} \right)$,$\left[\dfrac{1}{n+1}, \dfrac{2}{n+1} \right)$,$\cdots$,$\left[\dfrac{n}{n+1}, 1 \right)$,则其中一定有一个区间不含 $\{S_1\}$,$\{S_2\}$,$\cdots$,$\{S_n\}$($\{x\}$ 表示 x 的小数部分),记此区间为 $\left[\alpha - \dfrac{1}{n+1}, \alpha \right)$.

下面给出 $\varepsilon_1, \varepsilon_2, \cdots, \varepsilon_n$ 的取法:对任意 $1 \leqslant k \leqslant n$,如果存在非负整数 m,使得

$$S_{k-1} \leqslant m + \alpha - \frac{1}{n+1} < m + \alpha \leqslant S_k,$$

则取 $\varepsilon_k = 1$;否则取 $\varepsilon_k = 0$.

下面验证这样的取法满足要求,即对任意 $1 \leqslant i \leqslant j \leqslant n$ 都有

$$\left| \sum_{k=i}^{j} (\varepsilon_k - x_k) \right| \leqslant \frac{n}{n+1}.$$

事实上,由 α 的取法,知存在非负整数 m、l 使得

$$m - 1 + \alpha \leqslant S_{i-1} \leqslant m + \alpha - \frac{1}{n+1},$$

$$l - 1 + \alpha \leqslant S_j \leqslant l + \alpha - \frac{1}{n+1}.$$

所以

$$x_i + x_{i+1} + \cdots + x_j = S_j - S_{i-1} \in \left[l - m - \frac{n}{n+1}, \ l - m + \frac{n}{n+1} \right].$$

由 ε_1，ε_2，$\cdots$，ε_n 的取法，知在 ε_i，ε_{i+1}，$\cdots$，ε_j 中恰有 $l-m$ 个为 1，于是

$$\varepsilon_i + \varepsilon_{i+1} + \cdots + \varepsilon_j = l - m.$$

故

$$(\varepsilon_i + \varepsilon_{i+1} + \cdots + \varepsilon_j) - (x_i + x_{i+1} + \cdots + x_j) \in \left[-\frac{n}{n+1}, \frac{n}{n+1} \right],$$

即

$$\left| \sum_{k=i}^{j} (\varepsilon_k - x_k) \right| \leqslant \frac{n}{n+1}.$$

综上，λ 的最小值为 $\dfrac{n}{n+1}$. □

评析 这是一道比较困难的带有组合味道的不等式问题，得分率为 7.4%. 本题最困难的一步在于把不等式左边看作 x_k 的部分和的小数部分，从而把问题转化成一个组合问题，转化后的问题难度较原题大大降低. 这道题的解法与 2006 年第 67 届普特南大学生数学竞赛 B2 类似，如下：

设 $X = \{x_1, x_2, \cdots, x_n\}$ 是 n 元实数集，证明：存在 X 的非空子集 S 和整数 m，使得

$$\left| m + \sum_{s \in S} s \right| \leqslant \frac{1}{n+1}.$$

题 5 在锐角三角形 ABC 中，$AB > AC$，点 O、H 分别为其外心和垂心，过点 H 作 AB 的平行线交 AC 于点 M，过点 H 作 AC 的平行线交 AB 于点 N. 设点 L 为点 H 关于 MN 的对称点，直线 OL 与 AH 交于点 K. 证明：K、M、L、N 四点共圆.

（石泽晖 供题）

证法 1 如图①，因为点 L 为点 H 关于 MN 的对称点，$ANHM$ 是平行四边形，所以 $\angle LNM = \angle HNM = \angle AMN$，$LN = HN = AM$，从而 $\triangle AMN \cong \triangle LNM$，故 $ANML$ 是等腰梯形，且有 $\angle NAM = \angle NLM$，所以 A、N、M、L 四点共圆.

由垂心性质知 $\angle HBN = \angle HCM$，又 $\angle BNH = \angle BAC = \angle CMH$，所以 $\triangle BNH \backsim \triangle CMH$，则 $\dfrac{BN}{CM} = \dfrac{NH}{MH}$，从而 $BN \cdot$

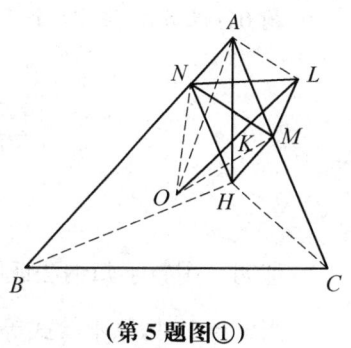

（第 5 题图①）

$NA = CM \cdot MA$,故点 N 和点 M 对圆 O 的幂相同,由圆幂定理可知 $OM = ON$.

设 MN 的垂直平分线为 l,由 $ANML$ 是等腰梯形知点 A、L 关于直线 l 轴对称,点 N、M 关于直线 l 轴对称,又点 O 在 l 上,则有 $\angle KLM = \angle OAN = \angle KAM$,故点 A、K、M、L 四点共圆.

从而有 A、N、K、M、L 五点共圆,所以 K、M、L、N 四点共圆.

证法 2 如图②,因为点 L 为点 H 关于 MN 的对称点,$ANHM$ 是平行四边形,所以 $\angle LNM = \angle HNM = \angle AMN$,$LN = HN = AM$,从而 $\triangle AMN \cong \triangle LNM$,故 $ANML$ 是等腰梯形,且有 $\angle NAM = \angle NLM$,所以 A、N、M、L 四点共圆.

由垂心性质知 $\angle HBN = \angle HCM$,又 $\angle BNH = \angle BAC = \angle CMH$,所以 $\triangle BNH \backsim \triangle CMH$,从而 $\dfrac{BN}{CM} = \dfrac{NH}{MH}$,故

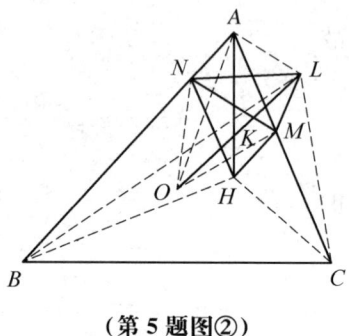

(第 5 题图②)

$$\frac{LN}{LM} = \frac{HN}{HM} = \frac{BN}{CM}.$$

由 $\angle ANL = \angle AML$,知 $\angle LNB = \angle LMC$,则 $\triangle LNB \backsim \triangle LMC$,于是 $\angle NBL = \angle MCL$,从而点 L 在圆 O 上,所以 $OA = OL$.

设 AL 的垂直平分线为 l,由 $ANML$ 是等腰梯形知点 A、L 关于直线 l 轴对称,点 N、M 关于直线 l 轴对称,又点 O 在 l 上,所以 $\angle KLM = \angle OAN = \angle KAM$,故点 A、K、M、L 四点共圆.

从而有 A、N、K、M、L 五点共圆,所以 K、M、L、N 四点共圆. □

评析 这是一道中等难度的几何问题,得分率为 52.3%. 第一种方法利用相似三角形结合圆幂定理导出 $OM = ON$,第二种方法利用相似三角形和四点共圆导出 L 在 $\triangle ABC$ 的外接圆上,之后两种方法都是利用图形的对称性来导角去证 K、M、L、N 四点共圆.

题 6 设 $n(n \geqslant 2)$ 个正实数 a_1,a_2,$\cdots$,a_n 满足 $a_1 \leqslant a_2 \leqslant \cdots \leqslant a_n$. 证明:

$$\sum_{1 \leqslant i < j \leqslant n} (a_i + a_j)^2 \left(\frac{1}{i^2} + \frac{1}{j^2} \right) \geqslant 4(n-1) \sum_{i=1}^{n} \frac{a_i^2}{i^2}.$$

(王广廷　供题)

证明 用数学归纳法证明不等式.

当 $n = 2$ 时,原不等式等价于

$$\left(a_1 + a_2\right)^2 \left(1 + \frac{1}{4}\right) \geqslant 4\left(a_1^2 + \frac{a_2^2}{4}\right)$$

$$\Leftrightarrow \frac{5}{4}(a_1 + a_2)^2 \geqslant 4a_1^2 + a_2^2$$

$$\Leftrightarrow 5(a_1 + a_2)^2 \geqslant 16a_1^2 + 4a_2^2$$

$$\Leftrightarrow a_2^2 + 10a_1 a_2 \geqslant 11a_1^2,$$

注意到 $a_2 \geqslant a_1$，$a_2^2 \geqslant a_1^2$，$a_1 a_2 \geqslant a_1^2$，故上式成立，从而当 $n = 2$ 时不等式成立.

假设不等式对 n 成立，即

$$\sum_{1 \leqslant i < j \leqslant n} (a_i + a_j)^2 \left(\frac{1}{i^2} + \frac{1}{j^2}\right) \geqslant 4(n-1) \sum_{i=1}^{n} \frac{a_i^2}{i^2}.$$

则当 $n+1$ 时，只需证明

$$\sum_{1 \leqslant i < j \leqslant n+1} (a_i + a_j)^2 \left(\frac{1}{i^2} + \frac{1}{j^2}\right) - \sum_{1 \leqslant i < j \leqslant n} (a_i + a_j)^2 \left(\frac{1}{i^2} + \frac{1}{j^2}\right)$$

$$\geqslant 4n \sum_{i=1}^{n+1} \frac{a_i^2}{i^2} - 4(n-1) \sum_{i=1}^{n} \frac{a_i^2}{i^2},$$

即证

$$\sum_{i=1}^{n} (a_i + a_{n+1})^2 \left(\frac{1}{i^2} + \frac{1}{(n+1)^2}\right) \geqslant 4 \sum_{i=1}^{n} \frac{a_i^2}{i^2} + \frac{4n a_{n+1}^2}{(n+1)^2}. \tag{1}$$

注意到对 $1 \leqslant i \leqslant n$，有 $a_i a_{n+1} \geqslant a_i^2$，从而

$$(a_i + a_{n+1})^2 = a_i^2 + a_{n+1}^2 + 2a_i a_{n+1} \geqslant 3a_i^2 + a_{n+1}^2.$$

则

$$式(1)的左边 \geqslant \sum_{i=1}^{n} (3a_i^2 + a_{n+1}^2) \left(\frac{1}{i^2} + \frac{1}{(n+1)^2}\right)$$

$$= 3 \sum_{i=1}^{n} \left(\frac{1}{i^2} + \frac{1}{(n+1)^2}\right) a_i^2 + \left(\sum_{i=1}^{n} \frac{1}{i^2} + \frac{n}{(n+1)^2}\right) a_{n+1}^2.$$

故只需

$$3 \sum_{i=1}^{n} \left(\frac{1}{i^2} + \frac{1}{(n+1)^2}\right) a_i^2 + \left(\sum_{i=1}^{n} \frac{1}{i^2} + \frac{n}{(n+1)^2}\right) a_{n+1}^2 \geqslant 4 \sum_{i=1}^{n} \frac{a_i^2}{i^2} + \frac{4n a_{n+1}^2}{(n+1)^2}$$

$$\Leftrightarrow \sum_{i=1}^{n} \left(\frac{3}{(n+1)^2} - \frac{1}{i^2}\right) a_i^2 + \left(\sum_{i=1}^{n} \frac{1}{i^2} - \frac{3n}{(n+1)^2}\right) a_{n+1}^2 \geqslant 0. \tag{2}$$

注意到 $\sum_{i=1}^{n} \frac{1}{i^2} - \frac{3n}{(n+1)^2} \geqslant 1 - \frac{3n}{(n+1)^2} > 0$，$\left\{\frac{3}{(n+1)^2} - \frac{1}{i^2}\right\}$ 关于 i 是单调递增的，a_i^2 关于 i 也是单调递增的，由切比雪夫不等式

$$\sum_{i=1}^{n}\left(\frac{3}{(n+1)^2} - \frac{1}{i^2}\right)a_i^2 \geqslant \frac{1}{n}\left[\sum_{i=1}^{n}\left(\frac{3}{(n+1)^2} - \frac{1}{i^2}\right)\right] \cdot \left(\sum_{i=1}^{n} a_i^2\right)$$

$$= -\left(\sum_{i=1}^{n} \frac{1}{i^2} - \frac{3n}{(n+1)^2}\right) \cdot \left(\frac{1}{n}\sum_{i=1}^{n} a_i^2\right)$$

$$\geqslant -\left(\sum_{i=1}^{n} \frac{1}{i^2} - \frac{3n}{(n+1)^2}\right)a_{n+1}^2.$$

所以式(2)成立. 故 $n+1$ 时不等式成立.

综上，不等式获证. □

评析 这是一道有一定难度的不等式问题，得分率为 20.7%. 证明与 n 有关的不等式很自然会想到数学归纳法，从 n 过渡到 $n+1$ 需要证明不等式(1)，先把 $a_i a_{n+1}$ 这种项放缩为 a_i^2，从而只需证式(2)，再用切比雪夫不等式或比较系数就可以得证. 考场上有同学给出了式(2)很简洁的证明，注意到它等价于

$$\sum_{i=1}^{n} \frac{a_{n+1}^2 - a_i^2}{i^2} \geqslant \sum_{i=1}^{n} \frac{3(a_{n+1}^2 - a_i^2)}{(n+1)^2}.$$

而

$$\sum_{i=1}^{n} \frac{a_{n+1}^2 - a_i^2}{i^2} \geqslant a_{n+1}^2 - a_1^2 \geqslant \frac{3n(a_{n+1}^2 - a_1^2)}{(n+1)^2} \geqslant \sum_{i=1}^{n} \frac{3(a_{n+1}^2 - a_i^2)}{(n+1)^2},$$

故不等式成立.

题 7 证明：对任意正整数 k，至多存在有限个集合 T，满足下列条件：

(1) T 由有限个质数组成；

(2) $\prod_{p \in T} p \Big| \prod_{p \in T}(p+k)$.

（羊明亮 供题）

证明 用反证法. 假设存在无穷多个满足条件的 T. 由于有限集只有有限个子集，故对任意正整数 M，存在一个满足条件的 T，其中有大于 M 的元素. 否则所有这样的 T 都是 $\{1, 2, \cdots, M\}$ 的子集，与有无穷多个矛盾.

取 $M = 2k^2 + 2k$. 由上述推导可知可取一个满足条件的 T，使得它有大于 M 的元素. 设 q 为

T 中最大的元素.

下面用归纳法证明：对 $i=0,1,2,\cdots,k$，$q-ik$ 都是 T 中的元素.

当 $i=0$ 时，命题成立.

假设命题对 i 成立. 则 $i+1$ 时，有

$$q-ik\ \Big|\ \prod_{p\in T}(p+k).$$

而由归纳假设得，$q-ik$ 是质数，故存在 $p\in T$，使得 $p+k$ 是 $q-ik$ 的倍数. 由于 $q>M$，故

$$2(q-ik)-(q+k)=q-(2i+1)k>2k^2+2k-(2k+1)k>0,$$

从而

$$p+k\leqslant q+k<2(q-ik),$$

于是只可能 $q-ik=p+k$，即 $p=q-(i+1)k$ 是 T 中的元素. 故对 $i+1$ 命题成立.

因此，$q,q-k,q-2k,\cdots,q-k^2$ 都是 T 中元素. 注意到 $(k,k+1)=1$，故 $q,q-k,q-2k,\cdots,q-k^2$ 构成模 $k+1$ 的完系，从而存在 $0\leqslant i\leqslant k$，使得 $q-ik$ 是 $k+1$ 的倍数. 由于 $q-ik\geqslant 2k^2+2k-k^2=k^2+2k>k+1$，且 $k+1>1$，故 $q-ik$ 是合数，矛盾.

综上，这样的 T 只有有限多个. □

评析 这是一道有一定难度的数论问题，得分率为 15.1%. 考虑反证法是比较自然的，利用反证法假设可知 T 中的最大元可以任意大，从最大元开始可以找到充分长且每一项都是质数的等差数列，利用完系的性质可知这个等差数列中一定有合数，从而导出矛盾.

题 8 称形如 $\{x,2x,3x\}$ 的集合为"好的". 对给定的整数 $n\,(n\geqslant 3)$，问：由 n 个正整数构成的集合最多能有多少个"好的"子集？

（羊明亮 供题）

解法 1 所求的最大值为 $n-\left\lceil\dfrac{\sqrt{8n+1}-1}{2}\right\rceil$（其中 $\lceil y\rceil$ 表示不小于实数 y 的最小整数）.

一方面，对于任一 n 元正整数集 S，下面证明 S 中"好的"子集不超过 $n-\left\lceil\dfrac{\sqrt{8n+1}-1}{2}\right\rceil$ 个.

记 $t=\left\lceil\dfrac{\sqrt{8n+1}-1}{2}\right\rceil\,(t\in\mathbf{N}_+)$，则 $\dfrac{\sqrt{8n+1}-1}{2}\leqslant t<\dfrac{\sqrt{8n+1}+1}{2}$. 这等价于

$$(2t-1)^2<8n+1\leqslant(2t+1)^2\Leftrightarrow \frac12 t(t-1)<n\leqslant\frac12 t(t+1).$$

故可设 $n = \dfrac{1}{2}t(t-1) + r$，其中 $1 \leqslant r \leqslant t$ $(r \in \mathbf{N}_+)$.

下面定义等价关系"~"：数 x、y 满足 $x \sim y$ 当且仅当存在 $\alpha \in \mathbf{Z}$，使得 $x = 2^{\alpha}y$.

对于奇数 m，记 $S_m = \{x \mid x \in S, \ x \sim m\}$.

那么 S 中每一元素均在某个 S_m 中. 由 S 为有限集知：只有有限个 m 使得 S_m 非空. 设它们为 $m_1 < m_2 < \cdots < m_k$，则有 $S = S_{m_1} \bigcup S_{m_2} \bigcup \cdots \bigcup S_{m_k}$.

下记 $T_{m_i} = \{x \mid x \in S_{m_i}, \ 2x, 3x \in S\}$ $(1 \leqslant i \leqslant k)$.

那么，由于 S 中任一"好的"子集 $\{y, 2y, 3y\}$ 中的元素 y 必为 $T_{m_1} \bigcup T_{m_2} \bigcup \cdots \bigcup T_{m_k}$ 中的元素，且这样"好的"子集与这样的 y 一一对应. 故 S 中恰有 $|T_{m_1} \bigcup T_{m_2} \bigcup \cdots \bigcup T_{m_k}| = |T_{m_1}| + |T_{m_2}| + \cdots + |T_{m_k}|$ 个"好的"子集.

下证

$$\sum_{i=1}^{k} |T_{m_i}| \leqslant n - t.$$

注意到，对 $x \in T_{m_i}$，有 $2x \in S$，即 $2x \in S_{m_i}$. 又 S_{m_i} 中必存在 2 的幂次最小的一项 x_0，即有 $\dfrac{x_0}{2} \notin T_{m_i}$. 故

$$|T_{m_i}| \leqslant |S_{m_i}| - 1. \tag{1}$$

并且，对 $x \in T_{m_i}$，$3x \in S$，则 $3x \in S_{3m_i}$，故

$$|S_{3m_i}| \geqslant |T_{m_i}|. \tag{2}$$

因此，我们有：

(i) 若 $k \geqslant t$，则

$$\sum_{i=1}^{k} |T_{m_i}| \leqslant \sum_{i=1}^{k} (|S_{m_i}| - 1) = |S| - k = n - k \leqslant n - t.$$

(ii) 若 $k \leqslant t - 1$，且对 $1 \leqslant i \leqslant k$，$|T_{m_i}| \leqslant t - i - 1$. 则

$$\sum_{i=1}^{k} |T_{m_i}| \leqslant \sum_{i=1}^{k} (t - i - 1) \leqslant \frac{1}{2}(t-1)(t-2) < n - t.$$

(iii) 若 $k \leqslant t - 1$，且存在 $1 \leqslant j \leqslant k$ 使得 $|T_{m_j}| \geqslant t - j$.

注意到

$$S \supseteq (S_{m_1} \bigcup S_{m_2} \bigcup \cdots \bigcup S_{m_j} \bigcup S_{3m_j} \bigcup S_{3m_{j+1}} \bigcup \cdots \bigcup S_{3m_k}),$$

故

$$n \geqslant \sum_{i=1}^{j} |S_{m_i}| + \sum_{i=j}^{k} |S_{3m_i}|$$

$$\geqslant \sum_{i=1}^{j} |T_{m_i}| + j + (t-j) + \sum_{i=j+1}^{k} |T_{m_i}|$$

$$= \sum_{i=1}^{k} |T_{m_i}| + t,$$

所以

$$\sum_{i=1}^{k} |T_{m_i}| \leqslant n - t.$$

综合(i)、(ii)、(iii)知 S 中"好的"子集不超过 $n-t$ 个.

另一方面,我们给出构造. 取 n 元正整数集 P 为如下 t 个集合 P_1, P_2, $\cdots$, P_t 的并:当 $1 \leqslant i \leqslant r$ 时, $P_i = \{2^i 3^\beta \mid 1 \leqslant \beta \leqslant t+1-i\}$;当 $r+1 \leqslant i \leqslant t$ 时, $P_i = \{2^i 3^\beta \mid 1 \leqslant \beta \leqslant t-i\}$.

则 $|P| = \dfrac{1}{2} t(t-1) + r = n$, 且 P 中形如 $\{2^\alpha 3^\beta, 2^{\alpha+1} 3^\beta, 2^\alpha 3^{\beta+1}\}$ 的子集中 α、β 可取 $1 \leqslant \alpha \leqslant r-1$, $1 \leqslant \beta \leqslant t-\alpha$ 或 $r \leqslant \alpha \leqslant t-1$, $1 \leqslant \beta \leqslant t-\alpha-1$. 这样的 (α, β) 共计

$$(0+1+\cdots+t-2) + (r-1) = \dfrac{1}{2}(t-1)(t-2) + r - 1 = n - t (个).$$

综上可知,所求的最大值为 $n - \left\lceil \dfrac{\sqrt{8n+1}-1}{2} \right\rceil$. $\square$

解法 2　所求的最大值为 $n - \left\lceil \dfrac{\sqrt{8n+1}-1}{2} \right\rceil$.

例子的构造与解法一相同.

下面证明好的子集至多 $n - \left\lceil \dfrac{\sqrt{8n+1}-1}{2} \right\rceil$ 个.

将 n 个数对应 n 个点,若 x、y 满足 $2x = y$, 则由 x 向 y 连一条红边;若 $3x = y$, 则由 x 向 y 连一条蓝边. 因此,每个好的子集对应一个由一点发出一红一蓝两条边的图形.

易知红边与蓝边不重合,所有红边构成若干条链,所有蓝边亦构成若干条链(孤立点视为自成链),且有

红边数 $=n-$ 红链的条数,蓝边数 $=n-$ 蓝链的条数.

设图中有 a 个不同时发出蓝边和红边的点,那么其余 $n-a$ 个点都发出红边和蓝边.

对每个同时发出红边和蓝边的点我们进行如下操作:若它所发出的红边的终点还射出红边就继续沿红边走下去,这样最终一定能走到某个不发出红边的点,蓝边也类似操作最终可以走到一个不发出蓝边的点.将最初的点映射到它所发出的红边和蓝边走到终点的两点构成的无序点对.下面证明这是一个单射.

设数 x 红边走向的终点对应数 u,蓝边走向的终点对应数 v,把 x、u、v 都写成 $2^\alpha 3^\beta m$ 的形式(其中 α、β 是非负整数,m 与 6 互质),设 $x = 2^{\alpha_1} 3^{\beta_1} m_1$,$u = 2^{\alpha_2} 3^{\beta_2} m_2$,$v = 2^{\alpha_3} 3^{\beta_3} m_3$,则 $m_1 = m_2 = m_3$,$\alpha_1 = \min\{\alpha_2, \alpha_3\}$,$\beta_1 = \min\{\beta_2, \beta_3\}$. 故 x 由 u 与 v 唯一确定,从而这是一个单射.

所以

$$n - a \leqslant \frac{a(a-1)}{2},$$

从而

$$\frac{a(a+1)}{2} \geqslant n,$$

解得

$$a \geqslant \left\lceil \frac{\sqrt{8n+1} - 1}{2} \right\rceil,$$

所以好的子集的个数 $\leqslant n - a \leqslant n - \left\lceil \dfrac{\sqrt{8n+1} - 1}{2} \right\rceil$. □

评析 这是一道比较困难的组合问题,得分率为 10.4%. 本题的入手点在于把 n 写成 $2^\alpha 3^\beta m$(其中 α、β 是非负整数,m 与 6 互质),这就把问题转化成了在平面格点上取 n 个点,其中至多有多少个腰长为 1 且直角顶点在左下方的等腰直角三角形. 很自然可以猜测当格点近似地取为等腰直角形的顶点时个数达到最大,这就得到了本题的构造. 这里给了两种证明方法,解法 1 是分类讨论来证明不等式,解法 2 是通过建立单射产生不等式,其中第二种方法十分巧妙.

第 34 届中国数学奥林匹克试题解答与评析

袁祉祯

（湖北省武钢三中，430080）

指导教师：邓　晓

第 34 届中国数学奥林匹克(CMO)于 2018 年 11 月 12 日至 16 日在四川省成都七中举行. 作为参赛者，笔者在考试中发挥正常，取得了较好的成绩. 下面介绍第 34 届 CMO 试题的解答，并对解法进行评析. 不当之处，恳请读者批评指正.

题 1　对全体满足 $a, b, c, d, e \geqslant 1$ 且满足 $a+b+c+d+e=5$ 的实数 (a, b, c, d, e)，求

$$S = (a+b)(b+c)(c+d)(d+e)(e+a)$$

的最大值及最小值.

解　设 $x=a+b, y=b+c, z=c+d, u=d+e, v=e+a$，则 $S=xyzuv$，且

$$a = x+z+v-5, \quad b = y+u+x-5,$$
$$c = z+v+y-5, \quad d = u+x+z-5, \quad e = v+y+u-5.$$

这样题设的条件等价于 $x+y+z+u+v=10$，且将 x、z、v、y、u 按此顺序放在圆周上时，任意相邻的 3 个数之和不小于 4.

下面求 $S=xyzuv$ 的最大值和最小值. 此时 $x, y, z, u, v \geqslant -2$.

(1) x、y、z、u、v 中有一个数为 0，则 $S=0$.

(2) x、y、z、u、v 中有 5 个正数，则由平均值不等式得

$$0 < S = xyzuv \leqslant \left(\frac{x+y+z+u+v}{5}\right)^5 = 32.$$

(3) x、y、z、u、v 中有 4 个正数和 1 个负数，不妨设 $x<0$，则

$$y+z+u+v = 10-x \leqslant 12,$$

$$0 > S \geqslant -2yzuv \geqslant -2\left(\frac{y+z+u+v}{4}\right)^4 \geqslant -2 \times 3^4 = -162.$$

(4) x、y、z、u、v 中有 3 个正数和 2 个负数,不妨设 $x < 0$.

若 y、v 中有负数,不妨设 $y < 0$,由 $x + y + u \geqslant 4$ 得 $u \geqslant 4 - x - y > 4$,且 $z + u + v = 10 - x - y$,所以 $z + v \leqslant 6 < 2u$,所以

$$uvz \leqslant u\left(\frac{z+v}{2}\right)^2$$

$$= u\left(\frac{10-x-y-u}{2}\right)^2$$

$$\leqslant (4-x-y) \cdot \left(\frac{6}{2}\right)^2$$

$$= 9(4-x-y),$$

而 $0 < xy \leqslant 4$,故

$$0 < S \leqslant 4 \times 9(4-x-y) \leqslant 4 \times 9 \times (4+2+2) = 288.$$

若 z、u 中有负数,不妨设 $z < 0$,则 $u \geqslant 4 - x - z > 4$,且 $y + u + v = 10 - x - z$,所以 $y + v \leqslant 6 < 2u$,同理可得

$$0 < S \leqslant 4 \times 9(4-x-z) \leqslant 4 \times 9 \times (4+2+2) = 288.$$

(5) x、y、z、u、v 中有 2 个正数和 3 个负数,所以两个正数在 x、z、v、y、u 的圆周排列中不相邻,不妨设这 2 个正数为 x、y. 则

$$x + y = 10 - z - u - v \leqslant 10 + 2 + 2 + 2 = 16,$$

所以

$$0 > S = xyzuv \geqslant \left(\frac{16}{2}\right)^2 \times (-2) \times (-2) \times (-2) = -512.$$

(6) x、y、z、u、v 中有 1 个正数和 4 个负数,则必有 3 个负数在 x、z、v、y、u 的圆周排列中相邻,矛盾.

(7) x、y、z、u、v 中有 5 个负数,则此时与 $x + y + z + u + v = 10$ 矛盾.

综上所述:$-512 \leqslant S \leqslant 288$,且两边的等号可以取等.

当 $x = y = z = -2$,$u = v = 8$,即 $a = b = c = d = -1$,$e = 9$ 时,$S_{\min} = -512$.

当 $x = y = -2$,$z = v = 3$,$u = 8$,即 $a = b = c = -1$,$d = e = 4$ 时,$S_{\max} = 288$. □

评析 本题的关键步骤即找到 x、y、z、u、v 与 a、b、c、d、e 的等价条件,然后转化成一道与 a、b、c、d、e 无关的问题,后面只需要对 x、y、z、u、v 的正负性讨论即可.这是一道较为简单、但讨论起来需要细心的代数题.

题 2 若正整数 a、b、c 是一个直角三角形的三边长,则称三元集合 $\{a,b,c\}$ 为勾股三元组.求证:对任意勾股三元组 P、Q,存在正整数 $m \geqslant 2$ 与勾股三元组 P_1,P_2,$\cdots$,P_m 使得 $P_1 = P$,$P_m = Q$,且对任意 $1 \leqslant i \leqslant m-1$,有 $P_i \cap P_{i+1} \neq \varnothing$.

证明 若将构成直角三角形三边长的正整数 a、b、c 两两连边,则只需证明 P 中元素与 Q 中元素连通.故只需证明 $3,4,5,\cdots$ 均连通.(这里为等价结论)

又注意到当 a、b 连通时,对任意 $t \in \mathbf{N}_+$,ta、tb 也连通.

下面归纳证明:$3,4,\cdots,k$ 两两连通.

注意到 $\{3,4,5\}$、$\{5,12,13\}$、$\{9,12,15\}$、$\{15,20,25\}$、$\{7,24,25\}$、$\{6,8,10\}$、$\{8,15,17\}$ 均为勾股三元组,所以命题对 $k = 3,4,\cdots,10$ 均成立.

假设命题对 k($k \geqslant 10$)成立,考虑 $k+1$ 的情形.

若 $k+1$ 为奇数,则由

$$(k+1)^2 + \left[\frac{(k+1)^2 - 1}{2}\right]^2 = \left[\frac{(k+1)^2 + 1}{2}\right]^2$$

得 $k+1$ 与 $\dfrac{k(k+2)}{2}$ 连边.

因为 3 与 k 连通,所以 $3\left(\dfrac{k+2}{2}\right)$ 与 $k\left(\dfrac{k+2}{2}\right)$ 连通.因为 3 与 $\dfrac{k+2}{2}$ 连通 $\left(3 \leqslant \dfrac{k+2}{2} \leqslant k\right)$,得 3×3 与 $3 \cdot \dfrac{k+2}{2}$ 连通,所以 $k \cdot \dfrac{k+2}{2}$ 与 9 连通.而 $3 \leqslant 9 \leqslant k$,所以 $k+1$ 与 $3,4,\cdots,k$ 连通.

若 $k+1$ 为偶数,因为 3 与 $\dfrac{k+1}{2}$ 连通 $\left(3 \leqslant \dfrac{k+1}{2} \leqslant k\right)$,得 6 与 $k+1$ 连通,所以 $k+1$ 与 3,$4,\cdots,k$ 连通.故由数学归纳法知命题成立.

此时题中的结论显然成立. $\square$

评析 把题中的结论转化为等价结论 $3,4,\cdots,k$ 连通不难,但要证明该结论必须发现当 a、b 连通时,对任意 $t \in \mathbf{N}_+$,ta、tb 也连通,然后归纳.这是一道常规的组合加数论的题.

题 3 在 $\triangle ABC$ 中,$AB < AC$,O 为 $\triangle ABC$ 的外心,D 是 $\angle BAC$ 平分线上一点,E 在 BC

上,满足 $OE /\!/ AD$,$DE \perp BC$.在射线 EB 上取点 K 满足 $EK = EA$,$\triangle ADK$ 的外接圆与 BC 交于另一点 P(不同于点 K),$\triangle ADK$ 的外接圆与 $\triangle ABC$ 的外接圆交于另一点 Q(不同于点 A),求证:PQ 与 $\triangle ABC$ 外接圆相切.

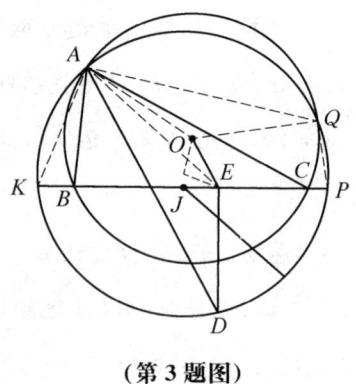

(第 3 题图)

证明 因为 AD 平分 $\angle BAC$,且 $OE /\!/ AD$,$ED \perp BC$,则

$$\angle EDA = \angle BAD + \angle ABC - 90°$$
$$= \angle CAD - \angle OAC = \angle OAD.$$

所以四边形 $OEDA$ 为等腰梯形,即 OE 与 AD 有公共的中垂线.

如图,设 $\triangle ADK$ 的外心为 J,连结 AE、QP.结合 $EA = EK$ 知 JE 为 KA 的中垂线.又点 J 在 OE 与 AD 公共的中垂线上,且 JO 为 AQ 的中垂线,所以

$$\angle AQP = 180° - \angle AKE = 90° + \angle JEK = \angle JED$$

$$= \angle JOA = 180° - \frac{1}{2}\angle AOQ = 90° + \angle AQO.$$

所以,PQ 与 $\triangle ABC$ 外接圆相切.得证. □

评析 此题主要运用等腰梯形及圆的各种对称性.若不用对称性说明角相等则很难做出,用了对称性后很容易通过导角证出结论,对称性也不难被看出,故笔者认为这是一道不难的几何题,放在题 3 的位置并不合适.

题 4 给定一个长轴与短轴不等长的椭圆.

(1) 证明:其面积最小的外切菱形是唯一的.

(2) 写出用尺规作图作出这个菱形的过程.

解 (1) 设椭圆的中心为 O,以 O 为原点,长轴和短轴所在直线分别为 x 轴和 y 轴建立平面直角坐标系,则可设椭圆方程为

$$\frac{x^2}{a^2} + \frac{y^2}{b^2} = 1 \ (a > b > 0).$$

设菱形在椭圆的上四个切点顺次排列为点 M、N、K、L,所以过点 M、K 的切线平行,点 M、K 关于点 O 对称.同理,点 N、L 关于点 O 对称.

所以过点 M、N 的切线的交点与过点 K、L 的切线的交点关于点 O 对称,菱形的对称中心为 O.作菱形的内切圆,其圆心为 O.

又菱形四边所在直线为圆 O 与椭圆的四条公切线,所以由公切线的唯一性及圆 O 与椭圆关于 x、y 轴对称可得菱形的四个顶点在 x,y 轴上.

不妨设其中两个顶点为 $(x_0，0)$、$(0，y_0)$,x_0,$y_0 \in \mathbf{R}_+$,则菱形的面积为 $2x_0 y_0$.

又因为方程组

$$\begin{cases} \dfrac{x}{x_0} + \dfrac{y}{y_0} = 1, \\ \dfrac{x^2}{a^2} + \dfrac{y^2}{b^2} = 1 \end{cases}$$

恰有一解,所以 $\dfrac{a^2}{x_0^2} + \dfrac{b^2}{y_0^2} = 1$,由均值不等式得 $1 \geqslant 2\dfrac{ab}{x_0 y_0}$,$x_0 y_0 \geqslant 2ab$,当 $x_0 = \sqrt{2}a$,$y_0 = \sqrt{2}b$ 时,取等唯一. 故该菱形是唯一的.

(2) 对椭圆上一点 P,作过点 P 的直线交椭圆与另一点 P',取线段 PP' 上一点 X(X 不为 PP' 中点),过点 X 作另一直线交椭圆于点 Q、Q'.

所以 $PQ \parallel P'Q'$,$PQ' \parallel P'Q$ 不同时成立. 不妨设 PQ 与 $P'Q'$ 不平行,其交点为 M.

若 PQ' 交 $P'Q$ 于点 N,则连 MN 交直线 PP' 于点 Y(若 $PQ' \parallel P'Q$,则过点 M 作 PQ' 平行线交直线 PP' 于点 Y),此时有 X、Y、P、P' 成调和点列.

连结 YQ、YQ' 交椭圆于另两点 R、R',若 $RQ' \parallel QR'$,则过点 P 作 RQ' 平行线,否则 RQ' 交 QR' 于点 Z,连结 PZ.

总之,由极线知识可得最后作的为点 P 关于椭圆的切线.

回到原题. 取椭圆上一点 P,由上述方法作点 P 关于椭圆的切线.

作一条与该切线平行的直线交椭圆于两个交点 Q、R,再作出点 Q、R 关于椭圆的切线,两条切线交于点 X,连结 PX 交椭圆于另一点 P'.(若点 X 不存在,过点 P 作点 Q 关于椭圆切线的平行线交椭圆于点 P').

取 PP' 的中点 O 即为椭圆中心. 再过点 P 作两组不同的垂线交椭圆于点 M_1、N_1 与点 M_2、N_2($\angle M_1 PN_1 = \angle M_2 PN_2 = 90°$).

设 $M_1 N_1$、$M_2 N_2$ 交于点 Y. 若点 P、Q、Y 共线,则其为长轴或短轴所在直线. 若点 P、Q、Y 不共线,则 $\angle POY$ 的内外角平分线为长轴、短轴所在直线.

设长轴、短轴所在直线交椭圆于点 A_1、A_2 和 B_1、B_2,过点 A_1、B_1 分别作 OA_1、OB_1 的垂线交于点 C,连结 OC 交椭圆于点 T_1、T_2,再作点 T_1、T_2 关于椭圆的两切线交长短轴所在直线于四个点,这四个点即为菱形的四个顶点. □

评析 这是一道不常规的几何题,主要考查对圆锥曲线结论的应用,以及尺规作图的技巧. 第一问需要说明菱形的四个顶点在长、短轴所在的直线上,故可考虑作出内切圆利用对称性.用解析计算的方法也能做出来,较为容易.第二问笔者的方法有些复杂,这一问方法很多,需要对椭圆结论的熟练运用.

题 5 给定一个 $n \times n$ 的方格表,每个格子中填入一个整数.每次操作选择一个方格,将其同行、同列的 $2n-1$ 个数都加 1.求最大的 N,使得无论开始时方格表内数填的是多少,均可以通过有限次操作使得方格表内至少有 N 个偶数.

解 当 n 为偶数时,对一个方格选择它所在的行和列中所有的 $2n-1$ 个方格,每个方格各操作一次.易知只有这一个方格奇偶性改变.故有限次操作后可使方格表中有 n^2 个偶数,而 $N \leqslant n^2$,所以 $N_{\max}=n^2$.

当 n 为奇数时,我们来说明:$N_{\max}=n^2-n+1$.

构造: 第一行全为奇数,其他行全为偶数,设最后停止操作时,第 i 行有 a_i 个奇数,第 j 列有 b_j 个奇数 $(i, j=1, 2, \cdots, n)$.

考虑 i_1 与 i_2 行 $(1 \leqslant i_1 < i_2 \leqslant n)$ 的所有奇数个数,无论如何操作,该个数的奇偶性不变.

同理对列也成立.所以

$$a_i + a_1 \equiv n \equiv 1 (\bmod 2),\ 2 \leqslant i \leqslant n,$$

从而有
$$a_2 \equiv a_3 \equiv \cdots \equiv a_n \equiv 1-a_1 (\bmod 2),$$

而
$$b_i + b_j \equiv 1+1 \equiv 0 (\bmod 2),\ 1 \leqslant i < j \leqslant n,$$

则
$$b_1 \equiv b_2 \equiv \cdots \equiv b_n (\bmod 2).$$

1) 若 $a_2 \equiv a_3 \equiv \cdots \equiv a_n \equiv 1 (\bmod 2)$,则至少有 $n-1$ 个奇数,所以 $N \leqslant n^2-n+1$.

2) 若 $a_2 \equiv a_3 \equiv \cdots \equiv a_n \equiv 0 (\bmod 2)$,$a_1 \equiv 1 (\bmod 2)$,又因为

$$\sum_{i=1}^n b_i = \sum_{i=1}^n a_i \equiv 1 (\bmod 2),$$

所以 $b_1 \equiv b_2 \equiv \cdots \equiv b_n \equiv 1 (\bmod 2)$,则至少有 n 个奇数,所以 $N \leqslant n^2-n$.

综上,$N \leqslant n^2-n+1$.

下证:对任意初始情况,可适当操作至有 n^2-n+1 个偶数.我们考虑调整操作.

称①选择 i、j $(i, j \in \{1, 2, \cdots, n\})$ 为对第 i 行第 j 列中的格进行题中操作.

称②选择 i_1、i_2、j_1、j_2(i_1, i_2, j_1, $j_2 \in \{1, 2, \cdots, n\}$, $i_1 \neq i_2$, $j_1 \neq j_2$)为对第 i_1 行 j_1 列, i_1 行 j_2 列, i_2 行 j_1 列, i_2 行 j_2 列中四个格分别进行一次题中操作. 此时,只有这 4 个方格中的数奇偶性改变.

若表中第 i 行有不少于 2 个奇数,第 j 列有不少于 2 个奇数.

情形 1. 第 i 行 j 列格为奇数,则存在 $i_1 \neq i$, $j_1 \neq j$,使第 i_1 行 j 列, i 行 j_1 列格为奇数. 选 i、i_1、j、j_1,操作一次②,此时,奇数总个数变少.

情形 2. 第 i 行 j 列格为偶数,则存在 $i_1 \neq i_2$, $j_1 \neq j_2$,使第 i_1 行 j 列, i_2 行 j 列, i 行 j_1 列, i 行 j_2 列格为奇数. 选 i、i_1、j、j_1,操作一次②,选 i、i_2、j、j_2,操作一次②,此时,奇数总个数变少.

故可反复进行如上操作至表中每行至多 1 个奇数或每列至多 1 个奇数. 不妨设每列至多 1 个奇数,若存在 $2 \leqslant i \leqslant n$ 使第 i 行有不少于 2 个奇数. 可由②将 2 个奇数变为偶数,而第 1 行增加 2 个奇数. 故最后不妨设第一行有 a 个奇数.

若总共有至少 n 个奇数,则恰有 n 个奇数.

$1°$　若 $a = n$,则选 1、1,操作一次①即可.

$2°$　若 $a < n$,则 $a \geqslant 1$,不妨设第 1 行 i 列为奇数($i = 1, 2, \cdots, a$),第 $1+i$ 行 $a+i$ 列为奇数($i = 1, 2, \cdots, n-a$),则选 1、1 操作一次①,再每次选 1、$1+i$, 1、$a+i$ 操作一次②($i = 1, 2, \cdots, n-a$),最后至多有 a ($a \leqslant n-1$) 个奇数. 得证.

综上, $N_{\max} = \begin{cases} n^2, & n \text{ 为偶数}, \\ n^2 - n + 1, & n \text{ 为奇数}. \end{cases}$ □

评析　这是一道想起来容易,也容易从小的情况入手的常规组合题. 此题有更简洁的做法,从一般的调整法把方格表变得更清晰,似乎更为自然. 构造时找到的不变量需要自己去猜测和把握. 此题难度一般.

题 6　设点 P_1, P_2, $\cdots$, P_{2018} 放在给定正五边形的内部或边界上移动(点可重合). 对于

$$S = \sum_{1 \leqslant i < j \leqslant 2018} |P_i P_j|^2$$

取到最大值时,求所有可能的摆放情况.

解　设正五边形的中心为 O,以其为原点建立平面直角坐标系. 设其五个顶点的顺时针排列依次为 A_1、A_2、A_3、A_4、A_5,若存在 $P \in \{P_1, P_2, \cdots, P_{2018}\}$,使得 $P \notin \{A_i\}_{i=1}^5$.

设 P_1, P_2, $\cdots$, P_{2018} 中除点 P 外所有点横坐标平均值为 x_0,纵坐标的平均值为 y_0. 设

$Q(x_0,y_0)$,则点 Q 在正五边形内或边界上,设 $P(x,y)$,所以

$$S=2017\left[(x-x_0)^2+(y-y_0)^2\right]+C,$$

其中 C 为常数,与 x、y 无关.

连结 A_iO $(i=1,2,3,4,5)$ 得到 5 条直线将正五边形分成 10 个区域.不妨设 Q 在如图所示区域中.

下证: $|PQ|<|A_1Q|$.

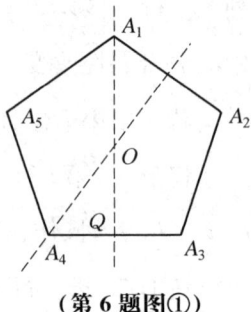

（第 6 题图①）

连结 QP 并延长(若点 P、Q 重合则任取一射线)交边界于点 P',所以 $|PQ|\leqslant|P'Q|$.而

$$|P'Q|\leqslant\max\{|QA_i|\}_{i=1}^5=|QA_1|,$$

且上面的等号不可能同时取到.故有 $|PQ|<|A_1Q|$.所以将 P 调整为 A_1,顶点上的点数增加,$S=2017|PQ|^2+C$ 增大,故调整必停止,此时所有点均在正五边形的顶点上,由于排列情况数有限,所以 S 的最大值存在,且取到最大时,所有 P_i 在顶点上.

此时,设 $P_i(x_i,y_i)$,则

$$\begin{aligned}
S&=\sum_{1\leqslant i<j\leqslant 2018}\left[(x_i-x_j)^2+(y_i-y_j)^2\right]\\
&=2017\left(\sum_{i=1}^{2018}x_i^2+\sum_{i=1}^{2018}y_i^2\right)-2\sum_{1\leqslant i<j\leqslant 2018}(x_ix_j+y_iy_j)\\
&=2018\sum_{i=1}^{2018}(x_i^2+y_i^2)-\left(\sum_{i=1}^{2018}x_i\right)^2-\left(\sum_{i=1}^{2018}y_i\right)^2\\
&=2018^2\cdot|OA_1|^2-\left(\sum_{i=1}^{2018}x_i\right)^2-\left(\sum_{i=1}^{2018}y_i\right)^2.
\end{aligned}$$

设 $\sum_{i=1}^{2018}\overrightarrow{OP_i}=\overrightarrow{OT}$,所以当 S 取到最大值时,$|OT|$ 取到最小.

设顶点 A_i 上有 a_i 个点 $(i=1,2,3,4,5)$,约定 $A_{i+5}=A_i$,$a_{i+5}=a_i$,$i\in\mathbf{N}$,则 $\sum_{i=1}^5 a_i=2018$,所以 a_i 必为 4 奇数 1 偶数或 2 奇数 3 偶数或 5 个偶数.

讨论知存在 $i\in\mathbf{N}$ 使

$$a_{i+1}\equiv a_{i+4},\quad a_{i+2}\equiv a_{i+3}(\mathrm{mod}\,2),$$

不妨设此时 $i=1$,$\overrightarrow{OA_1}$ 方向为 y 轴方向.设 $|OT|$ 最小时,$T(x',y')$.又设摆放情况为 $\left(a_1,\dfrac{a_2+a_5}{2},\dfrac{a_3+a_4}{2},\dfrac{a_3+a_4}{2},\dfrac{a_2+a_5}{2}\right)$ 时,T 变为 T',易知 $T'(0,y')$,$|OT'|\leqslant|OT|$,由

$|OT|$ 得最小性, 知 $x'=0$, 即有

$$a_1 \times 0 + a_2 \times \cos 18° + a_3 \times \cos 54° - a_4 \times \cos 54° - a_5 \cos 18° = 0,$$

若 $a_2 \neq a_3$ 或 $a_3 \neq a_4$, 则 $\dfrac{\cos 54°}{\cos 18°} = 4\cos^2 18° - 3 \in \mathbf{Q}$, 矛盾. 故 $a_2 = a_5$, $a_3 = a_4$, $T = T'$.

可设 $|OA_1| = 1$, 所以 $y' = a_1 + 2a_2 \cos 72° - 2a_3 \cos 36°$, 其中 $a_1 = 2018 - 2a_2 - 2a_3$, 所以

$$|OT| = |2018 - 2a_2 - 2a_3 + 2a_2 \cos 72° - 2a_3 \cos 36°|$$

$$= \left| 2018 - \frac{5}{2}(a_2 + a_3) + \frac{\sqrt{5}}{2}(a_2 - a_3) \right|.$$

设 $m = 4036 - 5(a_2 + a_3) \equiv 1 \pmod{5}$, $n = a_3 - a_2$, $m, n \in \mathbf{Z}$, $m \neq 0$, 则

$$2|OT| = |m - \sqrt{5}\, n| = \frac{|m^2 - 5n^2|}{|m + \sqrt{5}\, n|}.$$

下面考虑 $2|OT| < 1$ 的情形, 则 $mn > 0$, 注意到 $m^2 - 5n^2 \equiv 16 \pmod{20}$.

(1) 若 $m^2 - 5n^2 \neq -4$, 则 $2|OT| \geq \dfrac{16}{4036} = \dfrac{1}{252.25}$.

(2) 若 $m^2 - 5n^2 = -4$, $|m| \leq 4036$, $|n| \leq 1999$, 下面求出所有满足该方程的 $(|m|, |n|)$.

① 若 m、n 为偶数, 则 $\left(\dfrac{m}{2}\right)^2 - 5\left(\dfrac{n}{2}\right)^2 = -1$.

设 $\dfrac{m}{2} = 2x + 5y$, $\dfrac{n}{2} = x + 2y$, 即 $x = \dfrac{5}{2}n - m$, $y = \dfrac{m}{2} - n$, 即

$$x^2 - 5y^2 = 1, \ x, y \in \mathbf{Z}.$$

由佩尔方程理论知方程 $x^2 - 5y^2 = 1$ 的全部正整数解可表示为

$$x + \sqrt{5}\, y = (9 + 4\sqrt{5})^t,$$

其中 t 为任意正整数. 结合 $|y| \leq 2018$ 得

$$(|x|, |y|) = (1, 0), (9, 4), (161, 72), (2889, 1292).$$

又 $mn > 0$, 则

$$(|m|, |n|) = (4, 2), (76, 34), (1364, 610).$$

② 若 m、n 为奇数, 则 $m + n$ 和 $m - n$ 中必有一者为 4 的倍数.

若 $m \equiv n(\bmod 4)$,设 $m = x + 5y$,$n = x + y$,则 $x = \dfrac{5n - m}{4}$,$y = \dfrac{m - n}{4}$.

若 $m \equiv -n(\bmod 4)$,设 $m = x + 5y$,$n = -x - y$,则 $x = -\dfrac{5n + m}{4}$,$y = \dfrac{m + n}{4}$.

此时均有 $x^2 - 5y = 1$,结合 $|y| \leqslant 1009$ 及①知 $(|x|,\ |y|) = (1,\ 0),\ (9,\ 4),\ (161,\ 72)$,从而有

$$(|m|,\ |n|) = (1,\ 1),\ (11,\ 5),\ (29,\ 13),\ (199,\ 89),\ (521,\ 233).$$

结合①、②得

$(|m|,\ |n|)$
$= (1,\ 1),\ (4,\ 2),\ (11,\ 5),\ (29,\ 13),\ (76,\ 34),\ (199,\ 89),\ (521,\ 233),\ (1364,\ 610).$

而当 $(|m|,\ |n|) = (1364,\ 610)$,由 $m \equiv 1(\bmod 5)$ 得 $a_2 + a_3 = 1080 > 1009$,矛盾!

当 $(|m|,\ |n|) = (521,\ 233)$,由 $m \equiv 1(\bmod 5)$,$mn > 0$ 得 $m = 521$,$n = 233$,$a_2 = 235$,$a_3 = 468$,此时

$$2|OT| = \frac{4}{521 + 233\sqrt{5}} < \frac{1}{260}.$$

当 $(|m|,\ |n|)$ 为其他情况均有 $|m + \sqrt{5}n| < 521 + 233\sqrt{5}$,即有

$$2|OT| > \frac{4}{521 + 233\sqrt{5}}.$$

综上,$2|OT|_{\min} = \dfrac{4}{521 + 233\sqrt{5}}$,当且仅当 $m = 521$,$n = 233$ 时,等号成立.此时 $(a_1,\ a_2,\ a_3,\ a_4,\ a_5) = (612,\ 235,\ 468,\ 468,\ 235)$,所有情况为其轮换. □

评析 这是一道复杂的无理数有理逼近题,首先把点调整到顶点上以及结论所等价的 $|OT|$ 最小并不难,但后面要转化到对 $\sqrt{5}$ 有理逼近则较难想到,此题偏难,是一道考查综合能力的题.考场上,笔者并未做出,上述解法是参考别人的思路得到的.

第 35 届中国数学奥林匹克试题解答

严彬玮

（南京师范大学附属中学，210000）

指导教师：葛　军　陈兴江

2019 年第 35 届中国数学奥林匹克(CMO)于 11 月 24 日至 11 月 30 日在武汉华中师大一附中举行,我取得了满分的好成绩.下面介绍我的解法,请读者批评指正!

题 1　设实数 a_1，a_2，$\cdots$，a_{40} 满足 $a_1 + a_2 + \cdots + a_{40} = 0$，且对 $1 \leqslant i \leqslant 40$，均有 $|a_i - a_{i+1}| \leqslant 1$，其中 $a_{41} = a_1$．记 $a = a_{10}$，$b = a_{20}$，$c = a_{30}$，$d = a_{40}$．

(1) 求 $a + b + c + d$ 的最大值；

(2) 求 $ab + cd$ 的最大值．

解　(1) 由于 $a_{i+1} \leqslant a_i + 1$，$a_{i+1} \geqslant a_i - 1$，为了方便，令 $a_{i+40} = a_i$，有

$$a_1 + a_2 + \cdots + a_{40} = (a_5 + a_6 + \cdots + a_{14}) + (a_{15} + a_{16} + \cdots + a_{24})$$
$$+ (a_{25} + a_{26} + \cdots + a_{34}) + (a_{35} + a_{36} + \cdots + a_4)$$
$$\geqslant 10a - 25 + (10b - 25) + 10c - 25 + 10d - 25$$
$$= 10(a + b + c + d) - 100.$$

因此 $a + b + c + d \leqslant 10$. 当

$$a_1 = 1.5,\ a_2 = 0.5,\ a_3 = -0.5,\ a_4 = -1.5,\ a_5 = -2.5,\ a_6 = -1.5,$$
$$a_7 = -0.5,\ a_8 = 0.5,\ a_9 = 1.5,\ a_{10} = 2.5,\ a_{i+10} = a_i$$

时取等.

(2) 由于

$$a_1 + a_2 + \cdots + a_{40} \geqslant a - 15 + a - 14 + \cdots a + a - 1 + \cdots + a - 4$$
$$+ b - 5 + b - 4 + \cdots + b + b - 1 + \cdots + b - 14$$
$$= (a + b) \times 20 - 250.$$

因此 $a+b \leqslant \dfrac{25}{2}$.

取所有 $a_1 \sim a_{40}$ 为相反数可知 $a+b \geqslant -\dfrac{25}{2}$.

同理 $|c+d| \leqslant \dfrac{25}{2}$.

若 a、b 不同号,有

$$ab+cd \leqslant \dfrac{(c+d)^2}{4} \leqslant \dfrac{625}{16} < \dfrac{425}{8}.$$

c、d 不同号的情况同理;

若 a、b、c、d 均非负,有

$$ab+cd \leqslant \dfrac{(a+b)^2+(c+d)^2}{4} \leqslant \dfrac{(a+b+c+d)^2}{4} \leqslant 25 < \dfrac{425}{8};$$

若 $a, b \geqslant 0$,$c, d \leqslant 0$,设

$$|a+b|=m, \ |c+d|=n,$$

其中 $m, n \leqslant \dfrac{25}{2}$. 由

$$(a-d)+(b-c) \leqslant 10+10=20,$$

知 $m+n \leqslant 20$. 记 $m+n=k$,不妨设 $m \geqslant \dfrac{k}{2}$,$m \leqslant k$,

$$ab+cd \leqslant \dfrac{m^2+n^2}{4} = \dfrac{m^2+(k-m)^2}{4},$$

以 m 为主元二次函数在 $m \geqslant \dfrac{k}{2}$ 时单调增.

当 $k \leqslant \dfrac{25}{2}$ 时,

$$ab+cd \leqslant \dfrac{k^2}{4} = \dfrac{625}{16} < \dfrac{425}{8}.$$

当 $k > \dfrac{25}{2}$ 时,

$$ab + cd \leqslant \frac{\left(\frac{25}{2}\right)^2 + \left(k - \frac{25}{2}\right)^2}{4} \leqslant \frac{\left(\frac{25}{2}\right)^2 + \left(\frac{15}{2}\right)^2}{4} = \frac{425}{8}.$$

当

$$a = b = \frac{25}{4}, \ c = d = -\frac{15}{4}, \ ab + cd = \frac{425}{8},$$

$$a_1 = a - 9, \ a_2 = a - 8, \cdots, \ a_9 = a - 1,$$

$$a_{11} = a - 1, \ a_{12} = a - 2, \cdots, \ a_{15} = a - 5,$$

$$a_{16} = b - 4, \ a_{17} = b - 3, \cdots, \ a_{19} = b - 1,$$

$$a_{21} = b - 1, \ a_{22} = b - 2, \cdots, \ a_{35} = b - 15,$$

$$a_{36} = a - 14, \ a_{37} = a - 13, \cdots, \ a_{40} = a - 10$$

时取等.　　　　　　　　　　　　　　　　　　　　　　　　　□

题 2　如图①所示,在 $\triangle ABC$ 中, $AB > AC$, $\angle BAC$ 的平分线与 BC 交于点 D. 点 P 是线段 DA 延长线上一点, PQ 与 $\triangle ABD$ 的外接圆相切于点 Q(点 Q、B 在直线 AD 同侧), PR 与 $\triangle ACD$ 的外接圆相切于点 R(点 R、C 在直线 AD 同侧). 线段 BR、CQ 交于点 K,过点 K 作 BC 的平行线,分别与 QD、AD、RD 相交于点 E、L、F. 证明: $EL = FK$.

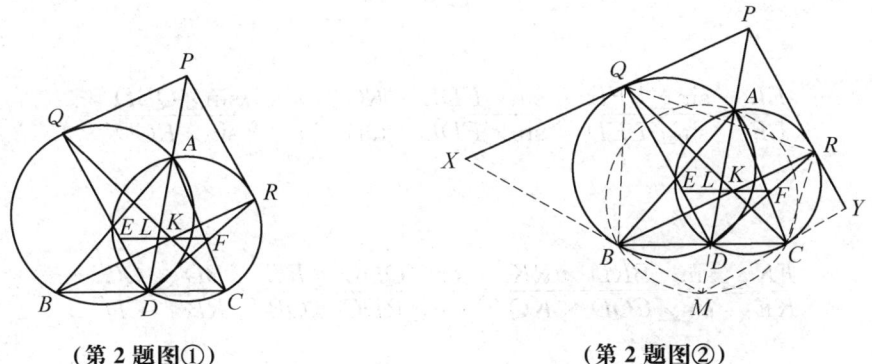

（第 2 题图①）　　　　　　　　　　（第 2 题图②）

证明　如图②,作 $\triangle ABC$ 外接圆 $\odot O$,设 AD 交 $\odot O$ 于点 M,设 $\odot ADB$ 为 $\odot O_1$,半径为 r_1, $\odot ADC$ 为 $\odot O_2$,半径为 r_2. 延长 MB、PQ 交于点 X, PR、MC 交于点 Y(若 $PQ \parallel MB$,则点 X 不存在,令 $\angle PXM = 0°$, $\angle XQB = 90° = \angle XBQ$;若 $PR \parallel MC$,则点 Y 不存在,令 $\angle PYM = 0°$, $\angle YRC = 90° = \angle YCR$).

(1) 我们先证明 B、C、R、Q 四点共圆. 如图②,连结 QB、QR、RC. 由

$$\angle BQR + \angle BCR = 360° - \angle PQR - \angle XQB - \angle BCM - \angle YCR$$

$$= 360° - \left(360° - \frac{\angle QPR}{2} - \frac{\angle BMC}{2} - \frac{\angle PYM}{2} - \frac{\angle PXM}{2}\right)$$

$$= 180°.$$

故 B、C、R、Q 四点共圆. 从而有 $RK \cdot KB = QK \cdot KC$,即 $\dfrac{RK}{KQ} = \dfrac{KC}{KB}$,而 $\triangle BKQ \backsim \triangle CKR$,则

$\dfrac{KC}{KB} = \dfrac{RC}{QB}$,所以 $\dfrac{RK}{KQ} = \dfrac{RC}{QB}$.

(2) 我们再证明 $\dfrac{EL}{LF} = \dfrac{FK}{KE}$. 由正弦定理:

$$EL = \frac{DL \sin \angle EDL}{\sin \angle LED}, \quad LF = \frac{DL \sin \angle FDL}{\sin \angle LFD}.$$

而由 $EF \parallel BC$,

$$\sin \angle LED = \sin \angle QDB = \frac{QB}{2r_1}, \quad \sin \angle LFD = \frac{RC}{2r_2}.$$

而

$$\frac{\sin \angle QDA}{\sin \angle RDA} = \frac{PQ \sin \angle PQD}{PD} \times \frac{PD}{PR \sin \angle PRD} = \frac{\sin \angle QBD}{\sin \angle RCD},$$

故

$$\frac{EL}{LF} = \frac{\sin \angle LFD}{\sin \angle LED} \times \frac{\sin \angle EDL}{\sin \angle FDL} = \frac{RC}{QB} \times \frac{r_1}{r_2} \times \frac{\sin \angle QBD}{\sin \angle RCD}.$$

而

$$\frac{FK}{KE} = \frac{\sin \angle BRD \times RK}{\sin \angle CQD \times KQ} \times \frac{\sin \angle QDB}{\sin \angle RDC} = \frac{RC}{QB} \times \frac{BD}{RB} \times \frac{QC}{CD},$$

由 $\angle BAD = \angle CAD$,得

$$\frac{BD}{DC} = \frac{AB}{AC} = \frac{r_1}{r_2}.$$

而由于 B、C、R、Q 四点共圆,因此

$$\frac{QC}{RB} = \frac{\sin \angle QBD}{\sin \angle RCD}.$$

故

$$\frac{FK}{KE} = \frac{RC}{QB} \times \frac{r_1}{r_2} \times \frac{\sin\angle QBD}{\sin\angle RCD}.$$

可得

$$\frac{EL}{LF} = \frac{FK}{KE}.$$

故

$$\frac{LF}{EL} = \frac{KE}{FK},\ \frac{LF+EL}{EL} = \frac{KE+FK}{FK}.$$

因此 $EL = FK$. 证毕. □

题 3 设 S 是一个 35 元集合, F 是由一些 S 到自身的映射构成的集合. 对于正整数 k, 称 F 具有性质 $P(k)$, 如果对于任意 $x, y \in S$, 都存在 F 中的 k 个映射 $f_1, f_2, \cdots, f_k$(可以相同), 使得 $f_k(\cdots(f_2(f_1(x)))\cdots) = f_k(\cdots(f_2(f_1(y)))\cdots)$.

求最小正整数 m, 使得所有具有性质 $P(2019)$ 的 F 都具有性质 $P(m)$.

解 m 最小值为 595, 理由如下.

① 先证明 $m \leqslant 595$.

若 $m > 595$, 设 m 最小值为 t, 则必存在 x、y, $x \neq y$, 使得对所有 $f_1, f_2, \cdots, f_k \in F$, 满足 $f_k(f_{k-1}(\cdots(f_1(x))\cdots)) = f_k(f_{k-1}(\cdots(f_1(y))\cdots))$ 的 k 均有 $k \geqslant t$ (由于 F 满足 $P(2019)$, 所以存在 $f_1, f_2, \cdots, f_k$).

对于每一个 f_i, 定义 g_i: 对所有

$$f_i(a) = b,\ g_i(a) = b,\ f_i(c) = d,\ g_i(c) = d.$$

当 $b \neq d$ 时, $g_i(a, c) = (b, d)$. 当 $b = d$ 时, $g_i(a, c) = b$ (此时的数组为不计顺序的二元集, 为了方便写成数组的形式). 因此必定存在 x、y, $x \neq y$, (x, y) 在 F 中映射至少 k 次方可变为一个数字而非数组. 由于 $k \geqslant 596$, $C_{35}^2 = 595$, 而 (x, y) 映射 0 次到 $k-1$ 次之后均为数组, 否则与 k 的最小值矛盾. 记 $g_0(x, y) = (x, y)$, 必存在 i、j, $i \neq j$, 满足

$$g_i(\cdots(g_1(x, y))\cdots) = g_j(\cdots(g_i(\cdots(g_1(x, y))\cdots))).$$

此时去除 $g_i \sim g_{j-1}$ 之后, $g_k(\cdots(g_j(g_{i-1}(\cdots(x, y)\cdots))))$ 为一个数, 而少于 k 次映射, 矛盾. 因

此 $m \leqslant 595$.

② 再证明 $m \geqslant 595$. 不妨令 $S = \{1, 2, \cdots, 35\}$,取 $F = \{f_A, f_B\}$,其中

$$f_A(x) = x + 1 (\bmod 35),$$

$$f_B(x) \equiv \begin{cases} x, & x \neq 1 (\bmod 35), \\ 2, & x = 1 (\bmod 35) \end{cases} \quad (\text{即 } f_A(35) = 1).$$

此时先证明 F 满足 $P(2019)$:对任意 x、y,如①时定义 g_A、g_B,在 f_A 中操作至多 34 次可使 (x, y) 中有一个变为 1,设为 $(1, n)$. 当 $n = 1$ 时已满足,当 $n \neq 1$ 时,则 $g_B(1, n) = (2, n)$.

令 $g_C = g_B \circ g_A^{(34)}$,则

$$g_C^{(n-2)}(g_B(1, n)) = g_C^{(n-2)}(2, n) = g_C^{(n-3)}(2, n-1) = \cdots = g_C(2, 3) = 2.$$

共计操作了至多 $34 + 35 \times (n - 2) + 1 \leqslant 35^2 < 2019$ 次. 因此 F 满足 $P(2019)$.

下证 F 不满足 $P(594)$. 取 $(2, 19)$,则对任意 $x \neq y$,令

$$h(x, y) \equiv \pm(x - y)(\bmod 35),$$

即 $h(x, y)$ 取 $|x - y|$、$35 - |x - y|$ 中较小的一个,则 $h(2, 19) = 17$. 考虑只有 $g_B(1, 2) = 2$ 是唯一一个数组→数的方法,而 $h(1, 2) = 1$.

不考虑自身映射时,$x \neq y$,$x \neq 1$,$y \neq 1$ 只能映射到 $(x + 1, y + 1)$(模 35 意义下,下文均在模 35 意义下).

不妨设从 $(2, 19)$ 到 2 至少需 P 次映射,则每一次映射后所得到数组互不相同,以 $(1, 2)$ 倒推:

(Ⅰ) 当 $x \neq y$,$x \neq 2$,$y \neq 2$ 时,(x, y) 只能由 $(x - 1, y - 1)$ 映射到 (x, y).

(Ⅱ) 当 $y \neq 1$,$x = 2$ 时可以从 $(1, y) \rightarrow (x, y)(B)$ 或从 $(1, y - 1) \rightarrow (2, y)(A)$. 当 $y = 1$,$x = 2$ 时只可以从 $(35, 1) \rightarrow (1, 2)(A$ 映射$)$.

因此有 $(1, 2) \leftarrow (35, 1) \leftarrow \cdots \leftarrow (3, 4) \leftarrow (2, 3)$. 此时所有 $x \neq y$,$h(x, y) = 1$ 的数组均出现过了 $(2, 3)$ 为 (Ⅱ) 情况,但 $(1, 2) \rightarrow (2, 3)(A)$ 或 $(1, 3) \rightarrow (2, 3)(B)$,而 $(1, 2)$ 出现过了,由每次映射后所得数组互不相同有 $(2, 3) \leftarrow (1, 3) \leftarrow (35, 2)$,$B$ 映射 $(1, 35) \rightarrow (2, 35)$,而 $h(1, 35) = 1$ 已出现. 故 $(35, 2) \leftarrow (34, 1) \leftarrow \cdots \leftarrow (2, 4)$,到此时所有 $x \neq y$,$h(x, y) = 2$ 数组已出现,对于所有的 $i = 2, 3, \cdots, 16$,若 $h(x, y) = i$ 的 (x, y) 均已出现过,且倒推到了 $(2, 36 - i)$ 这个数,则 $(2, 36 - i)$ 若由 $(1, 36 - i)$ 推出,则 $h(1, 36 - i) = i$ 已出现,矛盾. 因此 $(2, 36 - i)$ 由 $(1, 35 - i)$ 推出.

若已倒推到 $(2, 2 + i)$,则若 $(1, 1 + i) \rightarrow (2, 2 + i)$,$h(1, 1 + i) = i$ 已出现,矛盾. 因此 $(2,$

$2+i$) 由(1, $2+i$) 推出,故

$$2 \leftarrow (1, 2) \leftarrow (35, 1) \leftarrow \cdots \leftarrow (2, 3) \leftarrow (1, 3) \leftarrow (35, 2) \leftarrow (34, 1) \leftarrow \cdots \leftarrow (2, 4)$$

$$\leftarrow (1, 4) \leftarrow \cdots \leftarrow (34, 2) \leftarrow (33, 1) \leftarrow \cdots \leftarrow (1, 5) \leftarrow \cdots \leftarrow (2, 18)$$

$$\leftarrow (1, 18) \leftarrow \cdots \leftarrow (2, 20) \leftarrow (1, 19) \leftarrow \cdots \leftarrow (19, 2),$$

共用了 $17 \times 35 = 595$(次)映射. 因此 F 不满足 $P(594)$.

证毕. □

题 4 求最大实数 c,使得下述结论对于所有整数 $n \geqslant 3$ 成立:设 A_1, A_2, $\cdots$, A_n 是圆周上的 n 条弧(每条弧都包含自身的端点),如果存在至少 $\frac{1}{2} \mathrm{C}_n^3$ 个三元组 (i, j, k),满足 $1 \leqslant i < j < k \leqslant n$,且 $A_i \cap A_j \cap A_k \neq \varnothing$,则存在 $I \in \{1, 2, \cdots, n\}$,满足 $|I| > cn$,且 $\bigcap_{i \in I} A_i \neq \varnothing$.

解 $c = \frac{\sqrt{6}}{6}$,理由如下:

(1) 先证 $c = \frac{\sqrt{6}}{6}$ 时命题成立.

对于所有位置上的端点,若存在两个端点重合,则可以移动其中一个非常短的距离,使得其所在弧稍微变长一点点而不影响任何交关系(即交是否为空集不会改变).

设端点为 a_1, a_2, $\cdots$, a_{2n}.设在每一个端点处有 x_i 个弧包含了 a_i.在每个端点处记录所有三元组,其中一段弧以该端点为端点,另外两段弧包含该端点,它们交非空,则求和得到 $T = \sum_{i=1}^{2n} \mathrm{C}_{x_{i-1}}^2$(个).

另一方面,每个三元组,只要它们交非空,它们交为一小段弧(已知端点不重).这一小段弧的 2 个端点均记录了这个三元组各一次.此时每个三元组被计至少 2 次.故 $T \geqslant 2 \times \frac{1}{2} \mathrm{C}_n^3$,即

$$\sum_{i=1}^{2n} \mathrm{C}_{x_{i-1}}^2 \geqslant \frac{n(n-1)(n-2)}{3 \times 2}.$$

不妨设 $x_1 = \max\{x_1, x_2, \cdots, x_{2n}\}$,有 $2n \times \mathrm{C}_{x_{1-1}}^2 \geqslant \frac{n(n-1)(n-2)}{3 \times 2}$. 故

$$(x_1 - 1)(x_1 - 2) \geqslant \frac{(n-1)(n-2)}{6}$$

$$> \frac{(n-\sqrt{6})(n-2\sqrt{6})}{6}$$

$$= \left(\frac{\sqrt{6}}{6} n - 1\right)\left(\frac{\sqrt{6}}{6} n - 2\right).$$

因此 $x_1 > \dfrac{\sqrt{6}}{6}n$. 故 $c = \dfrac{\sqrt{6}}{6}$ 时取包含 x_1 的所有弧即可.

（2）下证 $c \leqslant \dfrac{\sqrt{6}}{6}$.

取充分大的 n，将圆周分为 n 段圆弧，A_i 为第 i 段圆弧到第 $i + \left[\dfrac{\sqrt{6}}{6}n + 50\right]$ 段圆弧之并（第 i 段圆弧＝第 $n+i$ 段圆弧），则只要 $i < j < k$，$i - k \leqslant \left[\dfrac{\sqrt{6}}{6}n + 50\right]$ 知 $A_i \bigcap A_j \bigcap A_k \neq \varnothing$ 这样的 (i, j, k) 至少有的组数：

当 $k - i = 2$ 时，n 组，

当 $k - i = 3$ 时，$2n$ 组，

……

当 $k - i = \left[\dfrac{\sqrt{6}}{6}n + 50\right]$ 时，$\left[\dfrac{\sqrt{6}}{6}n + 49\right]n$ 组.

所以，至少有

$$n \times \dfrac{\left[\dfrac{\sqrt{6}}{6}n + 49\right]\left[\dfrac{\sqrt{6}}{6}n + 50\right]}{2} > \dfrac{n^3}{2 \times 6} > \dfrac{1}{2} \times C_n^3$$

组，而对于每一个圆周上的点，包含其的圆弧数至多有

$$\left[\dfrac{\sqrt{6}}{6}n + 50\right] + 1 < \dfrac{\sqrt{6}}{6}n + 100$$

个，即 $m \leqslant \dfrac{\sqrt{6}}{6}n + 100$. 故 $\dfrac{m}{n} \leqslant \dfrac{\sqrt{6}}{6} + \dfrac{100}{n}$，$n \to \infty$ 时，若 $c > \dfrac{\sqrt{6}}{6}$，即 $c = \dfrac{\sqrt{6}}{6} + \varepsilon$，$\dfrac{\sqrt{6}}{6} + \varepsilon < \dfrac{m}{n} \leqslant \dfrac{\sqrt{6}}{6} + \dfrac{100}{n}$，矛盾.

因此 c 最大值为 $\dfrac{\sqrt{6}}{6}$. □

题 5 数列 $\{a_n\}_{n \geqslant 1}$ 定义如下：a_1 是大于 1 的整数，对 $n \geqslant 1$，$a_{n+1} = a_n + P(a_n)$，其中 $P(a_n)$ 表示 a_n 的最大质因子. 证明：数列 $\{a_n\}_{n \geqslant 1}$ 中有完全平方数.

证明 若否，令 $b_n = \dfrac{a_n}{p(a_n)}$.

(1) 必存在 n 使得 $p(a_n) \mid b_n$. 若否,取

$$p(a_n) \nmid b_n,\ p(a_{n+1}) \nmid b_{n+1},\ \cdots,\ p(a_l) \nmid b_l,$$

l 为比 n 大的第一个使得 $p(a_l)$ 与 $p(a_n)$ 不同的数.

若 $b_l \geqslant b_n$,设 $b_l = p(a_n) \times t$. 有

$$b_n \leqslant p(a_n) \times t < p(a_l) \times t.$$

因此 $n \sim l-1$ 中有一个 n' 满足 $p(a_n) \mid b_{n'}$,而 $p(a_{n'}) = p(a_n)$,矛盾.

(2) 令 $c_n = \dfrac{b_n}{p(a_n)}$,取所有 $\{c_n\}$ 整值中最小值,不妨设为 c_i,设 $p(a_i) = p$,$a_i = p^2 c_i$,考虑比 i 大的第一个 j 满足 $p(a_j) \neq p$,设为 q,即

$$p^2 c_i \to \cdots \to pq\left(\frac{b_j}{p}\right).$$

(Ⅰ) 若 $\dfrac{b_j}{p} > c_i$,则 pqc_i 一项在 a_i、a_j 之间且最大质因子 $\geqslant q$,矛盾.

(Ⅱ) 若 $\dfrac{b_j}{p} < c_i$,若 $p\left(\dfrac{b_j}{p}\right) \sim pc_i$ 中无 $>q$ 质因子,有

$$p^2 c_i \to \cdots \to pq\left(\frac{b_j}{p}\right) = q \times b_j \to \cdots \to qpc_i \to \cdots \to q^2\left(\frac{b_j}{p}\right),$$

其中 $\dfrac{b_j}{p} < c_i$,与 c_i 最小性矛盾. 因此 $p\left(\dfrac{b_j}{p}\right) \sim pc_i$ 中存在比 q 大质因子. 设第一个出现的含大于 q 质因子项为 $p_1 t_1 q$.

(Ⅲ) $pq\left(\dfrac{b_j}{p}\right) \to \cdots \to qp_1 t_1$,$t_1 < c_1$,如(Ⅰ)知 $t_1 \leqslant \dfrac{b_j}{p}$. 若 $qt_1 \sim q\dfrac{b_j}{p}$ 中无比 p_1 大的质因子,同(Ⅱ)矛盾. 设 $qt_1 \sim q\dfrac{b_j}{p}$ 中第一个出现的含大于 p_1 质因子的项为 $p_2 t_2$,且有 $t_1 < \dfrac{b_j}{p}$. 因此有 $qp_1 t_1 = p_1(qt) \to \cdots \to p_1 p_2 t_2$,如(Ⅲ)知 $t_2 < t_1$,同样找到 $p_1 t_2 \sim p_1 t_1$ 中第一个出现的含大于 p_2 质因子数 $p_3 t_3$. 这样一直找下去可找到 $t_1,\ t_2,\ t_3,\ \cdots$,由正整数构成的递减数列,矛盾. 故 $\dfrac{b_j}{p} = c_i$ 且

$$p^2 c_i \to \cdots \to pqc_i = q(pc_i) \to \cdots \to qqc_i.$$

对 $q^2 c_i$ 同样操作,不妨记

$$q^2 c_i \to \cdots \to q q_1 c_i \to \cdots \to q_1^2 c_i,$$

$$q_1^2 c_i \to \cdots \to q_1 q_2 c_i \to \cdots \to q_2^2 c_i,$$

$$\cdots$$

找一个质因子 u 使得 $(u, c_i) = 1$ 且 $u > q c_i$. 设 $u \in (q_k c_i, q_{k+1} c_i)$, 但是

$$q_k^2 c_i \to \cdots \to q_k q_{k+1} c_i$$

中有一项为 $q_k u$. 而 $u > q_k$, 因此 $u = q_{k+1}$. 则

$$q_k q_{k+1} = q_k q_{k+1} c_i, \quad c_i = 1,$$

与数列 $\{a_n\}$ 中无平方数矛盾.

综上,命题证毕. □

题 6 是否存在正实数 $a_0, a_1, \cdots, a_{19}$ 同时满足以下两个条件? 请证明你的结论.

(i) 多项式 $P(x) = x^{20} + a_{19} x^{19} + \cdots + a_1 x + a_0$ 无实根.

(ii) 对任意整数 $0 \leqslant i < j \leqslant 19$, 交换 $P(x)$ 的 x^i 和 x^j 的系数所得的多项式均有实根.

解 存在,理由如下:取 $b_{18} > b_{16} > \cdots > b_2 > b_0 > b_1 > \cdots > b_{17} > b_{19}$. 令

$$h(x) = \frac{b_{19}}{x} + \frac{b_{18}}{x^2} + \cdots + \frac{b_1}{x^{19}} + \frac{b_0}{x^{20}}.$$

当 $x \leqslant -1$ 时,求导可知 x 极小时 $h'(x) < 0$, $x \to -\infty$ 时 $h(x) < 0$. 因此 $x \leqslant -1$ 时 $h(x)$ 有最小值,设在 $x = x_0$ 处取到,有 $h(x_0) < 0$. 令

$$h_{i,j}(x) = h(x) + \frac{b_i}{x^{20} - x^j} + \frac{b_j}{x^{20} - x^i} - \frac{b_i}{x^{20} - x^i} - \frac{b_j}{x^{20} - x^j}$$

$$= h(x) - \frac{(b_i - b_j)(x^i - x^j)}{(x^{20} - x^i)(x^{20} - x^j)}.$$

对于 $x \leqslant -1$ 的情况,当 i 为偶, j 为奇时, $b_i > b_j$, $x^i > x^j$.

当 i、j 均为奇且 $i > j$ 时, $b_i < b_j$, $x^i < x^j$.

当 i、j 均为偶且 $i > j$ 时, $b_i > b_j$, $x^i > x^j$.

因此任取 $x \leqslant -1$, 对任意 $i, j \in \{0, 1, 2, \cdots, 19\}$, $i \neq j$, 有 $h_{i,j}(x) < h(x)$. 令 $c = \max\{h_{i,j}(x_0)\}$, 则 $c < h(x_0)$. 取 $a_{20} = h(x_0) - \varepsilon$ 满足 $h(x_0) - \varepsilon > c$, $a_{20} < 0$, $\varepsilon > 0$. 令

$$a_t = -\frac{b_t}{a_{20}}, \quad t \in \{0, 1, \cdots, 19\},$$

则 $a_t > 0$. 此时

$$p(x) = \frac{x^{20}}{a_{20}} \left(\frac{a_{19}}{x} + \frac{a_{18}}{x^2} + \cdots + \frac{a_0}{x^{20}} - a_{20} \right).$$

下证 $p(x)$ 满足条件.

当 $x \leqslant -1$ 时,

$$p(x) \geqslant \frac{x^{20}}{-a_{20}} (h(x_0) - h(x_0) + \varepsilon) > 0.$$

当 $x \in (-1, 0)$ 时,

$$
\begin{aligned}
p(x) &\geqslant (a_{18} x^{18} + a_{19} x^{19}) + \cdots + (a_0 + a_1 x) \\
&> (a_{18} x^{18} + a_{19} x^{19}) + \cdots + (a_0 + a_0 x) \\
&> 0.
\end{aligned}
$$

当 $x > 0$ 时, $p(x) > 0$.

因此 $p(x)$ 无根. 而交换 a_i、a_j 之后, 代入 $x = x_0$, 有

$$x^{20} + x^{20} \times \left(\frac{-1}{a_{20}} \right) \times h_{i,j}(x_0) \leqslant x^{20} \times \frac{(-1)}{a_{20}} \times (-a_{20} + c) < 0.$$

而 $x > 0$ 时多项式无上界, 所以交换后多项式必有根, 证毕. $\qquad\square$

华东师范大学出版社

学奥数 总有一本适合你

走向IMO	考前辅导	联赛备考手册	奥数小丛书	杯赛题集	高思竞赛数学	四季思维训练教程	奥数教程	从课本到奥数
IMO终极篇	联赛冲刺篇	高中预赛篇	专题篇	题库	小学顶级篇	思维训练篇	经典辅导篇	入门篇

奥数,到我的怀里来